12,1

D1875968

SV

Band 350 der Bibliothek Suhrkamp

James Joyce

Ein Porträt des Künstlers als junger Mann

Übersetzt
von Klaus Reichert

Suhrkamp Verlag

14. und 15. Tausend in der Bibliothek Suhrkamp 1982
Der Text folgt dem zweiten Band der »Werke« von James Joyce, »Frankfurter Ausgabe«, © der deutschen Ausgabe Suhrkamp Verlag Frankfurt am Main 1972. *A Portrait of the Artist as a Young Man*
© 1964 by the Estate of James Joyce
Druck: Nomos Verlagsgesellschaft, Baden-Baden
Printed in Germany

Et ignotas animum dimittit in artes.

– Ovid, Metamorphosen, VIII, 188

I

Es war einmal vor langer Zeit und das war eine sehr gute Zeit da war eine Muhkuh die kam die Straße herunter gegangen und diese Muhkuh die da die Straße herunter gegangen kam die traf einen sönen tleinen Tnaben und der hieß Tuckuck-Baby …

Sein Vater erzählte ihm diese Geschichte: sein Vater sah ihn an durch ein Glas: er hatte Haare im Gesicht.

Er war Tuckuck-Baby. Die Muhkuh kam die Straße herunter wo Betty Byrne wohnte: die verkaufte Zitronenzöpfe.

Oh die wilde Rose blühet
Auf dem kleinen grünen Fleck.

Er sang das Lied. Das war sein Lied.

Oh die grüne Lose blütet.

Wenn du das Bett naßmachst ist es erst warm dann wird es kalt. Seine Mutter legte das Öltuch auf. Das roch so komisch.

Seine Mutter roch schöner als sein Vater. Sie spielte auf dem Klavier den Matrosen-Hornpipe für ihn zum Tanzen. Er tanzte:

Tralala lala
Tralala tralalera
Tralala lala
Tralala lala.

Onkel Charles und Dante klatschten. Sie waren älter als sein Vater und seine Mutter aber Onkel Charles war älter als Dante.

Dante hatte zwei Bürsten in ihrem Schrank. Die Bürste mit dem maronenbraunen Samtrücken war für Michael Davitt und die Bürste mit dem grünen Samtrücken war für Parnell.

Dante gab ihm jedesmal ein Cachou wenn er ihr ein Stück Seidenpapier brachte.

Die Vances wohnten Nummer sieben. Sie hatten einen ande-

ren Vater und eine andere Mutter. Sie waren Eileens Vater und Mutter. Wenn sie einmal groß wären würde er Eileen heiraten. Er versteckte sich unter dem Tisch. Seine Mutter sagte:
– O, Stephen sagt Entschuldigung. Heraus ...
Dante sagte:
– O, wenn nicht, dann kommen die Adler und hacken ihm die Augen aus.

Hacken ihm die Augen aus,
Sagt Entschuldigung heraus,
Sagt Entschuldigung heraus,
Hacken ihm die Augen aus.

Sagt Entschuldigung heraus,
Hacken ihm die Augen aus,
Hacken ihm die Augen aus,
Sagt Entschuldigung heraus.

* * *

Die weiten Spielfelder wimmelten von Knaben. Alle brüllten und die Präfekten trieben sie an mit lauten Rufen. Die Abendluft war bleich und fröstelig und nach jedem Sturm und Abschlag der Rugbyspieler flog die ölige Lederkugel wie ein schwerer Vogel durch das graue Licht. Er hielt sich am Rand seiner Klasse, außer Sichtweite seines Präfekten, außer Reichweite der rüden Füße, tat, als renne er ab und zu. Ihm kam sein Körper klein und schwach vor in dem Auflauf der Spieler und seine Augen waren schwach und wässrig. Rody Kickham war anders: er würde Mannschaftsführer der dritten Klasse werden, sagten die alle.
Rody Kickham war ein anständiger Kerl aber Nasty Roche war ein Stinker. Rody Kickham hatte einen Beinharnisch in seiner Nummer und einen Eßkorb im Refektorium. Nasty Roche hatte große Hände. Er nannte die Freitagspastete Hund-im-Schlafsack. Und einmal hatte er gefragt:
– Wie ist'n dein Name?
Stephen hatte geantwortet:

– Stephen Dedalus.
Dann hatte Nasty Roche gesagt:
– Was für ein Name ist das?
Und als Stephen nicht hatte antworten können, hatte Nasty Roche gefragt:
– Was ist dein Vater?
Stephen hatte geantwortet:
– Ein Gentleman.
Dann hatte Nasty Roche gefragt:
– Ist er ein Magistratsrat?
Er schob sich von Stelle zu Stelle am Rand seiner Klasse, machte ab und zu ein paar Läufe. Aber seine Hände waren bläulich vor Kälte. Er ließ seine Hände in den Seitentaschen seiner gegürteten grauen Tracht. Das hieß Tracht, weil ein Gürtel die Taschen verband. Und Tracht hieß auch, einem eine Tracht geben. Einmal hatte einer zu Cantwell gesagt:
– Ich geb dir gleich eine Tracht, kann ich dir sagen.
Cantwell hatte geantwortet:
– Da bist du hier an der falschen Adresse. Gib doch Cecil Thunder eine Tracht. Da möcht ich dich sehen. Der steckt dir seine Schuhspitze in den Steiß.
Das war kein schöner Ausdruck. Seine Mutter hatte ihm gesagt, er solle nicht mit den wilden Buben im College sprechen. Die schöne Mutter! Am ersten Tag in der Schloßhalle, als sie auf Wiedersehen gesagt hatte, hatte sie ihren Schleier zweifach hochgeschlagen, zur Nase, um ihn zu küssen: und ihre Nase und ihre Augen waren rot. Aber er hatte getan, als sehe er nicht, daß sie gleich weinen werde. Sie war eine schöne Mutter, aber sie war nicht so schön, wenn sie weinte. Und sein Vater hatte ihm zwei Fünfshillingstücke als Taschengeld gegeben. Und sein Vater hatte ihm gesagt, wenn er irgend etwas brauche, solle er an ihn nach Hause schreiben und, was er auch täte, nie solle er einen verpetzen. Dann hatte an der Tür des Schlosses der Rektor seinem Vater und seiner Mutter die Hand geschüttelt, seine Soutane flatterte dabei im Wind, und der Wagen war abgefahren mit seinem Vater und seiner Mut-

ter obendrauf. Sie hatten ihm vom Wagen aus zugerufen, mit den Händen gewinkt:
– Auf Wiedersehn, Stephen, auf Wiedersehn!
– Auf Wiedersehn, Stephen, auf Wiedersehn!
Er wurde vom Wirbel eines Gemenges erfaßt und aus Furcht vor den blitzenden Augen und schlammigen Stiefeln bückte er sich, um durch die Beine zu schauen. Die andern kämpften und ächzten und ihre Beine stampften und kickten und rieben sich. Dann hechteten Jack Lawtons gelbe Stiefel den Ball heraus und alle anderen Stiefel und Beine rannten hinterher. Er rannte ein kleines Stück hinter ihnen her und blieb dann stehen. Es war zwecklos weiterzurennen. Bald würden sie nach Hause fahren, in die Ferien. Nach dem Abendessen würde er im Studiensaal aus der in seinem Pult innen angeklebten Nummer siebenundsiebzig eine sechsundsiebzig machen.
Es würde im Studiensaal besser sein als da draußen in der Kälte. Der Himmel war bleich und kalt aber im Schloß waren Lichter. Er fragte sich, von welchem Fenster aus Hamilton Rowan wohl seinen Hut auf das Aha geworfen hatte und ob zu dieser Zeit Blumenrabatten unter den Fenstern gewesen waren. Als man ihn einmal ins Schloß rief, hatte ihm der Verwalter die Kerben der Musketenkugeln der Soldaten im Holz der Tür gezeigt und ihm ein Plätzchen gegeben, wie die Gemeinschaft sie aß. Es war schön und warm, die Lichter im Schloß zu sehen. Es war wie in einem Buch. Vielleicht war auch die Abtei Leicester so. Und es standen schöne Sätze in dem Rechtschreibungs-Büchlein von Doctor Cornwell. Sie waren wie Gedichte, aber es waren nur Sätze, um die Rechtschreibung zu lernen.

In Leicester, der Abtei, starb Wolsey
Wo die Äbte ihn begruben.
Mensch und Tier erkrankt an Krebs
Nicht jeder Knabe hat auch Grips.

Es wäre schön, auf dem Vorleger vor dem Kaminfeuer zu liegen, den Kopf in die Hände gestützt, und an diese Sätze zu denken. Ihn schauerte, als ob an seiner Haut kaltes schleimiges Wasser wäre. Das war gemein von Wells, ihn in den Abtrittsgraben zu stoßen, weil er seine kleine Schnupftabaksdose nicht gegen Wells' abgerichtete Hackkastanie, den Sieger über Vierzig, tauschen wollte. Wie kalt und schleimig das Wasser gewesen war! Einer hatte mal gesehen, wie eine große Ratte in den Abschaum sprang. Mutter saß mit Dante am Feuer und wartete, daß Brigid den Tee hereinbrächte. Sie hatte ihre Füße auf dem Gitter und ihre Perlenpantoffeln waren so heiß und sie rochen ach so wunderbar warm! Dante wußte eine Menge Dinge. Sie hatte ihm beigebracht, wo der Kanal von Mozambique ist und was der längste Fluß in Amerika ist und was der Name des höchsten Berges auf dem Mond ist. Pater Arnall wußte mehr als Dante, weil er ein Priester war, aber sein Vater und Onkel Charles sagten beide, Dante wäre eine kluge und eine belesene Frau. Und wenn Dante dieses Geräusch nach dem Essen machte und sich dann ihre Hand vor den Mund hielt: das war Sodbrennen.

Eine Stimme rief weit draußen auf dem Spielfeld:

– Alles rein!

Dann riefen andere Stimmen von der Mittelklasse und der Dritten:

– Alles rein! Alles rein!

Die Spieler liefen zusammen, erhitzt und schlammig, und er ging zwischen ihnen, froh, daß er hineinkam. Rody Kickham trug den Ball an seinem öligen Schnürband. Ein Junge sagte, er solle ihm doch noch einen letzten verpassen: er ging aber weiter, ohne ihm auch nur zu antworten. Simon Moonan sagte ihm, er solle es nicht, weil der Präfekt herschaue. Der Junge drehte sich zu Simon Moonan und sagte:

– Wir wissen alle, warum du redest. Du bist dem McGlade sein Zutscher.

Zutschen war ein komisches Wort. Der Junge nannte Simon Moonan so, weil Simon Moonan dem Präfekten immer die falschen Ärmel hinterm Rücken zusammenband und der Präfekt nur so tat, als wäre er zornig. Aber der Ton war häßlich.

Einmal hatte er sich die Hände in der Toilette des Wicklow Hotels gewaschen und sein Vater zog danach den Stöpsel an der Kette heraus und das schmutzige Wasser lief durch das Loch im Becken ab. Und als alles langsam durch das Loch im Becken abgelaufen war, hatte es einen Ton wie diesen gemacht: zutsch. Nur lauter.

Als er daran dachte und an das Weiß der Toilette, wurde ihm kalt und dann heiß. Es gab zwei Hähne, an denen man drehte, und Wasser kam heraus: kalt und heiß. Ihm war kalt und dann ein wenig heiß: und er konnte die Namen sehen, die auf die Hähne graviert waren. Das war sehr komisch.

Und von der Luft im Korridor fröstelte ihn auch. Sie war komisch und näßlich. Aber bald würde das Gas angesteckt werden und beim Brennen machte es ein leichtes Geräusch wie ein kleines Lied. Immer das gleiche: und wenn die Jungen im Spielsaal aufhörten zu reden, konnte man's hören.

Es war die Rechenstunde. Pater Arnall schrieb eine schwere Aufgabe an die Tafel und sagte dann:

– Nun mal los. Wer gewinnt? Vorwärts, York! Vorwärts, Lancaster!

Stephen tat sein bestes, aber die Aufgabe war zu schwer und er fühlte sich verwirrt. Das kleine Seidenabzeichen mit der weißen Rose drauf, das ihm auf der Jacke an der Brust steckte, fing an zu fliegen. Er war nicht gut im Rechnen, aber er tat sein bestes, auf daß York nicht verlöre. Pater Arnalls Gesicht sah sehr düster aus, aber er war nicht in Harnisch: er lachte. Dann schnippste Jack Lawton mit den Fingern und Pater Arnall schaute in sein Heft und sagte:

– Richtig. Bravo Lancaster! Die rote Rose siegt. Na nun los, York! Vorgeprescht!

Jack Lawton, von der anderen Partei, schaute herüber. Das kleine Seidenabzeichen mit der roten Rose drauf sah sehr prächtig aus, weil er eine blaue Matrosenbluse anhatte. Stephen fühlte, daß sein eigenes Gesicht ebenfalls rot war, wie er an all die Wetten dachte, wer nämlich Erster würde im Elementarkurs, Jack Lawton oder er. Ein paar Wochen bekam

Jack Lawton die Karte für den Ersten und ein paar Wochen bekam er die Karte für den Ersten. Sein weißes Seidenabzeichen flatterte und flatterte, wie er an der nächsten Aufgabe arbeitete und Pater Arnalls Stimme hörte. Dann schwand all sein Eifer und er fühlte, daß sein Gesicht ganz kühl war. Er dachte, sein Gesicht müsse weiß sein, weil es sich so kühl fühlte. Er konnte die Aufgabe nicht herausbekommen aber das machte nichts. Weiße Rosen und rote Rosen: das waren wunderschöne Farben zum daran Denken. Und die Karten für den Ersten und den Zweiten und den Dritten waren ebenfalls wunderschöne Farben: rosa und crème und lavendel. Lavendel und crème und rosa Rosen waren wunderschön zum daran Denken. Vielleicht hätte eine wilde Rose solche Farben und er erinnerte sich an das Lied über die wilden Rosenblüten auf dem kleinen grünen Fleck. Aber eine grüne Rose gäbe es nicht. Aber irgendwo auf der Welt vielleicht doch.

Die Glocke läutete und dann begannen die Klassen aus den Sälen zu defilieren und die Korridore entlang zum Refektorium. Er saß da und schaute auf die beiden Butterbatzen auf seinem Teller, konnte aber das klammfeuchte Brot nicht essen. Das Tischtuch war klamm und schlaff. Aber er trank an dem heißen schwachen Tee, den der eckige Küchenjunge, in weißer Schürze, in seine Tasse goß. Er überlegte, ob die Schürze des Küchenjungen ebenfalls klamm wäre und ob alle weißen Dinge kalt und klamm wären. Nasty Roche und Saurin tranken Kakao, den ihre Angehörigen ihnen in Büchsen geschickt hatten. Sie sagten, sie könnten den Tee nicht trinken; er wäre Abwaschwasser. Ihre Väter wären Magistratsräte, sagten alle.

Die Knaben kamen ihm alle sehr sonderbar vor. Sie hatten alle Väter und Mütter und verschiedene Stimmen und Kleider. Er sehnte sich danach, zu Haus zu sein und den Kopf in den Schoß seiner Mutter zu legen. Aber er konnt's nicht: und so sehnte er sich danach, daß Spiel und Unterricht und Gebete zu End wären und er im Bett läge.

Er trank noch eine Tasse heißen Tee und Fleming sagte:

– Was ist los? Tut dir was weh oder was ist los mit dir?
– Ich weiß nicht, sagte Stephen.
– Dir ist übel: dein Semmelfriedhof, sagte Fleming, weil dein Gesicht weiß aussieht. Es wird schon vorbeigehn.
– O ja, sagte Stephen.

Aber es war ihm nicht dort übel. Er dachte, daß es ihm in seinem Herzen übel war, falls es einem an diesem Fleck überhaupt übel sein konnte. Es war sehr anständig von Fleming, ihn danach zu fragen. Er wollte weinen. Er stützte seine Ellbogen auf den Tisch und machte seine Ohrschlappen auf und zu. Dann hörte er jedesmal, wenn er seine Ohrschlappen aufmachte, den Lärm im Refektorium. Das dröhnte wie ein Zug in der Nacht. Und wenn er die Schlappen zumachte, war das Dröhnen abgeschaltet wie bei einem Zug, der in einen Tunnel fährt. In der Nacht damals in Dalkey hatte der Zug genauso gedröhnt und dann, als er in den Tunnel fuhr, hörte das Dröhnen auf. Er schloß die Augen und der Zug fuhr weiter, dröhnte und hörte dann auf; dröhnte wieder, hörte auf. Es war schön, wie er dröhnte und aufhörte und dann aus dem Tunnel wieder herausdröhnte und dann aufhörte und hielt.

Dann kamen die Oberklässler die Matten in der Mitte des Refektoriums heruntergegangen, Paddy Rath und Jimmy Magee und der Spanier, der Zigarren rauchen durfte, und der kleine Portugiese mit dem Wollmützchen auf. Und dann die Tische der Mittelklasse und die Tische der dritten Klasse. Und jeder einzelne von ihnen hatte einen verschiedenen Gang.

Er saß in einer Ecke des Spielsaals und tat, als sähe er einem Dominospiel zu, und ein- oder zweimal konnte er einen Augenblick das kleine Lied des Gases hören. Der Präfekt stand mit einigen Knaben an der Tür und Simon Moonan knotete seine falschen Ärmel zusammen. Er erzählte ihnen etwas über Tullabeg.

Dann ging er von der Tür weg und Wells kam herüber zu Stephen und sagte:
– Sag mal, Dedalus, küßt du deine Mutter, bevor du ins Bett gehst?

Stephen antwortete:
– Ja.
Wells wandte sich zu den anderen und sagte:
– Hört mal, hier sagt einer, er küßt seine Mutter jeden Abend bevor er ins Bett geht.
Die anderen unterbrachen ihr Spiel und wandten sich lachend um. Stephen errötete unter ihren Augen und sagte:
– Nein. Gar nicht.
Wells sagte:
– Hört mal, hier sagt einer, er küßt seine Mutter nicht, bevor er ins Bett geht.
Wieder lachten sie alle. Stephen versuchte mit ihnen zu lachen. Er fühlte wie sein ganzer Körper in einem Moment heiß und verwirrt war. Aber was war die richtige Antwort auf die Frage? Er hatte zwei gegeben und Wells lachte dennoch. Aber Wells mußte die richtige Antwort wissen, denn er war schon in Grammatik III. Er versuchte sich die Mutter von Wells vorzustellen, aber er wagte nicht, den Kopf zu heben und in Wells' Gesicht zu blicken. Er mochte Wells' Gesicht nicht. Es war Wells, der ihn am Tag zuvor in den Abtrittsgraben gestoßen hatte, weil er seine kleine Schnupftabakdose nicht gegen Wells' abgerichtete Hackkastanie, den Sieger über Vierzig, tauschen wollte. Sowas zu tun war gemein; das sagten die alle. Und wie kalt und schleimig das Wasser gewesen war! Und einer hatte mal gesehen, wie eine große Ratte plumps in den Abschaum sprang.
Der kalte Schleim des Grabens bedeckte seinen ganzen Körper; und als die Glocke zum Aufgabenmachen läutete und die Klassen aus den Spielsälen defilierten, spürte er die kalte Luft von Korridor und Treppe in seinen Kleidern drin. Er versuchte sich immer noch vorzustellen, was die richtige Antwort war. War es richtig, seine Mutter zu küssen, oder falsch, sie zu küssen? Was bedeutete das eigentlich, küssen? Du recktest dein Gesicht einfach hoch, um Gute Nacht zu sagen, und dann beugte deine Mutter ihr Gesicht herunter. Das hieß küssen. Seine Mutter tat ihre Lippen auf seine Backe: ihre Lippen

waren sanft und sie näßten seine Backe; und sie machten ein winzigkleines Geräusch: küß. Warum machte man das mit zwei Gesichtern?

Wie er im Studiensaal saß, öffnete er den Deckel seines Pults und machte aus der innen angeklebten Nummer siebenundsiebzig eine sechsundsiebzig. Aber die Weihnachtsferien waren noch sehr weit weg: aber einmal würden sie kommen, weil die Erde sich doch immer drehte.

Von der Erde war ein Bild auf der ersten Seite seines Geographiebuchs: ein großer Ball inmitten von Wolken. Fleming hatte einen Buntstiftkasten und eines Abends während der Aufgabenstunde hatte er die Erde grün gemalt und die Wolken maronenbraun. Das war wie die zwei Bürsten in Dantes Schrank, die Bürste mit dem grünen Samtrücken für Parnell und die Bürste mit dem maronenbraunen Samtrücken für Michael Davitt. Aber er hatte Fleming nicht gesagt, er solle sie mit diesen Farben anmalen. Fleming hatte das von sich aus gemacht.

Er öffnete das Geographiebuch, um die Lektion zu lernen; aber er konnte die amerikanischen Ortsnamen nicht behalten. Doch es waren alles verschiedene Orte, die diese verschiedenen Namen hatten. Sie lagen alle in verschiedenen Ländern und die Länder lagen in Erdteilen und die Erdteile lagen in der Welt und die Welt lag im All.

Er schlug das Vorsatzblatt des Geographiebuchs auf und las, was er dort hingeschrieben hatte: sich selber, seinen Namen und wo er war.

Stephen Dedalus
Elementarklasse
Clongowes Wood College
Sallins
County Kildare
Irland
Europa
Die Welt
Das All

Das war in seiner Schrift: und Fleming hatte eines Abends aus Fez auf die Seite gegenüber geschrieben:

Stephen Dedalus bin ich genannt,
In Irland bin ich geboren.
Clongowes ist mein Domizil
Dem Himmel bin ich auserkoren.

Er las die Verse rückwärts, aber dann waren sie nicht mehr Poesie. Dann las er das Vorsatzblatt von unten nach oben, bis er zu seinem Namen kam. Das war er: und er las die Seite wieder herunter. Was kam nach dem All? Nichts. Aber gab es etwas um das All herum, das zeigte, wo es aufhörte, bevor der Ort Nichts anfing? Es könnte keine Mauer sein aber es könnte doch eine dünne dünne Linie geben, rund um alles herum. Es war etwas sehr Großes, über alles und überall zu denken. Nur Gott konnte das. Er versuchte sich auszudenken, was für ein großer Gedanke das sein müsse, aber er konnte nur an Gott denken. Gott war Gottes Name, so wie sein Name Stephen war. *Dieu* war französisch für Gott und auch das war Gottes Name; und wenn jemand zu Gott betete und *Dieu* sagte, dann wußte Gott sofort, daß es ein Franzose war, der da betete. Aber obwohl es in all den verschiedenen Sprachen in der Welt verschiedene Namen für Gott gab und Gott verstand, was all die Menschen, die beteten, in ihren verschiedenen Sprachen sagten, blieb Gott trotzdem immer derselbe Gott und Gottes wirklicher Name war Gott.
Es machte ihn sehr müde, so zu denken. Es gab ihm das Gefühl, als werde sein Kopf sehr groß davon. Er drehte das Vorsatzblatt um und schaute erschöpft auf die grüne runde Erde inmitten der maronenbraunen Wolken. Er überlegte, was richtig wäre, für Grün oder für Maronenbraun zu sein, denn Dante hatte eines Tages den grünen Samtrücken von der Bürste, die für Parnell war, gerissen, mit der Schere, und ihm gesagt, Parnell sei ein schlechter Mensch. Er überlegte, ob sie zu Hause darüber stritten. Das nannte man Politik. Dabei gab es zwei Seiten: Dante war auf einer Seite, und sein Vater und

Mr. Casey waren auf der anderen Seite, aber seine Mutter und Onkel Charles waren auf keiner Seite. Jeden Tag stand darüber etwas in der Zeitung.

Es quälte ihn, daß er nicht recht wußte, was Politik bedeutete, und daß er nicht wußte, wo das All aufhörte. Er fühlte sich klein und schwach. Wann würde er wie die Jungen in Poesie und Rhetorik sein? Die hatten große Stimmen und große Stiefel und die lernten Trigonometrie. Das war noch sehr weit weg. Zuerst kamen die Ferien und dann das nächste Trimester und dann Ferien wieder und dann wieder ein neues Trimester und dann wieder die Ferien. Es war wie ein Zug, der in Tunnel hineinfuhr und aus ihnen hinaus, und das war wie der Lärm der im Refektorium essenden Knaben, wenn man die Ohrschlappen auf- und zumachte. Trimester, Ferien; Tunnel, hinaus; Lärm, halt. Wie weit weg das war! Es wäre besser, ins Bett und schlafen zu gehen. Nur Gebet in der Kapelle und dann Bett. Er erschauerte und gähnte. Es wäre wunderbar im Bett, wenn die Laken erst ein bißchen heiß geworden wären. Zuerst waren sie so kalt, wenn man hineinkroch. Er erschauerte beim Gedanken daran, wie kalt sie zuerst waren. Aber dann wurden sie heiß und dann konnte er schlafen. Es war wunderbar, müde zu sein. Er gähnte wieder. Abendgebet und dann Bett: er erschauerte und wollte gähnen. Es wäre wunderbar in ein paar Minuten. Er fühlte ein warmes Glühen von den kalten schauerlichen Laken hochkriechen, wärmer und wärmer, bis er sich überall warm fühlte, ach so warm; ach so warm, und doch erschauerte er ein wenig und wollte immer noch gähnen.

Die Glocke läutete zum Abendgebet und er defilierte aus dem Studiensaal hinter den andern her und die Treppe hinunter und die Korridore entlang zur Kapelle. Die Korridore waren dunkel erleuchtet und die Kapelle war dunkel erleuchtet. Bald würde alles dunkel sein und schlafen. Kalte Nachtluft war in der Kapelle und der Marmor hatte die Farbe der See bei Nacht. Die See war kalt Tag und Nacht: aber sie war kälter bei Nacht. Es war kalt und dunkel unterm Seedamm neben

seines Vaters Haus. Aber der Kessel stünde auf dem Rost für den Punsch.
Der Kapellenpräfekt betete über seinem Kopf und sein Gedächtnis wußte die Antworten:

Herr, öffne meine Lippen
So wird mein Mund Dein Lob verkünden.
O Gott, komm mir zu Hilfe.
Herr, eile, mir zu helfen!

Ein kalter Nachtgeruch war in der Kapelle. Aber es war ein heiliger Geruch. Es war nicht wie der Geruch der alten Bauern, die bei der Sonntagsmesse hinten in der Kapelle knieten. Das war ein Geruch aus Luft und Regen und Torf und Kord. Aber das waren sehr heilige Bauern. Sie atmeten hinter ihm, ihm in den Nacken, und seufzten beim Beten. Sie waren aus Clane, sagte einer: da gäbe es kleine Hütten, und er hätte eine Frau an der Niedertür einer Hütte mit einem Kind auf dem Arm stehen sehen, wie die Wagen von Sallins vorübergekommen seien. Es wäre wunderbar, eine einzige Nacht in dieser Hütte zu schlafen, vor dem Feuer aus rauchendem Torf, in dem von dem Feuer erleuchteten Dunkel, in dem warmen Dunkel, den Geruch der Bauern dabei zu atmen, Luft und Regen und Torf und Kord. Aber, oh, die Straße dahin zwischen den Bäumen war dunkel! Du tätst dich verlaufen in dem Dunkel. Er bekam Angst, wenn er dran dachte, wie das wäre.
Er hörte die Stimme des Kapellenpräfekten das letzte Gebet sprechen. Er betete es, auch, gegen das Dunkel draußen unter den Bäumen.

Suche heim, wir bitten Dich, o Herr, dieses Haus und halte fern von ihm alle Nachstellungen des bösen Feindes: Deine heiligen Engel mögen in ihm wohnen und uns in Frieden behüten; und Dein Segen sei über uns immerdar, durch unsern Herrn Jesus Christus. Amen.

Seine Finger zitterten, als er sich im Dormitorium auszog. Er gebot seinen Fingern, sich zu beeilen. Er hatte sich auszuziehen und dann niederzuknien und seine eigenen Gebete zu sprechen und bevor das Gas klein gedreht wurde im Bett zu sein, auf daß er nicht zur Hölle führe, wenn er stürbe. Er rollte sich die Strümpfe von den Beinen und zog sein Nachthemd rasch an und kniete zitternd neben seinem Bett und sagte seine Gebete rasch rasch auf, in der Angst, das Gas ginge aus. Er fühlte seine Schultern beben, während er murmelte:

Gott segne und behüte meinen Vater und meine Mutter!
Gott segne und behüte meine kleinen Brüder und Schwestern!
Gott segne und behüte Dante und Onkel Charles!

Er bekreuzigte sich und kletterte rasch ins Bett, schlug das Ende des Nachthemds unter den Füßen ein und rollte sich unter den kalten weißen Laken, zitternd und bebend, zusammen. Aber er würde nicht zur Hölle fahren, wenn er stürbe; und das Zittern würde aufhören. Eine Stimme wünschte den Knaben im Schlafsaal Gute Nacht. Er spähte einen Augenblick über die Decke und sah die gelben Gardinen rund um sein Bett und davor, die ihn auf allen Seiten absperrten. Das Licht wurde leise kleingedreht.

Die Schuhe des Präfekten entfernten sich. Wohin? Die Treppe hinunter und die Korridore entlang oder zu seinem Zimmer am Ende? Er sah das Dunkel. War das wahr mit dem schwarzen Hund, der nachts dort ging, mit Augen groß wie Kutschlaternen? Das war der Geist eines Mörders, hieß es. Ein langer Angstschauer durchströmte seinen Leib. Er sah die dunkle Eingangshalle des Schlosses. Alte Diener in alter Tracht waren im Bügelzimmer über der Treppe. Es war lange her. Die alten Diener waren leise. Es war ein Feuer da, aber die Halle war noch dunkel. Eine Gestalt kam von der Halle her die Treppe herauf. Der Geist trug den weißen Umhang eines Marschalls; sein Gesicht war bleich und sonderbar; er hielt seine Hand in die Seite gepreßt. Er schaute aus sonderbaren Augen die alten Diener an. Sie schauten ihn an und sahen ihres Herrn Gesicht und Umhang und wußten, daß er seinen Todesstreich empfangen hatte. Aber es war nur das Dunkel da, wohin sie

schauten: nur dunkle schweigende Luft. Ihr Herr hatte seinen Todesstreich auf dem Schlachtfeld von Prag empfangen, fern überm Meer. Er stand auf dem Feld; seine Hand war in die Seite gepreßt; sein Gesicht war bleich und sonderbar und er trug den weißen Umhang eines Marschalls.
Ach wie war es kalt und sonderbar, an so was zu denken! Alles Dunkel war kalt und sonderbar. Es gab bleiche sonderbare Gesichter darin, große Augen wie Kutschlaternen. Das waren die Geister von Mördern, die Gestalten von Marschällen, die ihre Todeswunde auf Schlachtfeldern empfangen hatten, fern überm Meer. Was wollten sie denn sagen, daß ihre Gesichter so sonderbar waren?

Suche heim, wir bitten Dich, o Herr, dieses Haus und halte fern von ihm alle ...

Die Ferien nach Hause fahren! Das wäre wunderbar: das hatten die andern ihm gesagt. Am frühen Wintermorgen auf die Wagen vor dem Schloßtor steigen. Die Wagen rollten auf dem Kies. Ein dreifaches Hoch für den Rektor!
Hurra! Hurra! Hurra!
Die Wagen fuhren an der Kapelle vorbei und alle Mützen wurden gezogen. Sie fuhren fröhlich die Landchausseen entlang. Die Kutscher zeigten mit ihren Peitschen auf Bodenstown. Die Jungen riefen hurra. Sie kamen am Gutshaus des Jolly Farmer vorüber. Hurra um hurra um hurra. Durch Clane fuhren sie, riefen hurra und wurden begrüßt mit hurra. Die Bauersfrauen standen an den Niedertüren, die Männer hier und da. Der wunderbare Geruch, der in der Winterluft lag: der Geruch von Clane: Regen und Winterluft und schwelender Torf und Kord.
Der Zug war voller Jungens: ein langer langer Schokoladenzug mit Crèmeverkleidungen. Die Schaffner gingen hin und her, öffneten und schlossen die Türen, sperrten sie zu und sperrten sie auf. Das waren Männer in Dunkelblau und Silber; sie hatten Silberpfeifen und ihre Schlüssel machten eine geschwinde Musik: klick, klick: klick, klick.

Und der Zug sauste fort übers platte Land und am Hill of Allen vorüber. Die Telegraphenmasten zogen vorbei, vorbei. Der Zug, der fuhr und fuhr. Der wußte's. Bunte Laternen hingen im Flur in seines Vaters Haus und Girlanden grüner Zweige. Stechpalme und Efeu staken um den Wandspiegel und Stechpalme und Efeu, grün und rot, waren um die Leuchter gewunden. Rote Stechpalme und grüner Efeu staken um die alten Porträts an den Wänden. Stechpalme und Efeu für ihn und für Weihnacht.

Wunderbar ...

All die Leute. Willkommen daheim, Stephen! Willkommensgeräusche. Seine Mutter küßte ihn. War das richtig? Sein Vater war jetzt ein Marschall: größer als ein Magistratsrat. Willkommen daheim, Stephen!

Geräusche ...

Das war das Geräusch von Gardinenringen, die die Stangen zurückglitten, von Wasser, das in die Becken geschwappt wurde. Da war das Geräusch des Aufstehens und sich Anziehens und sich Waschens im Dormitorium; das Geräusch klatschender Hände, als der Präfekt auf und abging und den Jungen sagte, sie sollten dalli machen. Ein bleiches Sonnenlicht zeigte die zurückgezogenen gelben Gardinen, die zerwühlten Betten. Sein Bett war sehr heiß und sein Gesicht und sein Körper waren sehr heiß.

Er stand auf und setzte sich auf die Bettkante. Er war schwach. Er versuchte sich einen Strumpf anzuziehen. Das war ein scheußlich kratziges Gefühl. Das Sonnenlicht war komisch und kalt.

Fleming sagte:

– Ist dir nicht gut?

Er wußte es nicht; und Fleming sagte:

– Geh wieder ins Bett. Ich sag McGlade, dir ist nicht gut.

– Er ist krank.

– Wer?

– Sag's McGlade.

– Geh wieder ins Bett.

– Ist er krank?
Einer hielt ihn an den Armen, während er den Strumpf locker zog, der ihm am Fuß saß, und wieder in das heiße Bett kletterte.
Er kuschelte sich ein zwischen die Laken, froh über ihre laue Glut. Er hörte, wie die Jungen unter sich über ihn sprachen, während sie sich zur Messe anzogen. Es wäre eine Gemeinheit gewesen, ihn in den Abtrittsgraben zu stoßen, das sagten sie.
Dann hörten ihre Stimmen auf; sie waren gegangen. Eine Stimme an seinem Bett sagte:
– Dedalus, verpfeif mich nicht, versprichst du's?
Wells' Gesicht war da. Er schaute es an und sah, daß Wells Angst hatte.
– Ich hab es nicht gewollt. Versprichst du's?
Sein Vater hatte ihm gesagt, was er auch täte, nie solle er einen verpetzen. Er schüttelte den Kopf und antwortete nein und war darüber froh. Wells sagte:
– Ich hab es nicht gewollt, Ehrenwort. Es war nur aus Fez. Es tut mir leid.
Das Gesicht und die Stimme entfernten sich. Es tat ihm leid, weil er Angst hatte. Angst, daß es eine Krankheit wäre. Ein Feind des Menschen ist der Krebs und nicht jeder Knabe hat auch Grips: oder eine andere Krankheit. Es war vor einer langen Zeit, damals, draußen auf dem Spielfeld im Abendlicht, daß er sich von Stelle zu Stelle am Rand seiner Klasse schob, durchs graue Licht ein schwerer Vogel niedrig flog. Leicester, die Abtei, leuchtete auf. Wolsey starb dort. Die Äbte selber haben ihn begraben.
Es war nicht Wells' Gesicht, es war das des Präfekten. Er simulierte nicht. Nein, nein: er war wirklich krank. Er simulierte nicht. Und er fühlte die Hand des Präfekten auf seiner Stirn; und er fühlte, daß seine Stirn warm und klamm war gegen die kalte klamme Hand des Präfekten. So fühlten sich Ratten an, schleimig und klamm und kalt. Jede Ratte hatte zwei Augen zum draus Gucken. Glattglänzendes schleimiges

Fell, kleine kleine Füße, eingezogen zum Sprung, schwarze schimmernde Augen zum draus Gucken. Wie man sprang, das konnten sie begreifen. Aber Trigonometrie, das konnte ein Rattenverstand nicht begreifen. Wenn sie tot waren, lagen sie auf der Seite. Ihr Fell trocknete dann. Sie waren nur noch totes Zeug.

Der Präfekt war wieder da und seine Stimme war es, die sagte, daß er aufstehn solle, daß der Pater Kanzler gesagt habe, er solle aufstehn und sich anziehn und ins Infirmarium gehen. Und während er sich so rasch er konnte anzog, sagte der Präfekt:

– Wir müssen ab zu Bruder Michael, weil wir den Wackelwanst haben! Wie schrecklich, wenn man den Wackelwanst hat! Was sind wir doch so wackelig, wenn wir den Wackelwanst haben!

Es war sehr anständig von ihm, das zu sagen. Das war alles, um ihn zum Lachen zu bringen. Aber er konnte nicht lachen, denn seine Backen und Lippen schauerten dauernd zusammen: und dann mußte der Präfekt ganz alleine lachen.

Der Präfekt rief:

– Abteilung marsch! Links zwo drei vier!

Sie gingen zusammen die Treppe hinunter und durch den Korridor und am Bad vorüber. Als er an der Tür vorüberging, erinnerte er sich mit undeutlicher Angst an das warme torffarbene Moorwasser, die warme feuchte Luft, die Plumpsgeräusche, den Geruch der Handtücher, wie Arznei.

Bruder Michael stand an der Tür des Infirmariums und aus der Tür zu dem dunklen Kabinett zu seiner Rechten kam ein Geruch wie Arznei. Das kam von den Flaschen auf den Borden. Der Präfekt sagte etwas zu Bruder Michael und Bruder Michael antwortete und nannte den Präfekt Sir. Er hatte rötliches Haar, mit Grau untermischt, und sah komisch aus. Es war komisch, daß er immer Bruder bleiben würde. Und es war komisch, daß man ihn nicht Sir nennen konnte, weil er ein Bruder war und verschieden aussah. War er nicht heilig genug, oder warum konnte er die anderen nicht einholen?

Es waren zwei Betten im Zimmer und in einem Bett war ein Junge: und als sie hineingingen, rief der herüber:
– Hallo! Das ist ja der kleine Dedalus! Was ist los?
– Was nicht angebunden ist, sagte Bruder Michael.
Es war ein Junge aus Grammatik III und, während Stephen sich auszog, bat er Bruder Michael, ihm ein geschmiertes Brot zu bringen.
– Na denn! sagte er.
– Schmier *dir* gleiche eine! sagte Bruder Michael. Du kriegst morgen früh, wenn der Doktor kommt, deine Entlassungspapiere.
– Ja? sagte der Junge. Ich bin noch nicht gesund.
Bruder Michael wiederholte:
– Du kriegst deine Entlassungspapiere, das sag ich dir.
Er bückte sich, um das Feuer zu schüren. Er hatte einen langen Rücken wie der lange Rücken eines Trambahngauls. Er schüttelte den Schürhaken feierlich und nickte in Richtung des Jungen aus Grammatik III.
Dann ging Bruder Michael hinaus und nach einer Weile drehte sich der Junge aus Grammatik III zur Wand und schlief ein.
Das war das Infirmarium. Er war also krank. Hatten sie nach Hause geschrieben und es seiner Mutter und seinem Vater gesagt? Aber es ginge schneller, wenn einer der Priester selbst hinführe, um es ihnen zu sagen. Oder er würde einen Brief schreiben, den der Priester überbringen könnte.
Liebe Mutter
Ich bin krank. Ich möchte nach Hause. Bitte komme und hole mich nach Hause. Ich bin im Infirmarium.

Dein treuer Sohn,
Stephen

Wie weit weg sie waren! Kaltes Sonnenlicht war vor dem Fenster. Ob er sterben würde? Man konnte genauso an einem sonnigen Tag sterben. Er könnte sterben, bevor seine Mutter käme. Dann gäbe es eine Totenmesse in der Kapelle, so wie es war, als Little gestorben war, wie die Jungen ihm gesagt hatten. Alle Jungens wären bei der Messe, schwarz gekleidet, alle

mit traurigen Gesichtern. Auch Wells wäre da, aber keiner würde ihn ansehen. Der Rektor wäre da, im schwarz-goldenen Pluviale, und hohe gelbe Kerzen wären auf dem Altar und um den Katafalk. Und sie würden den Sarg langsam aus der Kapelle tragen und er würde in dem kleinen Friedhof der Gemeinschaft hinter der breiten Lindenallee begraben werden. Und es täte Wells leid, was er getan hatte. Und die Glocke würde ganz langsam läuten.
Er konnte das Läuten hören. Er sagte sich das Lied vor, das Brigid ihn gelehrt hatte.

Bimbam! Die Glocke vom Schloß!
Leb wohl, mein Mütterlein!
Im alten Kirchhof bett mich zur Ruh
Da liegt auch mein Brüderlein.
Aus Tannholz ist mein Sarg gemacht,
Sechs Englein halten dran die Wacht,
Zwei die beten, zwei die singen,
Zwei die mein Seel in Himmel bringen.

Wie wunderschön und traurig das war! Wie wunderschön waren die Worte, wo es hieß *Im alten Kirchhof bett mich zur Ruh!* Ein Zittern lief durch seinen Körper. Wie traurig und wie wunderschön! Er wollte leise weinen, doch nicht über sich: über die Worte, so wunderschön und traurig, wie Musik. Die Glocke! Die Glocke! Leb wohl! O leb wohl!
Das kalte Sonnenlicht war schwächer und Bruder Michael stand mit einem Napf Bouillon an seinem Bett. Er war froh, denn sein Mund war heiß und trocken. Er konnte sie auf den Spielfeldern spielen hören. Und der Tag im College ging weiter, ganz als wäre er dabei.
Dann ging Bruder Michael hinaus und der Junge aus Grammatik III sagte ihm, er solle auch ja wiederkommen und ihm alle Nachrichten in der Zeitung erzählen. Er sagte Stephen, er heiße Athy und sein Vater halte einen Haufen Rennpferde, die wären schicke Springer, und sein Vater würde Bruder Michael jederzeit einen guten Tip geben, weil Bruder Michael

sehr anständig sei und ihm immer die Nachrichten aus der Zeitung, die sie jeden Tag im Schloß oben bekämen, erzählte. In der Zeitung standen alle Arten von Nachrichten: Unfälle, Schiffbrüche, Sport und Politik.

– Jetzt ist in der Zeitung alles voll von Politik, sagte er. Reden deine Leute auch dadrüber?

– Ja, sagte Stephen.

– Meine auch, sagte er.

Dann dachte er einen Moment nach und sagte:

– Du hast einen komischen Namen, Dedalus, und ich habe auch einen komischen Namen, Athy. Mein Name ist der Name einer Stadt. Dein Name ist wie Latein.

Dann fragte er:

– Bist du gut im Rätselraten?

Stephen antwortete:

– Nicht sehr gut.

Dann sagte er:

– Kriegst du das raus? Warum ist die Grafschaft Kildare wie das Hosenbein von einem seinen Breeches?

Stephen überlegte, wie die Antwort heißen könnte, und sagte dann:

– Ich gebs auf.

– Weil *a thigh* drin ist, ein Schenkel, sagte er. Kapierst du den Witz? *A*thy, *ein* Schenkel, ist die Stadt in der Grafschaft Kildare und *a thigh* ist der andere Schenkel.

– Ach, jetzt versteh ich's, sagte Stephen.

– Das ist ein altes Rätsel, sagte er.

Nach einem Augenblick sagte er:

– Hör mal!

– Was? fragte Stephen.

– Weißt du, sagte er, daß man das Rätsel auch noch andersherum stellen kann?

– Ach ja? sagte Stephen.

– Das selbe Rätsel, sagte er. Weißt du, wie herum man es noch stellen kann?

– Nein, sagte Stephen.

– Kannst du dir nicht vorstellen, wie herum? fragte er.
Er blickte Stephen über die Bettdecke hinweg an, während er sprach. Dann legte er sich aufs Kissen zurück und sagte:
– Es geht noch andersherum, aber ich sag dir nicht wie.
Warum sagte er es nicht? Sein Vater, der die Rennpferde hielt, mußte auch ein Magistratsrat sein, wie Saurins Vater und Nasty Roches Vater. Er dachte an seinen eigenen Vater, wie er Lieder sang und die Mutter dazu spielte und wie er ihm immer einen Shilling gab, wenn er Sixpence haben wollte, und da tat er ihm leid, daß er nicht auch ein Magistratsrat war wie die Väter der anderen Knaben. Warum hatte man ihn denn dann hierher zu denen geschickt? Aber sein Vater hatte ihm gesagt, er wäre dort kein Fremder, denn vor fünfzig Jahren hätte sein Großonkel dort dem Befreier eine Grußadresse überreicht. Man konnte die Menschen jener Zeit an ihrer alten Tracht erkennen. Das war eine feierliche Zeit, schien ihm: und er überlegte, ob das die Zeit war, als die Jungen in Clongowes blaue Röcke mit Messingknöpfen trugen und gelbe Westen und Mützen aus Kaninchenfell und Bier wie Erwachsene tranken und sich eigene Windspiele hielten, die Hasen damit zu jagen.
Er schaute zum Fenster und sah, daß das Tageslicht schwächer geworden war. Es läge jetzt wolkiges graues Licht über den Spielfeldern. Es war kein Lärm auf den Spielfeldern. Die Klasse schriebe wohl eine Arbeit oder vielleicht läse auch Pater Arnall eine Legende vor aus dem Buch.
Es war komisch, daß sie ihm gar keine Arznei gegeben hatten. Vielleicht brächte Bruder Michael sie mit, wenn er käme. Die andern sagten, man bekäme stinkiges Zeug zu trinken, wenn man im Infirmarium ist. Aber er fühlte sich jetzt besser als vorhin. Das wäre schön, so langsam gesund zu werden. Man könnte dann ein Buch bekommen. Es gab ein Buch über Holland in der Bibliothek. Da waren wunderbare ausländische Namen drin und Bilder von sonderbar aussehenden Städten und Schiffen. Da fühlte man sich so glücklich.
Wie bleich das Licht am Fenster war! Aber das war schön. Das

Feuer stieg und fiel an der Wand. Es war wie Wellen. Jemand hatte Kohlen aufgelegt und er hörte Stimmen. Sie sprachen. Es war das Geräusch der Wellen. Oder die Wellen sprachen miteinander, während sie stiegen und fielen.
Er sah das Wellenmeer, lange dunkle Wellen, die stiegen und fielen, dunkel unter der mondlosen Nacht. Ein winziges Licht blinkte am Ende der Mole, wo das Schiff einfuhr; und er sah eine Menschenmenge am Wasserrand versammelt, das Schiff zu sehen, das in ihren Hafen einfuhr. Ein großer Mann stand auf Deck, der schaute herüber aufs flache dunkle Land: und im Licht am Ende der Mole sah er sein Gesicht, das klagenvolle Gesicht Bruder Michaels.
Er sah ihn die Hand auf die Menschen zu heben und hörte ihn mit lauter klagender Stimme über die Wasser hin sagen:
– Er ist tot. Wir haben ihn liegen sehen auf dem Katafalk.
Ein Weheklagen erhob sich unter den Menschen.
– Parnell! Parnell! Er ist tot!
Sie fielen auf ihre Knie und klagten im Kummer.
Und er sah Dante, wie sie in maronenbraunem Samtkleid und einem grünen Samtumhang, der ihr von den Schultern herabhing, stolz und schweigend an den Menschen vorüberschritt, die am Wasserrand knieten.

* * *

Ein großes Feuer, hoch aufgeschichtet und rot, flammte im Kamin, und unter den efeuumwundenen Armen des Leuchters war die Weihnachtstafel gedeckt. Sie waren ein wenig spät nach Haus gekommen und doch war das Mahl noch nicht fertig: aber es wäre im Nu fertig, hatte seine Mutter gesagt. Sie warteten, daß die Tür aufging und die Mädchen die großen, mit schweren Metalldeckeln zugedeckten Platten hereintrugen
Alle warteten: Onkel Charles, der weit abseits im Schatten des Fensters saß, Dante und Mr. Casey, die in den Lehnstühlen links und rechts vom Feuer saßen, Stephen zwischen ihnen auf einem Stuhl, die Füße auf das Fußbänkchen mit den Oh-

ren gestreckt. Mr. Dedalus betrachtete sich in dem Wandspiegel über dem Sims, zwirbelte seine Schnurrbartspitzen und stand dann, die Rockschöße zerteilend, mit dem Rücken zum glühenden Feuer: und immer wieder nahm er von Zeit zu Zeit eine Hand von dem Rockschoß, um eine der Schnurrbartspitzen zu zwirbeln. Mr. Casey legte den Kopf auf die Seite und klopfte lächelnd mit den Fingern auf seine Halsdrüse. Und Stephen lächelte auch, denn er wußte jetzt, daß es nicht wahr war, daß Mr. Casey eine Silberbörse in der Kehle hatte. Er lächelte, als er daran dachte, wie das silberhelle Geräusch, das Mr. Casey immer machte, ihn getäuscht hatte. Und als er versucht hatte, Mr. Caseys Hand aufzumachen, um nachzusehen, ob die Silberbörse dort versteckt wäre, hatte er gesehen, daß sich die Finger nicht grade strecken ließen: und Mr. Casey hatte ihm gesagt, er hätte diese drei verkrümmten Finger gekriegt, als er für die Königin Viktoria ein Geburtstagsgeschenk gemacht habe.

Mr. Casey klopfte auf seine Halsdrüse und lächelte mit schläfrigen Augen Stephen an: und Mr. Dedalus sagte zu ihm:

– Ja. So ist das nun einmal. Wir haben doch einen schönen Spaziergang gemacht, was, John? Ja ... Ich wüßte nur gerne, ob wir heute abend doch noch etwas zu essen kriegen. Ja ... Na, wir haben doch eine schöne Brise Ozon am Head heute abgekriegt. Wahr- und wahrhaftig.

Er wandte sich zu Dante und sagte:

– Sie haben sich überhaupt nicht bewegt, Mrs. Riordan?

Dante runzelte die Stirn und sagte kurz:

– Nein.

Mr. Dedalus ließ die Rockschöße los und ging zur Kredenz hinüber. Er holte einen großen Steinkrug Whisky aus der Tür und füllte langsam die Karaffe, wobei er sich dann und wann niederbeugte, um zu sehen, wieviel er hineingegossen hatte. Dann stellte er den Krug in die Tür zurück und goß ein wenig von dem Whisky in zwei Gläser, tat ein wenig Wasser hinzu und kam mit ihnen wieder zum Kamin.

– Ein Fingerhut, John, sagte er, nur zum Appetitanregen.

Mr. Casey nahm das Glas, trank und stellte es neben sich auf den Sims. Dann sagte er:
– Dabei fällt mir unser Freund Christopher ein, wie er diesen Schampus . . .
Er bekam einen Lach- und Hustenanfall und fuhr fort:
– . . . den Schampus für diese Brüder herstellt.
Mr. Dedalus lachte laut.
– Der Christy? sagte er. In einer einzigen Warze auf seiner Glatze ist der gerissener als ein ganzes Rudel Füchse zusammengenommen.
Er neigte den Kopf, schloß die Augen und begann, sich die Lippen ausgiebig leckend, mit der Stimme des Hoteliers zu sprechen.
– Und er hat ein solches Honigmündchen, wenn er mit dir spricht, nicht wahr nicht. Und so naß und wässrig ist er um die Wamme, Gott sei ihm gnädig.
Mr. Casey kämpfte immer noch mit seinem Husten- und Lachanfall. Stephen, der den Hotelier durch Gesicht und Stimme seines Vaters hindurchsah und hörte, lachte.
Mr. Dedalus klemmte sein Augenglas ein, schaute zu ihm herunter und sagte ruhig und freundlich:
– Worüber lachst du denn, du junge Brut du?
Die Mädchen traten herein und stellten die Platten auf den Tisch. Mrs. Dedalus kam hinterher und die Plätze wurden verteilt.
– Nehmt Platz, sagte sie.
Mr. Dedalus ging zum Kopfende der Tafel und sagte:
– Nehmen Sie doch Platz, Mrs. Riordan. John, setz dich, mein Lieber.
Er schaute hinüber, wo Onkel Charles saß, und sagte:
– Na denn, Sir, hier ist ein Vögelchen, das auf euch wartet.
Als alle sich gesetzt hatten, legte er seine Hand auf den Deckel und sagte dann rasch, indem er sie wieder zurückzog:
– Nun, Stephen.
Stephen stand auf, wo er saß, um das Tischgebet zu sprechen:
Segne, o Herr, uns und diese Deine Gaben, die wir von Deiner

Güte empfangen werden, durch Christus, unsern Herrn. Amen. Alle bekreuzigten sich und Mr. Dedalus hob mit vergnüglichem Seufzen von der Platte den schweren Deckel, um dessen Rand herum glitzernde Tropfen perlten.

Stephen schaute auf den feisten Puter, der, geschnürt und gespeilert, auf dem Küchentisch gelegen hatte. Er wußte, daß sein Vater bei Dunn in D'Olier Street eine Guinee dafür bezahlt hatte und daß der Mann ihn oft aufs Brustbein gepiekt hatte, um zu zeigen, wie gut er wäre: und er erinnerte sich an die Stimme des Mannes, als er gesagt hatte:

– Nehmen Sie den, Sir. Der ist bongfortionös.

Warum nannte Mr. Barrett in Clongowes seinen Bakel einen Puter? Aber Clongowes war weit weg: und der warme schwere Geruch nach Puter und Schinken und Sellerie stieg von den Tellern und Platten auf und das große Feuer war hoch aufgeschichtet und rot im Kamin und der grüne Efeu und die roten Stechpalmen machten einen so glücklich und wenn das Mahl zu Ende wäre, käme der große Plumpudding herein, mit geschälten Mandeln und Stechpalmenreisern besteckt, mit bläulichem Feuer, das um ihn herumlief, und einem kleinen grünen Fähnchen, das von der Spitze wehte.

Es war sein erstes Weihnachtsmahl und er dachte an seine kleinen Brüder und Schwestern, die im Kinderzimmer warteten, wie er so oft gewartet hatte, daß der Pudding käme. In dem breiten flachen Kragen und dem Eton-Jacket fühlte er sich komisch und ältlich: und als diesen Morgen seine Mutter mit ihm ins Wohnzimmer hinuntergekommen war, angezogen für die Messe, hatte sein Vater geweint. Das war darum, weil er an seinen eigenen Vater dachte. Und Onkel Charles hatte das auch gesagt.

Mr. Dedalus deckte die Platte zu und begann hungrig zu essen. Dann sagte er:

– Der arme Christy, vor lauter Gaunereien kriegt der bald das Übergewicht.

– Simon, sagte Mrs. Dedalus, du hast Mrs. Riordan keine Sauce gegeben.

Mr. Dedalus ergriff die Sauciere.
– Hab ich das nicht? rief er. Mrs. Riordan, Erbarmen mit einem armen Blinden.
Dante bedeckte ihren Teller mit den Händen und sagte:
– Nein, danke.
Mr. Dedalus wandte sich zu Onkel Charles.
– Wie bist du gefahren, Sir?
– Sicher wie die Post, Simon.
– Du, John?
– Ich hab alles. Nimm dir nur selbst.
– Mary? Hier, Stephen, hier hast du was, da stehn dir die Haare zu Berge.
Er goß reichlich Sauce über Stephens Teller und setzte die Sauciere wieder auf den Tisch. Dann fragte er Onkel Charles, ob es zart wäre. Onkel Charles konnte nicht sprechen, weil sein Mund voll war, aber er nickte: ja.
– Das war doch eine gute Antwort, die unser Freund da dem Kanonikus gegeben hat. Was? sagte Mr. Dedalus.
– Ich hätte nie gedacht, daß er den Mumm hat, sagte Mr. Casey.
– Ich gebe euch, was euch gebührt, Pater, wenn ihr aufhört, das Haus Gottes in ein Wahllokal zu verwandeln.
– Eine schöne Antwort, sagte Dante, von einem, der katholisch sein will, seinem Priester gegenüber.
– Da sind sie ganz allein daran schuld, sagte Mr. Dedalus milde. Wenn sie auf den Rat eines Narren hörten, würden sie ihre Bemühungen auf die Religion beschränken.
– Es ist Religion, sagte Dante. Sie tuen ihre Pflicht, wenn sie das Volk warnen.
– Wir gehen ins Gotteshaus, sagte Mr. Casey, in aller Demut, um zu unserem Schöpfer zu beten und nicht um uns Wahlreden anzuhören.
– Es ist Religion, sagte Dante wieder. Sie haben recht. Sie müssen ihre Herde leiten.
– Und dabei vom Altar herunter Politik predigen, ja? fragte Mr. Dedalus.
– Doch freilich, sagte Dante. Das ist eine Frage der allgemeinen

Moral. Ein Priester wäre kein Priester, wenn er seiner Herde nicht sagen würde, was recht ist und was unrecht.
Mrs. Dedalus legte Messer und Gabel hin und sagte:
– Um alles und nochmal alles in der Welt, wir wollen uns doch nicht ausgerechnet an diesem einen Tag im Jahr um die Politik streiten.
– Ganz recht, meine Verehrte, sagte Onkel Charles. Nun, Simon, es ist jetzt wirklich genug. Kein Wort jetzt mehr darüber.
– Ja, ja, sagte Mr. Dedalus rasch.
Beherzt deckte er die Platte auf und sagte:
– Na denn, wer will noch etwas Puter?
Keiner antwortete. Dante sagte:
– Schöne Ausdrucksweise für einen Katholiken!
– Mrs. Riordan, ich bitte Sie inständig, sagte Mrs. Dedalus, hören Sie doch jetzt auf damit.
Dante kehrte sich gegen sie und sagte:
– Und soll ich hier sitzen und mir anhören, wie die Oberhirten meiner Kirche gehöhnt werden?
– Keiner sagt auch nur ein Wort gegen sie, sagte Mr. Dedalus, solange sie sich nicht in die Politik dreinmischen.
– Die Bischöfe und Priester Irlands haben gesprochen, sagte Dante, und ihnen ist zu gehorchen.
– Sie sollen die Politik sein lassen, sagte Mr. Casey, sonst läßt das Volk vielleicht einmal ihre Kirche sein.
– Hören Sie das? sagte Dante zu Mrs. Dedalus gewandt.
– Mr. Casey! Simon! sagte Mrs. Dedalus. Es ist genug jetzt.
– Schlimm! Schlimm! sagte Onkel Charles.
– Was? rief Mr. Dedalus. Hätten wir ihn im Stich lassen sollen, auf Geheiß des englischen Volkes?
– Er war nicht länger würdig, Führer zu sein, sagte Dante. Er war ein Sünder vor aller Augen.
– Wir sind alle Sünder und schwere Sünder, sagte Mr. Casey kalt.
– *Weh dem Menschen, durch den das Ärgernis kommt!* sagte Mrs. Riordan. *Besser wäre es dem, daß ein Mühlstein an sei-*

nen Hals gehängt und er in die Tiefe des Meeres versenkt würde, als daß er einem von diesen Kleinen Ärgernis gebe. Das ist die Sprache des Heiligen Geistes.

– Und eine sehr schlechte Sprache, wenn Sie mich fragen, sagte Mr. Dedalus kühl.

– Simon! Simon! sagte Onkel Charles. Der Junge.

– Ja, ja, sagte Mr. Dedalus. Ich habe gemeint die ... Ich dachte da grade an die schlechte Sprache dieses Gepäckträgers. Nun ja, so ist das nun einmal. Hier, Stephen, reich mir mal deinen Teller, alter Freund. Iß nur ordentlich. Hier.

Er häufte das Essen auf Stephens Teller und legte Onkel Charles und Mr. Casey große Stücke Puter vor und schwemmte Sauce darüber. Mrs. Dedalus aß wenig und Dante saß mit den Händen im Schoß da. Sie war rot im Gesicht. Mr. Dedalus wühlte mit dem Tranchierbesteck an einem Ende der Platte und sagte:

– Hier habe ich ein leckeres Stückchen: des Papstes Nase, *vulgo* der Bürzel. Wenn einer der Herrschaften ...

Er hielt ein Stück Geflügel am Zinken der Tranchiergabel hoch. Keiner sprach. Er legte es auf seinen eigenen Teller und sagte:

– Nun, ihr könnt nachher nicht sagen, daß ihr nicht gefragt worden seid. Ich esse es wohl lieber selber, denn mit meiner Gesundheit stand es letzthin nicht zum besten.

Er zwinkerte Stephen zu und begann erneut zu essen, nachdem er den Deckel wieder auf die Platte gelegt hatte.

Es war still, während er aß. Dann sagte er:

– Na denn, das Wetter hat sich heute ja doch noch gehalten. Es waren außerdem viele Fremde herunten.

Keiner sprach. Er sagte wieder:

– Ich glaube, es waren mehr Fremde herunten als letzte Weihnachten.

Er blickte in die Runde der anderen, deren Gesichter den Tellern zugekehrt waren, und da er keine Antwort bekam, wartete er einen Augenblick und sagte bitter:

– Nun, mein Weihnachtsmahl ist mir jedenfalls verdorben.

– Es konnte nicht Glück noch Gnade sein, sagte Dante, in einem Haus, wo es an Achtung vor den Oberhirten der Kirche gebricht.

Mr. Dedalus warf Messer und Gabel geräuschvoll auf seinen Teller.

– Achtung! sagte er. Vor Billy mit der Lippe etwa oder vor dem Fettwanst oben in Armagh? Achtung!

– Kirchenfürsten, sagte Mr. Casey mit gedehntem Hohn.

– Lord Leitrims Kutscher, ja, sagte Mr. Dedalus.

– Es sind die Gesalbten des Herrn, sagte Dante. Sie sind der Stolz ihres Vaterlandes.

– Fettwanst, sagte Mr. Dedalus derb. Er hat 'n hübsches Gesicht, wenn er schläft, immerhin. Den Burschen müßtet ihr mal sehn, wie er an 'nem kalten Wintertag sein Kohlgemüse mit Speck runterschlürft. Liebe Zeit!

Er verdrehte sein Gesicht zu einer ausgesprochen tierischen Grimasse und machte ein Schlürfgeräusch mit den Lippen.

– Wirklich, Simon, sagte Mrs. Dedalus, so darfst du nicht vor Stephen sprechen. Es ist nicht recht.

– O, er wird sich an all das erinnern, wenn er groß ist, sagte Dante hitzig – die Sprache, die er gegen Gott und die Religion und die Priester in seinem eigenen Elternhaus hören mußte.

– Dann soll er sich auch erinnern, rief Mr. Casey ihr quer über den Tisch zu, mit welcher Sprache die Priester und ihre Helfershelfer Parnell das Herz gebrochen und ihn in sein Grab gehetzt haben. Dann soll er sich auch daran erinnern, wenn er groß ist.

– Hurengezücht! rief Mr. Dedalus. Als er am Boden lag, hat sich die Meute auf ihn gestürzt und ihn verraten und zerrissen wie Ratten in der Gosse. Niederträchtige Hunde! Und man siehts ihnen an! Bei Gott, man siehts ihnen an!

– Sie haben recht gehandelt, rief Dante. Sie haben ihren Bischöfen und Priestern gehorcht. Ehr und Preis gebührt ihnen!

– Es ist doch wirklich fürchterlich, daß nicht ein einziger Tag im Jahr, sagte Mrs. Dedalus, ohne diese fürchterlichen Dispute vergeht!

Onkel Charles hob seine Hände sanft und sagte:
– Kommt doch, kommt doch, kommt doch! Können wir nicht unsere Meinung sagen, egal wie sie ist, aber ohne diese schlimmen Ausbrüche und diese schlimme Sprache? Eine schlimme Geschichte, wahrhaftig.
Mrs. Dedalus redete leise auf Dante ein, aber Dante sagte laut:
– Ich will nicht aufhören. Ich will meine Kirche und meine Religion verteidigen, wenn sie von abtrünnigen Katholiken beleidigt und bespuckt werden.
Mr. Casey stieß seinen Teller rüd in die Mitte der Tafel und sagte, die Ellbogen vor sich aufgestützt, mit heiserer Stimme zu seinem Gastgeber:
– Sag mal, hab ich dir eigentlich diese berühmte Spuckgeschichte erzählt?
– Das hast du nicht, John, sagte Mr. Dedalus.
– Nun, sagte Mr. Casey, es ist eine äußerst lehrreiche Geschichte. Sie passierte vor noch nicht langer Zeit in der Grafschaft Wicklow, hier bei uns.
Er brach ab und sagte, zu Dante gewandt, mit leisem Unmut:
– Und ich darf Ihnen sagen, gnä' Frau, daß ich, wenn Sie mich meinen, kein abtrünniger Katholik bin. Ich bin ein Katholik wie mein Vater einer war und sein Vater vor ihm und sein Vater wieder vor ihm und wir hätten eher unser Leben hingegeben als unseren Glauben verkauft.
– Umso schändlicher ist es jetzt, sagte Dante, daß Sie so sprechen.
– Die Geschichte, John, sagte Mr. Dedalus lächelnd. Nun erzähl uns doch schon die Geschichte.
– Katholik, jaha! wiederholte Dante ironisch. Der schwärzeste Protestant im Land würde nicht die Sprache führen, die ich heute abend gehört habe.
Mr. Dedalus schwenkte seinen Kopf von einer Seite auf die andere und summte dazu wie ein Dorfsänger.
– Ich bin kein Protestant, ich sags Ihnen nochmals, sagte Mr. Casey und wurde rot.

Mr. Dedalus, der immer noch summte und den Kopf schwenkte, begann mit brummelnd-näselnder Stimme zu singen:

O kommt all ihr Katholiken,
Die ihr nie zur Messe wart.

Er nahm Messer und Gabel wieder gutgelaunt in die Hände, machte sich ans Weiteressen und sagte zu Mr. Casey:
– Nun erzähl uns die Geschichte, John. Das fördert die Verdauung.
Stephen schaute hingegeben in Mr. Caseys Gesicht, das, über seine verschränkten Hände hinweg, über den Tisch starrte. Er saß gerne in seiner Nähe am Feuer und schaute hoch in sein dunkles grimmiges Gesicht. Aber seine dunklen Augen waren nie grimmig und seiner langsamen Stimme hörte sich's gut zu. Aber warum war er denn gegen die Priester? Dante mußte ja dann recht haben. Aber er hatte seinen Vater sagen hören, sie wäre eine verkrachte Nonne und sei aus dem Kloster in den Alleghany-Bergen weggegangen, als ihr Bruder das Geld von den Wilden für die Kettchen und Glasperlen gekriegt hätte. Vielleicht war sie deshalb so streng gegen Parnell. Und sie hatte es nicht gerne, daß er mit Eileen spielte, denn Eileen war protestantisch, und als sie jung war, kannte sie Kinder, die immer mit Protestanten spielten, und die Protestanten machten sich immer über die Litanei von der Heiligen Jungfrau lustig. *Du Elfenbeinturm,* sagten die immer, *Du goldenes Haus!* Wie konnte denn eine Frau ein Elfenbeinturm sein oder ein goldenes Haus? Wer hatte da recht? Und er erinnerte sich an den Abend im Infirmarium in Clongowes, die dunklen Wasser, das Licht am Ende der Mole und das Weheklagen der Menschen, als sie es vernommen hatten.
Eileen hatte lange weiße Hände. Als sie einmal abends Versteck spielten, hatte sie ihm ihre Hände über die Augen gelegt: lang und weiß und dünn und kalt und sanft. Das war Elfenbein: etwas Kaltes Weißes. Das war die Bedeutung von *Elfenbeinturm.*
– Die Geschichte ist sehr kurz und hübsch, sagte Mr. Casey. Es

war an einem Tag unten in Arklow, einem bitterkalten Tag, nicht lang bevor der Chief starb. Gott sei ihm gnädig!
Er schloß erschöpft seine Augen und machte eine Pause. Mr. Dedalus griff sich einen Knochen von seinem Teller und riß mit den Zähnen etwas Fleisch davon herunter, wobei er sagte:
– Bevor er umgebracht wurde, meinst du.
Mr. Casey öffnete die Augen, seufzte und fuhr fort:
– Es war unten in Arklow also. Wir hatten da unten eine Versammlung und nach der Versammlung mußten wir uns unseren Weg zum Bahnhof durch die Menge kämpfen. So ein Gebuh und Gebäh, Mann, hast du noch nie gehört. Sie schütteten alle Schimpfnamen der Welt über uns aus. Na und da war eine alte Dame, das war eine betrunkene alte Vettel, kann ich euch sagen, und die hatt es ausschließlich auf mich abgesehn gehabt. Die ganze Zeit ist sie neben mir her getanzt im Dreck und hat mir ins Gesicht gekeift und gekrischen: *Priesterjäger! Der Pariser Fonds! Mr. Fox! Kitty O'Shea!*
– Und was hast du gemacht, John? fragte Mr. Dedalus.
– Ich hab sie ruhig keifen lassen, sagte Mr. Casey. Es war ein kalter Tag, und um Leib und Seele zusammenzuhalten hatte ich (mit Verlaub, gnä' Frau) ein Priemchen Tullamore im Mund und hätte sowieso kein Wort sagen können, weil mein Mund voll Tabaksaft war.
– Ja und, John?
– Ja. Ich hab sie nach Herzenslust keifen lassen, *Kitty O'Shea* und was nicht alles, bis sie schließlich diese Dame mit einem Wort beschimpfte, mit dem ich die Weihnachtstafel hier und Ihre Ohren, gnä' Frau, und meine eignen Lippen besudeln würde, wenn ichs wiederholte.
Er machte eine Pause. Mr. Dedalus hob den Kopf von seinem Knochen und fragte:
– Und was hast du gemacht, John?
– Gemacht! sagte Mr. Casey. Sie streckte mir ihr häßliches altes Gesicht entgegen, als sie das sagte, und ich hatte meinen Mund voll Tabaksaft. Ich hab mich runter zu ihr gebeugt und *Phss!* sag ich zu ihr, ganz einfach.

Er wandte sich zur Seite und machte ein Spuckgeräusch.
– *Phss!* sag ich zu ihr, ganz einfach, direkt ihr ins Auge.
Er klatschte sich eine Hand aufs Auge und gab einen heiseren Schmerzensschrei von sich.
O Jesus, Maria und Joseph! sagt die. *Ich bin verblind't! Ich bin verblind't und versäuft!*
Er brach in einem Husten- und Lachanfall ab, wobei er wiederholte:
– *Ich bin ganz verblind't!*
Mr. Dedalus lachte laut und lehnte sich auf seinem Stuhl zurück, während Onkel Charles seinen Kopf von einer Seite auf die andere schwenkte.
Dante schaute schrecklich zornig drein und sagte wiederholt, während die anderen lachten:
– Sehr schön! Ha! Sehr schön!
Das war nicht schön, mit der Spucke ins Auge von der Frau. Aber was war das Wort, mit dem die Frau Kitty O'Shea beschimpft hatte und das Mr. Casey nicht wiederholen wollte? Er stellte sich vor, wie Mr. Casey durch die Menschenmenge ging und von einem offenen Wagen herunter Reden hielt. Deshalb war er im Gefängnis gewesen, und er erinnerte sich, daß Sergeant O'Neill eines Abends ins Haus gekommen war und im Flur gestanden hatte, leise sprach er dabei mit seinem Vater und kaute nervös am Kinnriemen seines Helms. Und an diesem Abend war Mr. Casey nicht mit dem Zug nach Dublin gefahren, sondern es war ein Wagen vor die Tür gekommen und er hatte seinen Vater etwas über die Cabinteely Road sagen hören.
Er war für Irland und Parnell und sein Vater auch: und Dante eigentlich auch, denn eines Abends beim Konzert auf der Esplanade hatte sie einem Herrn ihren Schirm auf den Kopf geschlagen, weil er seinen Hut abgenommen hatte, als die Kapelle am Schluß *God save the Queen* spielte.
Mr. Dedalus schnaubte verächtlich.
– Ach John, sagte er. Es ist ja richtig. Wir sind ein unglückseli-

ges pfaffengeknechtetes Volk und warens immer und werdens immer sein bis zum bittern Ende.
Onkel Charles schüttelte den Kopf und sagte:
– Eine schlimme Sache! Eine schlimme Sache!
Mr. Dedalus wiederholte:
– Ein pfaffengeknechtetes gottverlassenes Volk!
Er wies auf das Porträt seines Großvaters an der Wand zu seiner Rechten.
– Siehst du den alten Burschen da oben, John? sagte er. Der war schon ein guter Ire, als mit dem Geschäft noch nichts zu verdienen war. Der ist als Whiteboy zum Tode verurteilt worden. Aber er hatte so eine Redensart über unsere Freunde vom Klerus, daß ihm keiner von denen je seine zwei Füße unter seinen Mahagoni stellen würde.
Dante platzte zornig heraus:
– Wenn wir wirklich ein pfaffengeknechtetes Volk sind, können wir stolz darauf sein! Sie sind Gottes Augapfel. *Rührt sie nicht an,* spricht Christus, *denn sie sind Mein Augapfel.*
– Und unser Land dürfen wir wohl nicht lieben? fragte Mr. Casey. Wir sollen dem Mann nicht folgen, der geboren ward, uns zu führen?
– Ein Verräter an seinem Land! erwiderte Dante. Ein Verräter, ein Ehebrecher! Die Priester taten recht daran, ihn fallenzulassen. Die Priester waren stets die wahren Freunde Irlands.
– Ach ja, wahrhaftig? sagte Mr. Casey.
Er knallte die Faust auf den Tisch und streckte, zornig die Stirn runzelnd, einen Finger nach dem andern vor.
– Haben die Bischöfe von Irland uns nicht zur Zeit der Union verraten, als Bischof Lanigan dem Marquess Cornwallis eine Loyalitätsadresse überreichte? Haben die Bischöfe und Priester nicht 1829 das Sinnen und Trachten ihres Landes verkauft, als Entgeld für katholische Emanzipation? Haben sie nicht die Fenier-Bewegung verurteilt, von der Kanzel herab und im Beichtstuhl? Und haben sie nicht die Asche von Terence Bellew MacManus entehrt?
Sein Gesicht glühte vor Zorn und Stephen spürte, wie ihm das

Glühen in die eigenen Wangen stieg, während die gesprochenen Worte ihn schüttelten. Mr. Dedalus gab eine Lache derber Verachtung von sich.
– O, du lieber Gott, rief er, ich habe den kleinen alten Paul Cullen vergessen! Noch ein Augapfel Gottes!
Dante beugte sich über den Tisch und schrie Mr. Casey an:
– Recht! Recht! Sie hatten immer recht! Gott und Sittlichkeit und Religion kommen zuerst.
Mrs. Dedalus, die ihre Erregung sah, sagte zu ihr:
– Mrs. Riordan, regen Sie sich doch nicht auf, wenn Sie denen antworten.
– Gott und Religion kommen zuerst! schrie Dante. Gott und Religion kommen vor der Welt!
Mr. Casey erhob seine geballte Faust und ließ sie mit einem Krach auf den Tisch niedergehen.
– Also gut, brüllte er heiser, wenn es so steht, dann keinen Gott für Irland!
– John! John! rief Mr. Dedalus und packte seinen Gast beim Rockärmel.
Dante starrte über den Tisch, die Wangen bebten ihr. Mr. Casey kämpfte sich von seinem Stuhl hoch und beugte sich zu ihr hin über den Tisch, wobei er die Luft vor seinen Augen wegwischte, als streiche er ein Spinnweb beiseite.
– Dann keinen Gott für Irland! schrie er. Wir haben zu viel Gott in Irland gehabt. Hinweg mit Gott!
– Lästerer! Teufel! kreischte Dante, sprang auf und spuckte ihm fast ins Gesicht.
Onkel Charles und Mr. Dedalus zogen Mr. Casey wieder auf seinen Stuhl und redeten von beiden Seiten aus vernünftig auf ihn ein. Er starrte aus seinen dunklen flammenden Augen vor sich hin und wiederholte:
– Hinweg mit Gott, sage ich!
Dante ruckte ihren Stuhl ungestüm beiseite und ging vom Tisch, wobei sie ihren Serviettenring hinunterwarf, der langsam den Teppich entlangrollte und an einem Sesselbein zur Ruhe kam. Mrs. Dedalus stand rasch auf und folgte ihr zur

Tür. An der Tür drehte Dante sich ungestüm um und brüllte, die Wangen gerötet und zuckend vor Wut, ins Zimmer:
– Teufel aus der Hölle! Wir haben gewonnen! Wir haben ihn zertreten! Unhold!
Die Tür knallte hinter ihr zu.
Mr. Casey, der seine Arme von denen, die ihn hielten, befreite, senkte plötzlich schmerzschluchzend den Kopf auf seine Hände.
– Armer Parnell! rief er laut. Mein toter König!
Er schluchzte laut und bitterlich.
Stephen erhob sein erschrecktes Gesicht und sah, daß seines Vaters Augen voller Tränen waren.

* * *

Die Jungen sprachen in Grüppchen zusammen.
Einer sagte:
– Man hat sie am Hill of Lyons wieder geschnappt.
– Wer hat sie geschnappt?
– Mr. Gleeson und der Kanzler. Sie waren auf einem Wagen.
Derselbe Junge fuhr fort:
– Einer aus der Oberklasse hat mirs gesagt.
Fleming fragte:
– Aber wieso sind die denn eigentlich abgehaun?
– Ich weiß wieso, sagte Cecil Thunder. Weil sie aus dem Zimmer vom Rektor Geld geklaut haben.
– Wer hat das geklaut?
– Kickhams Bruder. Und jeder hat sein Anteil gekriegt.
Aber das war doch Diebstahl. Wie hatten sie so etwas tun können?
– Einen großen Dreck weißt du, Thunder! sagte Wells. Ich weiß wieso die den Schwanz einziehn.
– Und wieso?
– Ich darfs nicht sagen, sagte Wells.
– Na mach schon, Wells, sagten alle. Uns kannst dus doch sagen. Wir erzählens auch nicht weiter.
Stephen streckte den Kopf vor, um zu hören. Wells schaute

sich um, ob jemand käme. Dann sagte er geheim-vertraulich:
– Ihr kennt doch den Meßwein, der in der Sakristei im Schrank steht?
– Ja.
– Na, den haben sie ausgetrunken, und am Geruch hat man erkannt, wers war. Und deshalb sind die abgehaun, wenn ihrs genau wissen wollt.
Und der Junge, der zuerst gesprochen hatte, sagte:
– Ja, das hat mir der aus der Oberklasse auch gesagt.
Die Jungen waren alle still. Stephen, der nicht zu sprechen wagte, stand bei ihnen und hörte zu. Eine leise Übelkeit vor heiliger Scheu ließ ihn sich schwach fühlen. Wie hatten sie so etwas tun können? Er dachte an die dunkle stille Sakristei. Da standen dunkle Holzschränke drin, in denen die gekräuselten Chorhemden leise gefaltet lagen. Das war nicht die Kapelle, aber man mußte trotzdem mit verhaltener Stimme sprechen. Es war ein heiliger Ort. Er erinnerte sich an den Sommernachmittag, als er dort gewesen war, um das Gewand des Schiffchenträgers anzulegen, den Nachmittag mit der Prozession zu dem kleinen Altar im Wald. Ein sonderbarer und heiliger Ort. Der Knabe, der das Rauchfaß hielt, hatte es in Türnähe sanft hin und her geschwenkt und den silbernen Deckel dabei an der Mittelkette hochgezogen, damit die Kohlen brennen blieben. Die hießen Holzkohle: und die hatte leise gebrannt, während der Junge sie sanft geschwenkt hatte, und einen schwachsäuerlichen Geruch ausgeströmt. Und als dann alle angekleidet waren, hatte er dem Rektor das Schiffchen vorgehalten und der Rektor hatte einen Löffelvoll Weihrauch hineingeschüttet und der hatte auf den roten Kohlen gezischt.
Die Jungen sprachen hier und da in Grüppchen auf dem Spielfeld. Die Jungen schienen ihm kleiner geworden zu sein: weil nämlich ein Radler ihn am Tag zuvor zu Boden geworfen hatte, ein Junge aus Grammatik II. Die Maschine des Jungen hatte ihn leicht auf den Schlackenweg geworfen und seine Brille war dabei in drei Stücke zerbrochen und etwas Schlakkengrus war ihm in den Mund gekommen.

Das wars, weshalb die Jungen ihm kleiner erschienen und weiter weg und die Torpfosten so dünn und weit und der sanfte graue Himmel so hoch droben. Aber auf dem Rugbyfeld wurde nicht gespielt, denn es war Kricket an der Reihe: und die einen sagten, Barnes würde Trainer sein, und die anderen sagten Flowers. Und über die ganzen Spielfelder hin übten sie Läufe oder Bowling Twisters und Lobs. Und von hier und von da kamen die Geräusche der Schlaghölzer durch die sanfte graue Luft. Sie sagten: pick, peck, pock, pack: wie Wassertropfen in einem Springbrunnen, die langsam in das überschäumende Becken fallen.
Athy, der still gewesen war, sagte ruhig:
– Ihr habt alle keine Ahnung.
Alle wandten sich eifrig zu ihm.
– Wieso?
– Weißt dus denn?
– Woher hast dus?
– Erzähl schon, Athy.
Athy zeigte übers Spielfeld auf Simon Moonan, der allein dort herumlief und einen Stein vor sich her kickte.
– Fragt den mal, sagte er.
Die Jungen schauten hin und sagten dann:
– Wieso den?
– Gehört der auch dazu?
– Erzähl schon, Athy. Mach los. Wenn du was weißt, tätst dus auch sagen.
Athy senkte seine Stimme und sagte:
– Wißt ihr, wieso die Kerle den Schwanz einziehn? Ich sags euch, aber ihr dürft euch wirklich nichts merken lassen.
Er machte eine kleine Pause und sagte dann geheimnisvoll:
– Sie sind mit Simon Moonan und Boyle Steißzahn abends im Abtritt geschnappt worden.
Die Jungen schauten ihn an und fragten:
– Geschnappt?
– Bei was?
Athy sagte:

– Fummeln.
Alle Jungen waren still: und Athy sagte:
– Und das wars.
Stephen schaute in die Gesichter der Jungen, aber die schauten alle übers Spielfeld. Er hätte gern jemand gefragt. Was sollte das denn heißen mit dem Fummeln im Abtritt? Warum waren die fünf aus der Oberklasse dafür davongelaufen? Es war ein Jux, dachte er. Simon Moonan hatte schöne Sachen zum Anziehn und einmal abends hatte er ihm einen Ball voll Sahnebonbons gezeigt, den ihm die Jungen der Rugby-Fünfzehn über den Teppich in der Mitte des Refektoriums zugerollt hatten, als er an der Tür stand. Es war der Abend des Wettspiels gegen die Bective Rangers und der Ball sah genauso aus wie ein rotgrüner Apfel, nur daß er aufging und mit den Sahnebonbons gefüllt war. Und einmal hatte Boyle gesagt, ein Elefant hätte zwei Steißzähne statt zwei Stoßzähne, und deshalb hieß er Boyle Steißzahn, aber einige nannten ihn Lady Boyle, weil er immer an seinen Fingernägeln war und sie manikürte.
Eileen hatte auch lange dünne kühle weiße Hände, weil sie ein Mädchen war. Sie waren wie Elfenbein; nur sanft. Das war die Bedeutung vom *Elfenbeinturm,* aber Protestanten konnten das nicht verstehen und machten sich darüber lustig. Einmal hatte er neben ihr gestanden und in den Hotelgarten geschaut. Ein Kellner zog gerade eine Kette Wimpel am Fahnenmast hoch und ein Foxterrier hetzte auf dem sonnigen Rasen hin und her. Sie hatte ihre Hand in seine Tasche gesteckt, wo seine Hand war, und er hatte gefühlt, wie kühl und dünn und sanft ihre Hand war. Sie hatte gesagt, daß man Taschen hätte, wäre doch was Komisches: und dann hatte sie sich ganz plötzlich losgerissen und war lachend die leicht abfallende Biegung des Wegs hinuntergelaufen. Ihr Blondhaar strömte hinter ihr her wie Gold in der Sonne. *Elfenbeinturm. Goldenes Haus.* Wenn man über die Dinge nachdachte, konnte man sie verstehen.
Aber wieso im Abtritt? Man ging dahin, wenn man etwas

machen wollte. Er bestand nur aus dicken Schieferplatten und den ganzen Tag tröpfelte Wasser aus winzigen Löchern und es war ein komischer Geruch nach fauligem Wasser da. Und hinter der Tür von einem der Klosetts war eine Zeichnung in roter Kreide von einem bärtigen Mann in Römertracht mit einem Ziegelstein in jeder Hand und darunter stand, wie die Zeichnung hieß:
Balbus erbaute eine Mauer.
Irgendwelche Jungen hatten das aus Fez dahin gemalt. Das Gesicht war lustig aber es sah einem Mann mit Bart sehr ähnlich. Und an die Wand eines anderen Klosetts war in wunderschöner, nach links geneigter Schrift geschrieben:
Julius Caesar schrieb Der bellt um Gallicolik.
Vielleicht waren sie deshalb dort, weil es ein Ort war, wo manche Jungen Dinge aus Fez hinschrieben. Aber trotzdem war es komisch, was Athy erzählt hatte und wie er es erzählt hatte. Es war aber kein Fez, weil sie ja abgehauen waren. Er schaute mit den andern schweigend übers Spielfeld und bekam allmählich Angst.
Schließlich sagte Fleming:
– Und wir sollen alle für das bestraft werden, was andere gemacht haben?
– Ich geh nicht mehr zurück, werdet ihr sehn, sagte Cecil Thunder. Drei Tage Silentium im Refektorium und jeden Augenblick für Sechsen und Achten raufgeschickt werden.
– Ja, sagte Wells. Und der Barrett hat 'ne neue Art die Briefchen zu kniffen, so daß man sie nicht mehr aufmachen und zustecken kann, um zu sehn, wie viele Ferulen du gleich kriegst. Ich geh auch nicht mehr zurück.
– Ja, sagte Cecil Thunder, und der Studienpräfekt war heute morgen in Grammatik II.
– Machen wir doch einen Aufstand, sagte Fleming. Wie ist es?
Alle Jungen waren still. Die Luft war sehr still und man konnte die Schlaghölzer hören, aber langsamer als vorhin: pick, pock.

Wells fragte:
– Und was werden die jetzt kriegen?
– Simon Moonan und der Steißzahn beziehen Prügel, sagte Athy, und die aus der Oberklasse haben wählen können zwischen Prügel und Rausschmiß.
– Und was haben sie sich ausgesucht? fragte der, der zuerst gesprochen hatte.
– Alle sind für Rausschmiß außer Corrigan, antwortete Athy. Der bezieht die Prügel von Mr. Gleeson.
– Corrigan, ist das der große Kerl? sagte Fleming. Na der schafft doch zwei von der Sorte von Gleeson!
– Ich weiß warum, sagte Cecil Thunder. Er hat recht und die andern haben unrecht, denn die Prügel, die gehn weg über kurz oder lang, aber einer, der aus dem College rausgeschmissen worden ist, dem sagt mans sein ganzes Leben lang nach. Außerdem prügelt Gleeson ihn schon nicht schlimm.
– Der weiß schon, warum, sagte Fleming.
– Ich möcht nicht in der Haut von Simon Moonan und Steißzahn stecken, sagte Cecil Thunder. Aber ich glaub nicht, daß die geprügelt werden. Vielleicht schickt man sie für zwei Neunen mal rauf.
– Nein, nein, sagte Athy. Die kriegens beide auf die edlen Teile.
Wells rieb sich und sagte mit weinerlicher Stimme:
– Bitte, Sir, nicht mehr, nicht mehr!
Athy grinste, krempelte die Ärmel seiner Jacke hoch und sagte:

Es nützt dir nichts,
Es ist nun mal so.
Drum runter die Hosen
Und raus den Popo.

Die Jungen lachten; aber er spürte, daß sie ein wenig Angst hatten. In der Stille der sanften grauen Luft hörte er die Schlaghölzer von hier und von da: pock. Das war ein Geräusch zum Hören, aber wenn man geschlagen würde, spürte man einen Schmerz. Der Bakel machte auch ein Geräusch, aber anders. Die Jungen sagten, der wäre aus Fischbein und Leder mit Blei innendrin: und er fragte sich, was für ein Schmerz das wäre. Es gab verschiedene Arten von Schmerz für all die verschiedenen Arten von Geräusch. Ein langer dünner Rohrstock würde ein hohes Pfeifgeräusch von sich geben und er fragte sich, was für ein Schmerz das wäre. Es wurde ihm ganz schaurig beim Gedanken daran und kalt: und bei dem, was Athy sagte, auch. Aber was war denn daran so lächerlich? Es wurde ihm ganz schaurig: aber das war, weil man immer eine Art Schauer spürte, wenn man die Hosen runterzog. Es war genauso im Bad, wenn man sich auszog. Er fragte sich, wer sie runterziehen müßte, der Lehrer oder der Junge selber. O wie konnten sie nur so darüber lachen?

Er schaute auf Athys hochgekrempelte Ärmel und knochige tintige Hände. Er hatte seine Ärmel hochgekrempelt, um zu zeigen, wie Mr. Gleeson seine Ärmel hochkrempeln würde. Aber Mr. Gleeson hatte runde speckige Manschetten und saubere weiße Handgelenke und dickliche weiße Hände und die Nägel daran waren lang zugespitzt. Vielleicht manikürte er sie auch wie Lady Boyle. Aber das waren schrecklich lange und zugespitzte Nägel. So lang und grausam waren die, obwohl die weißen dicklichen Hände nicht grausam waren sondern sanft. Und obwohl er vor Kälte und Furcht bebte beim Gedanken an die grausamen langen Nägel und an das hohe Pfeifgeräusch des Rohrstocks und an das Frösteln, das man hinten unten am Hemd spürt, wenn man sich auszog, war ein Gefühl komischen leisen Behagens tief in ihm drin beim Gedanken an die weißen dicklichen Hände, sauber und stark und sanft. Und er dachte an das, was Cecil Thunder gesagt hatte; daß Mr. Gleeson Corrigan nicht schlimm prügeln würde. Und Fleming hatte gesagt, der wisse schon, warum. Aber das war nicht der Grund.

Eine Stimme von weit draußen auf dem Spielfeld rief:

– Alles rein!

Und andere Stimmen riefen:

– Alles rein! Alles rein!

Während der Schönschreibstunde saß er mit verschränkten Armen da und lauschte auf das langsame Kratzen der Federn. Mr. Harford ging hin und her, dabei machte er kleine Zeichen mit Rotstift und manchmal setzte er sich neben den Jungen, um ihm zu zeigen, wie er die Feder halten müsse. Er hatte versucht, sich die Überschrift herauszubuchstabieren, obwohl er schon wußte, wie sie hieß, denn sie war die letzte im Buch. *Eifer mit Unverstand ist wie ein Schiff ohne Steuermann.* Aber die Striche der Buchstaben waren wie feine unsichtbare Fäden, und nur wenn er sein rechtes Auge fest fest schloß und das linke Auge fixierte, konnte er die breiten Schlingen der Großbuchstaben erkennen.

Aber Mr. Harford war sehr nett und kam nie in Harnisch. Alle anderen Lehrer kamen ganz fürchterlich in Harnisch. Aber wieso sollten sie für das leiden, was Jungen in der Oberklasse angestellt hatten? Wells hatte gesagt, sie hätten vom Meßwein aus dem Schrank in der Sakristei getrunken und am Geruch hätte man erkannt, wers gewesen wäre. Vielleicht hatten sie eine Monstranz gestohlen und waren damit abgehauen, um sie irgendwo zu verkaufen. Das wäre doch eine schreckliche Sünde gewesen, bei Nacht dort leise hineinzugehen, den dunklen Schrank zu öffnen und das blitzende Goldding zu stehlen, in dem Gott auf den Altar gestellt wurde, inmitten von Blumen und Kerzen beim Benediktus, während der Weihrauch zu beiden Seiten in Wolken aufstieg, wenn der Junge das Rauchfaß schwenkte und Dominic Kelly den ersten Teil solo im Chor sang. Aber Gott war natürlich nicht darin, als sie sie stahlen. Aber dennoch war es eine sonderbare und eine große Sünde, sie auch nur zu berühren. Er dachte mit tiefer heiliger Scheu daran; eine schreckliche und sonderbare Sünde: es schüttelte ihn, in dem Schweigen daran zu denken, während die Federn leicht kratzten. Aber den Meßwein aus dem Schrank zu trinken und am Geruch erkannt zu werden war auch eine Sünde: aber keine schreckliche und sonderbare. Es wurde einem nur ein bißchen übel dabei, wegen dem Geruch von dem Wein. Denn an dem Tag, an dem er seine heilige

Erstkommunion in der Kapelle empfangen hatte, hatte er die Augen geschlossen und den Mund geöffnet und die Zunge ein bißchen herausgestreckt: und als der Rektor sich niedergebeugt hatte, ihm die heilige Kommunion zu reichen, hatte er im Atem des Rektors einen schwachen Weingeruch nach dem Meßwein gerochen. Das Wort war wunderschön: Wein. Es ließ einen an dunklen Purpur denken, weil die Trauben dunkel purpur waren, die in Griechenland vor Häusern wuchsen, die wie weiße Tempel aussahen. Aber bei dem schwachen Geruch im Atem des Rektors am Morgen seiner Erstkommunion hatte er ein Übelkeitsgefühl gefühlt. Der Tag der Erstkommunion war der glücklichste Tag im Leben. Und einmal hatten einige Generale Napoleon gefragt, was der glücklichste Tag in seinem Leben gewesen wäre. Sie dachten, er würde sagen, der Tag, an dem er die und die große Schlacht gewonnen hätte, oder der Tag, an dem er zum Kaiser gekrönt worden wäre. Aber er sagte:

– Meine Herren, der glücklichste Tag in meinem Leben war der Tag, an dem ich meine heilige Erstkommunion empfing.

Pater Arnall kam herein und die Lateinstunde begann und er blieb mit verschränkten Armen auf das Pult gelehnt weiterhin still. Pater Arnall teilte die Arbeitshefte aus und sagte, sie wären ein Skandal und müßten alle mit den Verbesserungen noch einmal abgeschrieben werden, sofort. Aber die schlechteste von allen wäre Flemings Arbeit, weil durch einen Klecks die Seiten aneinanderklebten: und Pater Arnall hielt sie an einer Ecke hoch und sagte, es wäre eine Beleidigung für den Lehrer, ihm eine solche Arbeit abzuliefern. Dann ließ er Jack Lawton das Substantiv *mare* deklinieren und Jack Lawton blieb beim Ablativ Singular stecken und mit dem Plural fortfahren konnte er auch nicht.

– Du solltest dich deiner schämen, sagte Pater Arnall streng. Du, der Klassenerste!

Dann fragte er den nächsten Jungen und den nächsten und den nächsten. Keiner konnte es. Pater Arnall wurde sehr leise, leiser und leiser, als ein Junge nach dem andern zu antworten versuchte und es nicht konnte. Aber sein Gesicht sah düster aus und seine Augen blickten starr, obwohl seine Stimme so leise war. Dann fragte er Fleming und Fleming sagte, dieses Wort hätte keinen Plural. Da knallte Pater Arnall das Buch zu und brüllte ihn an:

– Knie dich hier mitten in der Klasse hin. Du bist einer der Faulsten, die ich kenne. Schreibt eure Arbeiten noch einmal ab, ihr andern.

Fleming bewegte sich schwerfällig von seinem Platz und kniete zwischen den letzten beiden Bänken. Die anderen Jungen beugten sich über ihre Arbeitshefte und begannen zu schreiben. Ein Schweigen legte sich über das Klassenzimmer und Stephen, der einen schüchternen Blick in Pater Arnalls dunkles Gesicht warf, sah, daß es ein wenig rot war von dem Harnisch, in dem er war.

Beging Pater Arnall damit eine Sünde, daß er in Harnisch kam, oder war es ihm erlaubt, in Harnisch zu kommen, wenn die Jungen faul waren, weil sie dadurch besser lernten, oder tat er nur so, als wäre er in Harnisch? Er wars, weil es ihm erlaubt war, weil ein Priester ja wüßte, was eine Sünde wäre, und sie nicht begehen würde. Aber wenn er sie auch nur einmal aus Irrtum beginge, was täte er dann, sie zu beichten? Vielleicht ginge er zum Kanzler zur Beichte. Und wenn der Kanzler sie beginge, ginge der zum Rektor: und der Rektor zum Provinzial: und der Provinzial zum General der Jesuiten. Das nannte man die Ordo: und er hatte seinen Vater sagen hören, sie wären alle kluge Männer. Sie alle hätten hochgestellte Menschen in der Welt werden können, wenn sie nicht Jesuiten geworden wären. Und er fragte sich, was Pater Arnall und Paddy Barrett geworden wären und was Mr. McGlade und Mr. Gleeson geworden wären, wenn sie nicht Jesuiten geworden wären. Was, das war schwer sich vorzustellen, weil man sie sich dann anders vorstellen müßte, mit andersfarbigen Röcken und Hosen und mit Voll- und Schnurrbärten und anderen Arten von Hüten.

Die Tür ging leise auf und zu. Ein rasches Geflüster lief durch

die Klasse: der Studienpräfekt. Es gab einen Augenblick Totenstille und dann den lauten Knall eines Bakels auf die letzte Bank. Stephens Herz hüpfte vor Angst.
– Braucht hier ein Junge Prügel, Pater Arnall? schrie der Studienpräfekt. Gibts faule und müßige Bärenhäuter in dieser Klasse, die Prügel brauchen?
Er kam in die Mitte der Klasse und sah Fleming auf den Knien.
– Hoho! schrie er. Wer ist der Junge? Warum ist er auf den Knien? Wie heißt du, Junge?
– Fleming, Sir.
– Hoho, Fleming! Ein Müßiggänger natürlich. Ich seh dir das an den Augen an. Warum ist er auf den Knien, Pater Arnall?
– Er hat eine schlechte Lateinarbeit geschrieben, sagte Pater Arnall, und er konnte keine Grammatikfrage beantworten.
– Natürlich nicht! schrie der Studienpräfekt. Natürlich nicht! Ein geborener Müßiggänger! Ich seh ihm das an den Augenwinkeln an.
Er ließ seinen Bakel auf das Pult krachen und schrie:
– Hoch, Fleming! Hoch, mein Junge!
Fleming stand langsam auf.
– Streck vor! schrie der Studienpräfekt.
Fleming streckte seine Hand vor. Der Bakel ging mit einem lauten Klatschgeräusch darauf nieder: eins, zwei, drei, vier, fünf, sechs.
– Andere Hand!
Der Bakel ging wieder mit sechsfachem lautem raschem Klatschen nieder.
– Knie nieder! schrie der Studienpräfekt.
Fleming kniete nieder und preßte mit schmerzverzerrtem Gesicht seine Hände unter die Achselhöhlen, aber Stephen wußte, wie hart seine Hände waren, weil Fleming immer Harz in sie einrieb. Aber vielleicht hatte er große Schmerzen, denn der Ton der Schläge war schrecklich. Stephens Herz pochte und flatterte.

– An die Arbeit, alles! brüllte der Studienpräfekt. Wir wollen hier keine faulen und müßigen Bärenhäuter, keine faulen müßigen kleinen Drückeberger. An die Arbeit, sag ich euch. Pater Dolan kommt jetzt jeden Tag und sieht nach euch. Pater Dolan kommt morgen wieder.

Er stach einen Jungen mit dem Bakel in die Seite und sagte:

– Du, Junge! Wann kommt Pater Dolan wieder her?

– Morgen, Sir, sagte Tom Furlongs Stimme.

– Morgen, und morgen, und dann wieder morgen, sagte der Studienpräfekt. Richtet euch drauf ein. Jeden Tag Pater Dolan. Schreibt weiter. Du, Junge, wer bist du?

Stephens Herz machte einen plötzlichen Satz.

– Dedalus, Sir.

– Warum schreibst du nicht wie die andern?

– Ich . . . meine . . .

Vor Angst konnte er nicht sprechen.

– Warum schreibt er nicht, Pater Arnall?

– Er hat seine Brille zerbrochen, sagte Pater Arnall, und ich habe ihn von der Arbeit befreit.

– Zerbrochen? Was höre ich da? Wie war doch dein Name? sagte der Studienpräfekt.

– Dedalus, Sir.

– Heraus, Dedalus. Fauler kleiner Drückeberger. Ich lese dir Drückeberger am Gesicht ab. Wo hast du deine Brille zerbrochen?

Stephen stolperte in die Mitte der Klasse, blind vor Angst und Hast.

– Wo hast du deine Brille zerbrochen? wiederholte der Studienpräfekt.

– Am Schlackenweg, Sir.

– Hoho! Am Schlackenweg! rief der Studienpräfekt. Ich kenne diesen Trick.

Stephen hob seine Augen verwundert und sah für einen Augenblick Pater Dolans weißgraues nicht junges Gesicht, seinen fast kahlen weißgrauen Kopf mit Flaum an den Seiten, die Stahlränder seiner Brille und seine farblosen Augen, die ihn durch die Gläser anblickten. Warum sagte er, er kenne diesen Trick?

– Fauler müßiger kleiner Bärenhäuter! schrie der Studienpräfekt. Meine Brille zerbrochen! Ein alter Schuljungentrick! Vor die Hand, augenblicklich!

Stephen schloß die Augen und streckte seine zitternde Hand in die Luft, die Fläche nach oben. Er spürte, wie der Studienpräfekt sie einen Augenblick an den Fingern faßte, um sie gradezustrecken, und dann, wie der Ärmel der Soutane rauschte, als der Bakel zum Schlag erhoben wurde. Ein heißer brennender sengender kribbelnder Schlag wie der laute Knall eines entzweigebrochenen Stocks ließ seine zitternde Hand zusammenschrumpfen wie ein Blatt im Feuer: und bei dem Geräusch und dem Schmerz trieb es ihm brühheiße Tränen in die Augen. Sein ganzer Körper bebte vor Angst, sein Arm bebte und seine geschrumpfte brennende blauangelaufene Hand erbebte wie ein lockeres Blatt in der Luft. Ein Schrei sprang ihm auf die Lippen, ein Gebet um Freilassung. Aber obwohl die Tränen seine Augen brühten und seine Glieder vor Schmerz und Angst zuckten, hielt er die heißen Tränen zurück und den Schrei, der seine Kehle brühte.

– Andere Hand! brüllte der Studienpräfekt.

Stephen zog seinen versehrten und zuckenden rechten Arm weg und streckte die linke Hand vor. Der Soutanenärmel rauschte wieder, als der Bakel erhoben wurde, und ein lautes krachendes Geräusch und ein wilder wahnsinniger kribbelnder brennender Schmerz zog seine Hand mit Fingern und Innenfläche zu einer blauzuckenden Masse zusammen. Das brühheiße Wasser brach ihm aus den Augen und, brennend vor Scham und Qual und Angst, zog er seinen bebenden Arm in Panik weg und brach in ein Schmerzgewimmer aus. Sein Körper erbebte angstgelähmt und mit Scham und Wut spürte er, wie ihm der brühheiße Schrei aus der Kehle kam und wie die brühheißen Tränen ihm aus den Augen stürzten und die flammenden Backen hinunter.

– Knie nieder! schrie der Studienpräfekt.

Stephen kniete rasch nieder und quetschte seine geschlagenen Hände in die Seiten. Wenn er daran dachte, daß sie geschlagen und, in einem einzigen Augenblick, schmerzverquollen waren, da taten sie ihm so leid, als wären es nicht seine eigenen sondern die von jemand anderem, die ihm leid täten. Und während er kniete, das letzte Schluchzen in der Kehle bezwang und den brennenden kribbelnden in die Seiten gequetschten Schmerz spürte, dachte er an die Hände, die er in die Luft gestreckt hatte, die Flächen nach oben, und an den festen Griff des Studienpräfekten, als er die bebenden Finger gradegerichtet hatte, und an die geschlagene rot verquollene Masse aus Fingern und Innenfläche, die hilflos in der Luft erbebte.

– Und jetzt an die Arbeit, alles, schrie der Studienpräfekt von der Tür aus. Pater Dolan kommt jetzt jeden Tag und sieht nach, ob irgendein Junge, ein fauler und müßiger kleiner Bärenhäuter, Prügel braucht. Jeden Tag. Jeden Tag.

Die Tür schloß sich hinter ihm.

Die verstummte Klasse schrieb weiter die Arbeiten ab. Pater Arnall erhob sich von seinem Platz und ging durch die Reihen, half den Knaben mit milden Worten und sagte ihnen die Fehler, die sie gemacht hatten. Seine Stimme war sehr mild und sanft. Dann ging er zu seinem Platz zurück und sagte zu Fleming und Stephen:

– Ihr könnt euch wieder setzen, ihr beiden.

Fleming und Stephen erhoben sich, gingen zu ihren Plätzen und setzten sich. Stephen, scharlachrot vor Scham, öffnete mit einer schwachen Hand rasch ein Buch und beugte sich darüber, das Gesicht dicht auf der Seite.

Es war ungerecht und grausam, weil der Doktor ihm verboten hatte, ohne Brille zu lesen, und er hatte am Morgen an seinen Vater nach Hause geschrieben, daß er ihm eine neue schickte. Und Pater Arnall hatte gesagt, daß er nicht lernen müßte, bis die neue Brille käme. Dann vor der Klasse ein Drückeberger genannt und geschlagen zu werden, wenn er immer die Karte für den Ersten oder Zweiten bekam und Anführer der Yorkisten war! Wie konnte der Studienpräfekt wissen, daß es ein

Trick wäre? Er spürte den Griff der Finger des Präfekten, wie sie seine Hand gradegerichtet hatten, und zuerst hatte er gedacht, er wolle ihm die Hand geben, weil die Finger sanft und fest waren: aber dann, in der Sekunde, hatte er den Soutanenärmel rauschen und das Krachen gehört. Es war grausam und ungerecht, ihn dann noch in der Mitte der Klasse knien zu lassen: und Pater Arnall hatte zu ihnen beiden gesagt, sie könnten sich wieder setzen, ohne einen Unterschied zwischen ihnen zu machen. Er horchte auf Pater Arnalls leise und milde Stimme, wie er die Arbeiten korrigierte. Vielleicht tat es ihm jetzt leid und er wollte anständig sein. Aber es war ungerecht und grausam. Der Studienpräfekt war ein Priester, doch das war grausam und ungerecht. Und sein weißgraues Gesicht und die farblosen Augen hinter der stahlgeränderten Brille blickten grausam drein, weil er die Hand mit seinen festen sanften Fingern erst gradegerichtet hatte, und zwar um sie besser und lauter zu schlagen.

– Das ist eine ganz säuische Gemeinheit ist das, sagte Fleming im Korridor, als die Klassen im Defilé zum Refektorium zogen, einen für etwas zu schlagen, wofür man nichts kann.

– Du hast doch wirklich deine Brille aus Versehn zerbrochen, oder? fragte Nasty Roche.

Stephens Herz war von Flemings Worten erfüllt, und so antwortete er nicht.

– Aber ganz klar! sagte Fleming. Ich tät mir das nicht gefallen lassen. Ich ging rauf zum Rektor, mich über ihn beschweren.

– Ja, sagte Cecil Thunder eifrig, und ich hab gesehn, wie er mit dem Bakel über die Schulter ausgeholt hat, und das darf er nicht.

– Hats schlimm wehgetan? fragte Nasty Roche.

– Sehr schlimm, sagte Stephen.

– Ich tät mir das nicht gefallen lassen, wiederholte Fleming, weder von dem Glatzkopf noch von einem andern Glatzkopf. Das ist ein ganz säuischer gemeiner Trick ist das. Ich ging gleich rauf zum Rektor nach dem Essen und täts ihm sagen.

– Ja, mach das. Mach das, sagte Cecil Thunder.

– Ja, mach das. Doch, geh rauf zum Rektor und beschwer dich über ihn, Dedalus, sagte Nasty Roche, weil er gesagt hat, er käm morgen wieder rein und würd dich schlagen.

– Ja, ja. Sags dem Rektor, sagten alle.

Und es gab einige aus Grammatik II, die zuhörten, und von denen sagte einer:

– Der Senat und das römische Volk erklärten, daß Dedalus zu Unrecht bestraft worden war.

Es war unrecht; es war grausam und ungerecht: und während er im Refektorium saß, durchlitt er in der Erinnerung wieder und wieder die gleiche Demütigung, bis er anfing sich zu fragen, ob es denn nicht sein könne, daß in seinem Gesicht wirklich etwas wäre, das ihn wie einen Drückeberger erscheinen ließe, und er wünschte, er hätte einen kleinen Spiegel, um nachzusehen. Aber das konnte nicht sein; und es war unrechtmäßig und grausam und ungerecht.

Er konnte die schwärzlichen Bratfischchen, die sie mittwochs in der Fastenzeit bekamen, nicht essen, und eine seiner Kartoffeln hatte eine Spatenkerbe. Ja, er würde tun, was die andern ihm gesagt hatten. Er würde hochgehn und dem Rektor sagen, daß er zu Unrecht bestraft worden war. So etwas hatte schon früher einmal jemand aus der Geschichte getan, irgendein großer Mensch, dessen Kopf in den Geschichtsbüchern war. Und der Rektor würde erklären, daß er zu Unrecht bestraft worden wäre, weil der Senat und das römische Volk immer erklärten, daß die Männer, die das täten, zu Unrecht bestraft worden wären. Das waren die großen Männer, deren Namen in Richmal Magnalls Fragen drin standen. Die ganze Geschichte handelte von diesen Männern und was sie taten, und das war es auch, wovon die ganzen Erzählungen aus Griechenland und Rom von Peter Parley handelten. Peter Parley selber war auf der ersten Seite auf einem Bild. Da war ein Heideweg drauf, mit Gras an der Seite und kleinen Büschen: und Peter Parley hatte einen breiten Hut wie ein protestantischer Geistlicher und einen großen Stock und schnell schritt er diesen Weg entlang nach Griechenland und Rom.

Was er tun mußte, war einfach. Alles, was er tun mußte, war, wenn das Essen zu Ende wäre und seine Reihe herauskäme, weiterzugehen, aber nicht hinaus in den Korridor, sondern die Treppe rechts hoch, die zum Schloß führte. Er mußte nichts als das tun: sich nach rechts wenden und schnell die Treppe hochgehen und in einer halben Minute wäre er in dem niedrigen dunklen engen Korridor, der durchs Schloß zum Zimmer des Rektors führte. Und jeder hatte gesagt, daß es ungerecht war, sogar der aus Grammatik II, der das mit dem Senat und dem römischen Volk gesagt hatte.

Was würde geschehen? Er hörte die Oberklässler oben im Refektorium aufstehen und hörte ihre Schritte, wie sie die Matten heruntergegangen kamen: Paddy Rath und Jimmy Magee und der Spanier und der Portugiese und der fünfte war der große Corrigan, der die Prügel von Mr. Gleeson beziehen würde. Deshalb hatte der Studienpräfekt ihn einen Drückeberger genannt und wegen nichts geschlagen: und er strengte seine schwachen, tränenmüden Augen an und besah sich des großen Corrigan breite Schultern und großen hängenden schwarzen Kopf im Vorbeidefilieren. Aber der hatte etwas getan und außerdem würde Mr. Gleeson ihn nicht schlimm prügeln: und ihm fiel ein, wie groß Corrigan im Bad aussah. Seine Haut hatte dieselbe Farbe wie das torffarbene Moorwasser im seichten Ende des Bades, und wenn er den Rand langging, klatschten seine Füße laut auf die nassen Fliesen und bei jedem Schritt bebten seine Schenkel ein wenig, weil er dick war.

Das Refektorium war halb leer und die Jungen defilierten weiter hinaus. Er konnte die Treppe hochgehen, weil vor der Tür zum Refektorium nie ein Priester oder Präfekt stand. Aber er konnte nicht gehen. Der Rektor stünde auf seiten des Studienpräfekten und hielte es für einen Schuljungentrick und dann käme der Studienpräfekt trotzdem jeden Tag, nur wäre es noch schlimmer, weil er furchtbar in Harnisch wäre über jeden, der wegen ihm zum Rektor raufginge. Die Jungen hatten ihm gesagt, er solle gehen, aber selber würden sie nicht gehen. Sie hatten die ganze Geschichte vergessen. Nein, es war am besten, die ganze Geschichte zu vergessen, und vielleicht hatte der Studienpräfekt nur gesagt, daß er wiederkäme. Nein, es war am besten, denen aus dem Weg zu gehen, denn wenn man klein und jung war, konnte man sich auf die Weise oft aus der Schlinge ziehen.

Die Jungen an seinem Tisch standen auf. Er stand auf und defilierte mit ihnen hinaus. Er mußte sich entscheiden. Er näherte sich der Tür. Wenn er mit den andern weiterginge, könnte er nie zum Rektor hochgehen, weil er wegen sowas das Spielfeld nicht verlassen durfte. Und wenn er ginge und trotzdem geschlagen würde, dann würden sich alle lustig machen und reden über den kleinen Dedalus, der zum Rektor raufging, um den Studienpräfekt anzuschwärzen.

Er ging die Matten hinunter und er sah vor sich die Tür. Es war unmöglich: er konnts nicht. Er dachte an den kahlen Kopf des Studienpräfekten mit den grausamen farblosen Augen, die ihn ansahen, und er hörte die Stimme des Studienpräfekten ihn zweimal nach seinem Namen fragen. Warum konnte er sich den Namen nicht merken, als er ihn das erstemal gesagt bekam? Hatte er das erstemal nicht zugehört oder wollte er sich über den Namen lustig machen? Die großen Männer der Geschichte hatten solche Namen und niemand machte er sich über sie lustig. Es war sein eigener Name, über den er sich hätte lustig machen können, wenn er sich lustig machen wollte. Dolan: das war wie der Name einer Waschfrau.

Er hatte die Tür erreicht und, sich rasch nach rechts wendend, ging er die Treppe hoch und, bevor er sich besinnen konnte noch umzukehren, war er in dem niedrigen dunklen engen Korridor, der zum Schloß führte. Und wie er die Türschwelle zum Korridor überschritt, sah er, ohne deshalb den Kopf zu drehen, daß alle Jungen ihm nachblickten, wie sie vorbeidefilierten.

Er lief durch den engen dunklen Korridor, lief vorbei an kleinen Türen, den Türen zu den Zimmern der Gemeinschaft. Er äugte gradaus und nach rechts und nach links durch das Düster und dachte, daß das Porträts sein müßten. Es war dunkel und still und seine Augen waren schwach und tränenmüd, so daß er nicht sehen konnte. Aber er dachte, es wären die Porträts der Heiligen und großen Männer des Ordens, die still auf ihn herniederblickten, wie er vorbeilief: der heilige Ignatius von Loyola, der ein offenes Buch in der Hand hatte und auf die Worte *Ad Majorem Dei Gloriam* darin zeigte, der heilige Franz Xaver, der auf seine Brust zeigte, Lorenzo Ricci mit dem Birett auf dem Kopf wie einer der Klassenpräfekten, die drei Patrone der Jugend, der heilige Stanislaus Kostka, der heilige Aloysius Gonzaga und der selige John Berchmans, alle mit jungen Gesichtern, weil sie starben, als sie jung waren, und Pater Peter Kenny, der in einen großen Umhang gehüllt in einem Sessel saß.

Er kam auf dem Treppenabsatz über der Eingangshalle heraus und schaute um sich. Da war es, wo Hamilton Rowan vorübergelaufen war und die Kerben der Musketenkugeln der Soldaten waren da. Und es war da, daß die alten Diener den Geist im weißen Umhang eines Marschalls gesehen hatten.

Ein alter Diener war am einen Ende des Treppenabsatzes am Fegen. Er fragte ihn, wo das Zimmer des Rektors wäre, und der alte Diener zeigte auf die Tür am anderen Ende und schaute ihm nach, als er da hinging und klopfte.

Es kam keine Antwort. Er klopfte noch einmal lauter und sein Herz machte einen Satz, als er eine gedämpfte Stimme sagen hörte:

– Herein!

Er drehte den Knopf und öffnete die Tür und tapste nach dem Knopf der grünen Fries-Tür dahinter. Er fand ihn und schob sie auf und ging hinein.

Er sah den Rektor am Pult sitzen und schreiben. Ein Totenschädel stand auf dem Pult und ein sonderbar feierlicher Geruch wie altes Sesselleder war im Zimmer.

Sein Herz schlug schnell, wegen dem feierlichen Ort an dem er war und der Stille des Zimmers: und er schaute auf den Schädel und in das freundliche Gesicht des Rektors.

– Nun, kleiner Mann, sagte der Rektor, was ist?
Stephen schluckte das Ding in seiner Kehle hinunter und sagte:
– Ich habe meine Brille zerbrochen, Sir.
Der Rektor öffnete den Mund und sagte:
– O!
Dann lächelte er und sagte:
– Nun, wenn wir unsere Brille zerbrochen haben, müssen wir nach Hause schreiben wegen einer neuen.
– Ich habe nach Hause geschrieben, Sir, sagte Stephen, und Pater Arnall hat gesagt, ich brauche nicht zu lernen, bis sie kommt.
– Ganz recht! sagte der Rektor.
Stephen schluckte wieder das Ding hinunter und tat was er konnte, daß Beine und Stimme nicht zitterten.
– Aber, Sir …
– Ja?
– Pater Dolan ist heute dagewesen und hat mich geschlagen, weil ich die Arbeit nicht geschrieben habe.
Der Rektor schaute ihn schweigend an und er konnte spüren, wie ihm das Blut ins Gesicht stieg und die Tränen ihm in die Augen steigen wollten.
Der Rektor sagte:
– Dein Name ist doch Dedalus, nicht?
– Ja, Sir.
– Und wo hast du deine Brille zerbrochen?
– Am Schlackenweg, Sir. Ein Junge ist aus dem Radschuppen gekommen und ich bin hingefallen und sie ist zerbrochen. Ich weiß nicht, wie der Junge heißt.
Der Rektor schaute ihn wieder schweigend an. Dann lächelte er und sagte:
– Na nun, das war ein Irrtum; Pater Dolan hat das bestimmt nicht gewußt.
– Aber ich habe ihm gesagt, daß ich sie zerbrochen hätte, Sir, und er hat mich geschlagen.
– Hast du ihm auch gesagt, daß du nach Hause geschrieben hättest wegen einer neuen? fragte der Rektor.

– Nein, Sir.
– Na dann, sagte der Rektor, hat Pater Dolan nicht begriffen. Du kannst sagen, daß ich dich ein paar Tage vom Unterricht befreie.
Aus Angst, sein Beben könnte ihn daran hindern, sagte Stephen rasch:
– Ja, Sir, aber Pater Dolan hat gesagt, daß er morgen wiederkommt und mich nochmal dafür schlägt.
– Nun gut, sagte der Rektor, es ist ein Irrtum und ich werde selbst mit Pater Dolan sprechen. Ist es gut so?
Stephen fühlte die Tränen seine Augen nässen und murmelte:
– O ja Sir, danke.
Der Rektor streckte seine Hand über die Seite des Pults, an der der Schädel stand, und Stephen, der seine Hand einen Augenblick hineinlegte, fühlte eine kühle feuchte Innenfläche.
– Nun guten Tag, sagte der Rektor, zog seine Hand weg und neigte den Kopf.
– Guten Tag, Sir, sagte Stephen.
Er verneigte sich und ging leise aus dem Zimmer, vorsichtig und langsam die Türen schließend.
Aber als er an dem alten Diener auf dem Treppenabsatz vorüber und wieder in dem niedrigen engen dunklen Korridor war, begann er schneller und schneller zu gehen. Schneller und schneller eilte er aufgeregt durch das Düster fort. Er stieß sich den Ellbogen gegen die Tür am Ende und ging, die Treppe hinuntereilend, rasch durch die beiden Korridore und hinaus in die Luft.
Er konnte die Schreie der Jungen auf den Spielfeldern hören. Er begann zu rennen und rannte, rascher und rascher rennend, quer über den Schlackenweg und kam am Spielfeld der dritten Klasse außer Atem an.
Die Jungen hatten ihn rennen sehen. Sie schlossen einen Ring um ihn herum, stießen einer gegen den andern um zu hören.
– Erzähl schon! Erzähl schon!
– Was hat er gesagt?
– Bist du reingegangen?

– Was hat er gesagt?
– Erzähl schon! Erzähl schon!
Er erzählte ihnen, was er gesagt hatte und was der Rektor gesagt hatte, und als er ihnen fertig erzählt hatte, schleuderten alle Jungen ihre Mützen wirbelnd hoch in die Luft und schrien:
– Hurraa!
Sie fingen ihre Mützen und warfen sie wieder wirbelnd himmelhoch und schrien wieder:
– Hurraa! Hurraa!
Sie machten eine Schaukel aus ihren verklammerten Händen und hievten ihn zwischen sich hoch und trugen ihn fort, bis er sich freistrampelte. Und als er ihnen ausgekommen war, tobten sie in alle Richtungen auseinander, schleuderten ihre Mützen wieder in die Luft und pfiffen, wie sie sich wirbelnd hochschraubten und schrien:
– Hurraa!
Und da kam ein dreifaches Buh für Dolan den Glatzkopf und für Conmee ein dreifaches Hoch und sie sagten, er wäre der anständigste Rektor, den Clongowes je gehabt hätte.
Die Hochrufe erstarben in der sanften grauen Luft. Er war allein. Er war glücklich und frei: aber er würde in keiner Weise stolz Pater Dolan gegenüber sein. Er würde sehr leise und gehorsam sein: und er wünschte, er könnte etwas Freundliches für ihn tun, um ihm zu zeigen, daß er nicht stolz wäre.
Die Luft war sanft und grau und mild und der Abend kam. Der Geruch des Abends war in der Luft, der Geruch der Äcker auf dem Land wo sie Steckrüben ausmachten, die sie schälten und aßen, wenn sie zu Major Barton hinausspazierten, der Geruch, der in dem Wäldchen hinter dem Pavillon war, wo es die Galläpfel gab.
Die Jungen übten langen Einwurf und Bowling Lobs und langsame Twisters. In der sanften grauen Stille konnte er den Aufschlag der Bälle hören: und von hier und von da durch die leise Luft das Geräusch der Schlaghölzer: pick, peck, pock, pack: wie Wassertropfen in einem Springbrunnen, die in das überschäumende Becken sanft fallen.

II

Onkel Charles rauchte so einen schwarzen Twist, daß sein Neffe ihm schließlich nahelegte, den Morgenschmauch doch in dem Häusel am Ende des Gartens zu genießen.
– Schon gut, Simon. Alles klar, Simon, sagte der alte Mann gelassen. Wo immer du willst. Das Häusel ist mir durchaus angenehm: da ist es bekömmlicher.
– Verdammich, sagte Mr. Dedalus freimütig, ich möchte bloß wissen, wie du einen so mörderischen grauenhaften Tabak rauchen kannst. Der ist ja wie Schießpulver, weiß Gott.
– Er ist sehr angenehm, Simon, erwiderte der alte Mann. Sehr kühl und beruhigend.
Jeden Morgen verfügte sich darum Onkel Charles zu seinem Häusel, doch nicht ohne zuvor sein Hinterhaar gestrählt und skrupulös gebürstet und seinen Zylinder gebürstet und aufgesetzt zu haben. Während er rauchte, waren die Krempe seines Zylinders und der Kopf seiner Pfeife im Rahmen der Häuseltür gerade sichtbar. Seine Laube, wie er das stinkige Häusel nannte, in das er sich mit der Katze und den Gartengeräten teilte, diente ihm gleichzeitig als Resonanzkasten: und jeden Morgen summte er zufrieden eins seiner Lieblingslieder: *O wind' mir ein Nestchen* oder *Blaue Augen, goldnes Haar* oder *Die Haine von Blarney,* während die grauen und blauen Rauchringe langsam von seiner Pfeife aufstiegen und in der reinen Luft verschwanden.
In der ersten Hälfte des Sommers in Blackrock war Onkel Charles Stephens ständiger Gefährte. Onkel Charles war ein rüstiger alter Mann mit sonngegerbter Haut, zerfurchten Zügen und weißem Backenbart. An Wochentagen tat er Botengänge zwischen dem Haus in der Carysfort Avenue und jenen Läden in der Hauptstraße des Orts, mit denen die Familie in Geschäftsverbindung stand. Stephen begleitete ihn gern auf diesen Botengängen, denn Onkel Charles verhalf ihm sehr großmütig zu ganzen Händenvoll von allem, was in offenen

Kisten und Fässern vor der Theke zur Schau stand. Er griffe eine Handvoll Trauben und Sägmehl oder drei oder vier amerikanische Äpfel und drückte sie seinem Großneffen freigebig in die Hand, während der Kaufmann gezwungen lächelte; und wenn Stephen den Zögernden spielte, täte er die Stirn runzeln und sagen:

– Nur zugegriffen, Sir. Hörst du noch, Sir? Das ist gut für den Darm.

Wenn die Bestellung aufgenommen war, würden die beiden weiter zum Park gehen, wo ein alter Freund von Stephens Vater, Mike Flynn, schon auf einer Bank säße und auf sie wartete. Dann begänne Stephens Lauf herum im Park. Mike Flynn stünde an dem Eingang beim Bahnhof, die Uhr in der Hand, während Stephen um die Bahn lief, in dem Stil, den Mike Flynn favorisierte, den Kopf hoch erhoben, die Knie hochgezogen und die Hände zu beiden Seiten strack nach unten gestreckt. Wenn der Morgensport vorüber war, gab dann der Trainer seine Kommentare ab und veranschaulichte sie zuweilen, indem er einen Meter oder so in einem alten Paar blauer Segeltuchschuhe spaßig dahinschlurfte. Ein kleiner Kreis aus Kindern und Ammen, starr vor Staunen, fände sich zusammen, um ihm zuzusehen, und würde sich auch dann noch nicht gleich zerstreuen, wenn er und Onkel Charles sich bereits wieder gesetzt hatten und über Leichtathletik und Politik sprachen. Obschon er seinen Vater hatte sagen hören, daß einige der besten Läufer der Neuzeit durch Mike Flynns Hände gegangen wären, schaute Stephen oft argwöhnisch auf seines Trainers schlaffes stoppelbedecktes Gesicht, wie es sich über die langen fleckigen Finger beugte, zwischen denen er sich seine Zigarette drehte, und mit Mitleid auf die milden glanzlosen blauen Augen, die ganz plötzlich von der Beschäftigung aufblickten und unbestimmt in die blaue Ferne starrten, während die langen verquollenen Finger aufhörten zu drehen und Tabakfäden und -krümel in den Beutel zurückrieselten.

Auf dem Nachhauseweg ginge Onkel Charles oft in die Kapelle, und da das Becken für Stephen nicht zu erreichen war, netzte der alte Mann seine Hand und spritzte das Wasser dann flott Stephen über die Kleider und auf den Boden der Vorhalle. Während er betete, kniete er sich auf sein rotes Taschentuch und las kaum hörbar aus einem daumengeschwärzten Gebetbuch, in welchem Schlagwörter am Fuß jeder Seite gedruckt standen. Stephen kniete an seiner Seite und respektierte, wenn er sie auch nicht teilte, seine Andacht. Er fragte sich oft, worum wohl sein Großonkel so ernsthaft betete. Vielleicht betete er für die Seelen im Fegfeuer oder um die Gnade eines glückseligen Todes oder vielleicht betete er, daß Gott ihm einen Teil des großen Vermögens zurückgäbe, das er in Cork durchgebracht hatte.

Sonntags machte Stephen mit seinem Vater und seinem Großonkel die tausend Schritte. Der alte Mann war trotz seiner Hühneraugen ein tüchtiger Marschierer, und oft wurden zehn oder zwölf Meilen auf der Chaussee zurückgelegt. Das Dörfchen Stillorgan war die Wegscheide. Entweder gingen sie nach links in Richtung der Dubliner Berge oder die Goatstown-Chaussee und dann durch Dundrum mit dem Heimweg über Sandyford. Wenn sie so die Chaussee entlangtrabten oder in einer verräucherten Wirtschaft am Wege standen, sprachen seine Altvordern beständig von den Dingen, die ihrem Herzen nahestanden, von irischer Politik, von Munster und der eigenen Familiengeschichte, welch allem Stephen ein gieriges Ohr lieh. Wörter, die er nicht verstand, sagte er sich wieder und wieder vor, bis er sie auswendig konnte: und durch sie bekam er Schimmer von der wirklichen Welt, die um ihn war. Die Stunde, da auch er am Leben jener Welt teilhaben würde, schien näherzurücken, und im geheimen begann er sich für die große Rolle zu bereiten, die er seiner harren fühlte, deren Natur er aber nur undeutlich erfaßte.

Seine Abende gehörten ihm allein; und er brütete über einer zerflederten Übersetzung des *Grafen von Monte Cristo.* Die Gestalt dieses düsteren Rächers stach hervor in seinem Geist für alles, was er als Kind an Sonderbarem und Schrecklichem gehört oder erahnt hatte. Nachts baute er sich auf dem Wohn-

zimmertisch ein Bild der wundervollen Inselhöhle auf aus Abziehbildern und Papierblumen und buntem Seidenpapier und den Silber- und Goldpapierstreifen, worein Schokolade gewikkelt ist. Wenn er, müde des Flitterwerks, die Szenerie wieder abgerissen hatte, käme ihm das hellichte Bild von Marseille in den Sinn, von sonnigen Spalieren und von Mercedes. Vor Blackrock, an der Straße, die in die Berge führte, stand ein kleines weißgekalktes Haus, in dessen Garten viele Rosenbüsche wuchsen: und in dem Haus, so sagte er sich, wohnte eine zweite Mercedes. Sowohl beim Ausgang wie beim Heimgang bemaß er Entfernung nach diesem Markstein: und in seiner Phantasie durchlebte er eine lange Kette von Abenteuern, fabelhaft wie jene im Buch, gegen deren Ende ein Bild von ihm selber erschien, wie er, älter und trauriger geworden, in einem mondbeschienenen Garten neben Mercedes stand, die vor so vielen Jahren seine Liebe verlacht hatte, und mit einer traurig-stolzen Gebärde der Ablehnung sprach:
– Madame, ich esse niemals Muskatellertrauben.
Er verbündete sich mit einem Knaben namens Aubrey Mills und gründete mit ihm eine Abenteurerbande in der Allee. Aubrey trug eine Pfeife, die ihm vom Knopfloch baumelte, und eine Fahrradlampe, an seinem Gürtel befestigt, während die anderen kurze Stöcke hatten, die dolchartig durch ihre Gürtel gestoßen waren. Stephen, der von Napoleons einfacher Art sich zu kleiden gelesen hatte, beliebte es, ungeschmückt zu bleiben, und er erhöhte hiedurch für sich selbst das Vergnügen, mit seinem Lieutenant Rats zu pflegen, bevor er Befehle erteilte. Die Bande machte Beutezüge in die Gärten alter Jungfern oder lief runter zur Burg und focht eine Schlacht auf den zerklüfteten schlingkrautüberwucherten Felsen, dann kamen sie heim danach, müde Versprengte, die abgestandenen Odeurs des Gestades in der Nase und die ranzigen Öle des Seetangs auf ihren Händen und in ihrem Haar.
Aubrey und Stephen hatten denselben Milchmann und oft fuhren sie mit dem Milchwagen hinaus nach Carrickmines, wo die Kühe weideten. Während die Männer molken, ritten die

Knaben die fügsame Stute abwechselnd übers Feld. Aber als der Herbst kam, wurden die Kühe heimgetrieben von der Weide: und von dem schieren Anblick des verdreckten Kuhstalls in Stradbrook, mit seinen fauligen grünen Pfützen und Placken aus flüssigem Mist und dampfenden Kleietrögen, wurde es Stephen übel im Herzen. Die Rinder, die an Sonnentagen auf dem Land so wunderschön erschienen waren, widerten ihn an und er konnte die Milch, die sie gaben, nicht einmal nur ansehen.

Daß es September wurde, bekümmerte ihn dieses Jahr nicht, denn er würde nicht mehr nach Clongowes zurückmüssen. Der Sport im Park hörte auf, als Mike Flynn ins Krankenhaus kam. Aubrey war in der Schule und hatte nur ein oder zwei Stunden am Nachmittag frei. Die Bande fiel auseinander und es gab keine abendlichen Beutezüge oder Schlachten auf den Felsen mehr. Stephen fuhr manchmal die Runde mit dem Wagen, der die Nachmittagsmilch ausfuhr: und diese frösteligen Fahrten zerbliesen seine Erinnerung an den Dreck des Kuhstalls und er spürte keinen Abscheu, wenn er die Kuhhaare und Heuhalme auf dem Mantel des Milchmannes sah. Immer wenn der Wagen vor einem Haus anhielt, wartete er, um einen Schimmer einer sauber geschrubbten Küche oder eines schwach erleuchteten Flurs zu erhaschen und zu sehen, wie das Mädchen den Krug halten und wie es die Tür schließen würde. Er dachte, das müßte doch ein durchaus angenehmes Leben sein, jeden Nachmittag die Straßen dahinzukutschieren, um die Milch auszufahren, wenn er warme Handschuhe hätte und eine dicke Tüte Pfeffernüsse in der Tasche, woraus er essen könnte. Doch dieselbe Vorahnung, von der ihm übel im Herzen geworden war und die seine Beine plötzlich hatte wegsacken lassen, als er durch den Park spurtete, dieselbe Intuition, die ihn argwöhnisch auf seines Trainers schlaffes stoppelbedecktes Gesicht hatte schauen lassen, wie es sich schwer über die langen fleckigen Finger beugte, verscheuchte jede Zukunftsvision. In unklarer Weise verstand er, daß sein Vater in Schwierigkeiten war und daß das der Grund

war, weshalb er nicht mehr nach Clongowes zurückgemußt hatte. Eine Zeitlang schon hatte er die leichten Veränderungen in seinem Elternhaus gespürt; und diese Veränderungen dessen, was er unveränderbar gewähnt hatte, waren für sein jungenhaftes Weltverständnis viele viele leichte Schocks. Der Ehrgeiz, den er zuweilen im Dunkel seiner Seele sich regen spürte, suchte kein Ventil. Ein Dämmern, wie das der Außenwelt, verdunkelte seinen Geist, als er die Hufe der Stute die Tramgleise auf der Rock Road entlangklappern und den großen Kanister hinter sich schaukeln und scheppern hörte.
Er kehrte zu Mercedes zurück und, während er über ihrem Bild brütete, beschlich eine sonderbare Unrast sein Blut. Manchmal ballte sich in ihm ein Fieber, und dann irrte er den Spätnachmittag allein durch die stille Allee. Der Friede der Gärten und die freundlichen Lichter in den Fenstern ergossen ihren zarten Einfluß in sein rastloses Herz. Der Lärm von Kindern beim Spiel ärgerte ihn und ihre törichten Stimmen gaben ihm das Gefühl, stärker noch als er es in Clongowes gehabt hatte, daß er von anderen verschieden war. Er wollte nicht spielen. Er wollte in der wirklichen Welt dem unstofflichen Bild begegnen, das seine Seele so beständig erschaute. Er wußte nicht, wo er danach suchen sollte oder wie: aber ein Vorgefühl, das ihn leitete, sagte ihm, daß dieses Bild, durchaus ohne sein direktes Zutun, ihm sich stellen würde. Sie würden sich leise begegnen, als kennten sie einander und hätten ihr Stelldichein verabredet, vielleicht bei einem der Tore oder an einem geheimeren Ort. Sie wären allein, von Dunkel und Stille umgeben: und in diesem Augenblick allerhöchster Zartheit würde er verklärt sein. Er würde unter ihren Augen in etwas Ungreifbares entschwinden und würde dann, in einem Augenblick, verklärt sein. Schwäche und Schüchternheit und Unwissenheit fielen in diesem magischen Augenblick von ihm ab.

* * *

Zwei große gelbe Möbelwagen hatten eines Morgens vor der Tür gehalten und Männer waren ins Haus gestampft, es auszuräumen. Die Möbel waren durch den Vordergarten, der mit Strohhalmen und Kordelstücken besät war, hinausgeschafft worden und in die riesigen Wagen am Tor hinein. Als alles sicher verstaut war, hatten sich die Wagen geräuschvoll die Allee hinunter in Bewegung gesetzt: und vom Fenster des Eisenbahncoupés, in dem er mit seiner rotgeweinten Mutter gesessen, hatte Stephen sie schwerfällig die Merrion Road entlangasten sehen.

Das Wohnzimmerfeuer wollte an jenem Abend nicht ziehen und Mr. Dedalus lehnte den Schürhaken gegen die Stäbe des Rosts, um die Flamme zu reizen. Onkel Charles döste in einer Ecke des halbmöblierten teppichlosen Zimmers und neben ihm lehnten die Familienporträts an der Wand. Die Lampe auf dem Tisch warf ein schwaches Licht auf den gedielten Boden, den die Füße der Möbelmänner eingedreckt hatten. Stephen saß auf einer Fußbank neben seinem Vater und hörte einem langen und unzusammenhängenden Monolog zu. Er begriff zunächst wenig oder gar nichts, doch langsam wurde ihm bewußt, daß sein Vater Feinde hatte und daß irgendein Kampf bald stattfinden werde. Er spürte auch, daß er für den Kampf angeworben, daß irgendeine Pflicht ihm auf die Schultern gelegt wurde. Die plötzliche Flucht aus dem Komfort und der Verträumtheit von Blackrock, die Fahrt durch die düstre neblige Stadt, der Gedanke an das kahle freudlose Haus, in dem sie nun leben würden, machten ihm das Herz schwer: und wieder überkam ihn eine Intuition oder eine Vorahnung der Zukunft. Er begriff auch, warum die Dienstmädchen oft im Flur zusammen getuschelt hatten und warum sein Vater oft auf dem Kaminvorleger gestanden hatte, mit dem Rücken zum Feuer, und laut auf Onkel Charles einsprach, der ihn beschwor, sich zu setzen und sein Dinner zu essen.

– Der alte Schwung ist noch nicht hin, Stephen, alter Knabe, sagte Mr. Dedalus und stocherte dabei mit wildentschlossener Energie im trägen Feuer herum. Noch bin ich nicht ganz tot, Junge. Nein, bei Jesus Christus (Gott verzeih mir), und auch nicht halbtot.

Dublin war ein neuer und komplexer Reiz. Onkel Charles war so senil geworden, daß er nicht länger auf Botengänge ausgeschickt werden konnte, und das Durcheinander, bis man sich in dem neuen Haus eingerichtet hatte, gab Stephen mehr Freiheit, als er in Blackrock gehabt hatte. Am Anfang begnügte er sich damit, schüchtern um den benachbarten Platz zu zirkulieren oder, höchstens, eine der Seitenstraßen ein Stück hinunterzugehen: aber als er erst einmal den Stadtplan in Grundzügen in seinem Kopf hatte, folgte er kühn einer der Hauptstraßen, bis er am Customhouse anlangte. Er lief unbehelligt zwischen den Docks und auf den Quays und staunte über die Masse Kork, die in einem dicken gelben Schaum schaukelnd auf der Wasserfläche lag, über die Rudel von Quay-Lastträgern und die rumpelnden Karren und die schlechtangezogenen bärtigen Polizisten. Die Weite und Fremdartigkeit des Lebens, wie sie die Warenballen, die an den Mauern aufgestockt waren oder aus den Laderäumen der Dampfer gen Himmel gehievt wurden, ihm suggerierten, erweckten in ihm wieder die Unrast, die ihn in den Abend getrieben hatte, von Garten zu Garten, auf der Suche nach Mercedes. Und inmitten dieses neuen geschäftigen Lebens hätte er sich in einem zweiten Marseille glauben können, hätten ihm nicht der hellichte Himmel und die sonndurchwärmten Spaliere der Weinschenken gefehlt. Eine vage Unzufriedenheit kam in ihm auf, wie er auf die Quays sah und auf den Fluß und auf den finsteren Himmel, und dennoch schweifte er weiter umher, Tag um Tag, als suche er wirklich jemanden, der sich ihm entzog.

Ein- oder zweimal ging er mit seiner Mutter, ihre Verwandten besuchen: und obwohl sie an einer frohgemuten Schar weihnachtlich geschmückter und erleuchteter Läden vorüberkamen, blieb er in verbittertes Schweigen versunken. Der Gründe für seine Verbitterung waren viele, ferne und nahe. Er war zornig über sich selber, weil er jung war und die Beute rastloser törichter Impulse, zornig aber auch über den Wechsel des Geschicks, der die Welt um ihn herum in Gesichte aus Dürftigkeit und Unaufrichtigkeit umschuf. Doch von seinem Zorn ging in diese Gesichte nichts ein. Er vermerkte mit Geduld, was er sah, distanzierte sich davon und prüfte im geheimen sein tödliches Arom.

Er saß auf dem Stuhl ohne Lehne in der Küche seiner Tante. Eine Lampe mit Reflektor hing an der japanisch gelackten Herdwand, und bei ihrem Licht las seine Tante die Abendzeitung, die auf ihren Knien lag. Sie sah lange auf ein lächelndes Bild, das darin war, und sagte versunken:

– Die wunderschöne Mabel Hunter!

Ein ringellockiges Mädchen stand auf Zehenspitzen, um sich das Bild zu begucken, und sagte leise:

– Wo is die drin, Mamma?

– In der Pantomime, Liebchen.

Das Kind lehnte seinen ringellockigen Kopf an den Ärmel der Mutter, starrte das Bild an und murmelte wie fasziniert:

– Die wunderschöne Mabel Hunter!

Wie fasziniert ruhten ihre Augen lange auf diesen spröd spöttischen Augen und wieder murmelte sie andächtig:

– Ist sie nicht blendend?

Und der Junge, der gebückt unter einem Kohlensack von der Straße hereinstampfte, hörte ihre Worte. Er ließ seine Last sofort zu Boden fallen und eilte zu ihr, um zu sehen. Aber, versunken, hob sie ihren Kopf nicht, um ihn sehen zu lassen. Er malträtierte die Ränder der Zeitung mit seinen geröteten und geschwärzten Händen, puffte das Mädchen zur Seite und beschwerte sich, daß er nicht sehen könne.

Er saß in dem engen Frühstückszimmer, hoch droben in dem alten dunkelfenstrigen Haus. Der Feuerschein flackerte an der Wand, und vor dem Fenster zog sich eine geisterhafte Dämmerung auf dem Fluß zusammen. Am Feuer war eine alte Frau mit Teekochen beschäftigt, und wie sie so hantierte, erzählte sie ihm mit leiser Stimme, was der Priester und der Doktor gesagt hätten. Sie erzählte auch von gewissen Veränderungen, die sie letzthin an ihr bemerkt hätte, und von ihrem merkwürdigen Gehaben und ihren Aussprüchen. Er saß da, hörte den Worten zu und folgte den abenteuerlichen Wegen,

die in den Kohlen zu Tag lagen, Bögen und Grüften und Wendelgängen und zerklüfteten Höhlen.
Plötzlich spürte er, daß etwas in der Tür stand. Ein Schädel erschien, wie freischwebend, im Düster der Tür. Eine schwächliche Kreatur wie ein Affe stand dort, angezogen vom Klang der Stimmen am Feuer. Eine wimmernde Stimme kam von der Tür und fragte:
– Ist das Josephine?
Die alte geschäftige Frau antwortete fröhlich vom Herd:
– Nein, Ellen. Es ist Stephen.
– O ... O, guten Abend, Stephen.
Er erwiderte den Gruß und sah, wie sich ein blödes Lächeln auf dem Gesicht in der Tür breitmachte.
– Brauchst du etwas, Ellen? fragte die alte Frau am Feuer.
Aber sie antwortete nicht auf die Frage und sagte:
– Ich hab gedacht, es wär Josephine. Ich hab gedacht, du wärst Josephine, Stephen.
Und indem sie das mehrmals wiederholte, brach sie in ein schwächliches Gelächter aus.
Er saß im Gewühl eines Kinderfests in Harold's Cross. Er war in seine schweigsam-beobachtende Stimmung gesackt und nahm kaum teil an den Spielen. Die Kinder, auf dem Kopf den Gewinst ihrer Knallbonbons, tanzten und tollten laut herum, und obwohl er ihre Fröhlichkeit zu teilen versuchte, empfand er sich selber als düstere Gestalt zwischen den lustigen Dreispitzen und Sonnenhüten.
Aber als er sein Lied gesungen und sich in eine behagliche Zimmerecke zurückgezogen hatte, begann er die Freuden seiner Einsamkeit zu kosten. Die Heiterkeit, die ihm zu Beginn des Abends falsch und seicht erschienen war, war wie eine linde Luft für ihn, die lustig an seinen Sinnen vorüberstrich und die fiebrige Erregung seines Blutes vor anderen Augen verbarg, während durch das Gedreh der Tänzer hindurch und inmitten von Musik und Gelächter *ihr* Blick in seine Ecke schweifte, sein Herz umschmeichelnd, verspottend, suchend, aufreizend.
Im Flur zogen die Kinder, die bis zuletzt geblieben waren,

ihre Sachen an: das Fest war zu Ende. Sie hatte sich einen Schal übergeworfen, und als sie zusammen zur Tram gingen, flogen Fahnen ihres frischen warmen Atems lustig über ihrem Kapuzenkopf und ihre Schuhe klapperten munter auf der glasigen Straße.

Es war die letzte Tram. Die hageren braunen Pferde wußten das und schüttelten ihre Schellen in die klare Nacht hinaus, daran zu gemahnen. Der Kondukteur sprach mit dem Fahrer, und beide nickten oft im grünen Licht der Lampe. Auf den leeren Sitzen der Tram lagen ein paar bunte Fahrscheine verstreut. Kein Geräusch von Schritten war auf der Straße, hin oder her. Kein Geräusch brach den Frieden der Nacht, außer wenn die hageren braunen Pferde ihre Nüstern aneinander rieben und ihre Schellen schüttelten.

Sie schienen zuzuhören, er auf dem oberen Tritt und sie auf dem unteren. Sie kam viele Male herauf zu seinem Tritt und ging wieder hinunter zu ihrem zwischen den Sätzen und stand ein- oder zweimal einige Augenblicke lang dicht neben ihm auf dem oberen Tritt, vergaß hinunterzugehen, und ging dann hinunter. Sein Herz tanzte auf ihren Bewegungen wie ein Korken auf einer Drift. Er hörte, was ihre Augen unter der Kapuze hervor zu ihm sagten, und wußte, daß in trüber Vergangenheit, im Leben oder im Traum, er ihre Geschichte schon einmal vernommen hatte. Er sah, wie sie ihre Eitelkeiten paradierte, ihr feines Kleid mit Schärpe und ihre langen schwarzen Strümpfe, und wußte, daß er denen tausende von Malen schon nachgegeben hatte. Doch eine Stimme in seinem Innern sprach über den Lärm seines tanzenden Herzens hinweg und fragte ihn, ob er ihr Geschenk annähme, wonach er nur seine Hand auszustrecken brauche. Und er erinnerte sich an den Tag, da er und Eileen gestanden und in den Hotelgarten geschaut hatten, wo sie die Kellner beobachteten, die gerade eine Kette Wimpel am Fahnenmast hochzogen, und den Foxterrier, der auf dem sonnigen Rasen hin und her hetzte, und wie sie, ganz plötzlich, in schallendes Gelächter ausgebrochen und die leicht abfallende Biegung des Wegs hinuntergelaufen war.

Heute, wie damals, stand er teilnahmslos da wo er stand, scheinbar ein gelassener Beobachter der Szene vor ihm.
– Auch sie will, daß ich sie in meine Arme nehme, dachte er. Darum ist sie mit mir zur Tram gekommen. Ich könnte sie leicht in die Arme nehmen, wenn sie hochsteigt auf meinen Tritt: keiner schaut her. Ich könnte sie umarmen und sie küssen.
Aber er tat nichts von beidem: und als er allein in der verlassenen Tram saß, riß er seinen Fahrschein in Fetzen und starrte düster auf das gerippte Trittbrett.
Am nächsten Tag saß er viele Stunden an seinem Tisch in dem kahlen Oberzimmer. Vor sich hatte er eine neue Feder, eine neue Flasche Tinte und ein neues smaragdgrünes Heft. Aus der Macht der Gewohnheit heraus hatte er auf die erste Seite oben die Anfangsbuchstaben des Mottos der Jesuiten geschrieben: A. M. D. G. In der ersten Zeile der Seite erschien der Titel der Verse, die er zu schreiben versuchte: An E – – – C – – – –. Er wußte, daß es richtig war, so zu beginnen, denn er hatte ähnliche Titel in den gesammelten Gedichten Lord Byrons gesehen. Als er diesen Titel geschrieben und eine verschnörkelte Linie darunter gezogen hatte, verfiel er in einen Tagtraum und begann Figuren auf den Deckel des Hefts zu zeichnen. Er sah sich an seinem Tisch in Bray sitzen, am Morgen nach dem Streit an der Weihnachtstafel, und versuchen, ein Gedicht über Parnell auf die Rückseite von seines Vaters Zahlungserinnerungsformularen zu schreiben. Aber sein Hirn hatte es dann abgelehnt, sich in das Thema zu verbeißen, und er hatte aufgegeben und die Seite mit den Namen und Adressen bestimmter Klassenkameraden gefüllt:

Roderick Kickham
John Lawton
Anthony MacSwiney
Simon Moonan

Jetzt schien es, als würde es wieder nichts, aber infolge längeren Brütens über dem Gegenstand dachte er sich in eine Art

Zutrauen hinein. Während dieses Prozesses wurden all jene Elemente, die ihn gewöhnlich und wenig bedeutungsvoll dünkten, aus der Szene ausgeschieden. Von der Tram selber blieb keine Spur mehr, noch von den Tramschaffnern noch von den Pferden: noch erschienen er und sie sehr leibhaftig. Die Verse erzählten nur von der Nacht und der balsamischen Brise und dem jungfräulichen Mondenglanz. Irgendeine ungenannte Betrübnis verbarg sich in den Herzen der Protagonisten, wie sie schweigend unter den blätterlosen Bäumen standen, und als der Augenblick des Abschieds gekommen war, wurde der Kuß, den einer verwehrt hatte, von beiden gegeben. Hiernach wurden die Buchstaben L. D. S. ans Ende der Seite geschrieben, und nachdem er das Heft versteckt hatte, ging er ins Schlafzimmer seiner Mutter und schaute lange Zeit auf sein Gesicht im Spiegel ihres Toilettentisches.

Aber seine lange Frist der Muße und Freiheit näherte sich ihrem Ende. Eines Abends war sein Vater voller Neuigkeiten nach Hause gekommen, die seine Zunge während des ganzen Essens in Betrieb hielten. Stephen hatte auf die Rückkehr seines Vaters schon gewartet, denn den Tag hatte es Hammelhaschee gegeben und er wußte, daß der Vater ihn sein Brot in die Sauce titschen ließe. Aber er aß das Haschee nicht mit Genuß, denn die Erwähnung von Clongowes hatte seinen Gaumen mit einem Ekelschaum überzogen.

– Ich bin ihm bumsdich in die Arme gelaufen, sagte Mr. Dedalus zum vierten Mal, direkt an der Ecke vom Platz.

– Dann wird er also wohl, sagte Mrs. Dedalus, die Geschichte einfädeln können. Ich meine mit Belvedere.

– Aber natürlich, sagte Mr. Dedalus. Ich sag dir doch, daß er jetzt Ordensprovinzial ist.

– Mir hat die Idee nie behagt, ihn zu den Christian Brothers zu schicken, sagte Mrs. Dedalus.

– Die Christian Brothers können mich gern haben! sagte Mr. Dedalus. Mit stinkenden Paddies und verdreckten Mickeys wohl zusammen? Nee, der soll man bei den Jesuiten bleiben, lieber Gott, mit denen hat er schließlich angefangen. Die wer-

den ihm in späteren Jahren nützlich sein. Das sind die Leute, die einem eine Position verschaffen können.
– Und die sind doch ein sehr reicher Orden, Simon, oder?
– Allerdings. Die verstehen zu leben, sag ich dir. Du hast ja ihre Tafel in Clongowes gesehen. Mein Gott, aufgepäppelt wie Kampfhähne.
Mr. Dedalus schob seinen Teller zu Stephen hinüber und hieß ihn fertigessen.
– Na denn, Stephen, sagte er, jetzt mußt du dich ins Geschirr legen, alter Freund. Du hast ja fein ausgiebige Ferien gehabt.
– O bestimmt wird er jetzt sehr hart arbeiten, sagte Mrs. Dedalus, besonders, wenn Maurice mit dabei ist.
– Ei du heiliger Paul, Maurice hab ich ganz vergessen, sagte Mr. Dedalus. Hier, Maurice! Komm her, du Dickschädel! Weißt du, daß ich dich auf ein College schicke, wo man dir beibringt, daß Katze K.a.t.z.e. buchstabiert wird? Und ich kauf dir ein schönes kleines Pennytaschentuch, damit du dir immer die Nase putzen kannst. Das wird doch lustig sein.
Maurice grinste seinen Vater an und dann seinen Bruder. Mr. Dedalus schraubte sich sein Glas ins Auge und fixierte seine beiden Söhne streng. Stephen mümmelte sein Brot, ohne den Blick seines Vaters zu erwidern.
– Übrigens, sagte Mr. Dedalus schließlich, da hat mir der Rektor, das heißt der Provinzial, diese Geschichte von dir und dem Pater Dolan erzählt. Du wärst ein unverschämter Kerl, hat er gesagt.
– Das kann nicht sein, Simon!
– Nein, nein! sagte Mr. Dedalus. Aber er hat mir die ganze Sache mit allem Drum und Dran berichtet. Wir haben so geschwatzt, weißt du, und da gab ein Wort das andere. Und übrigens, wer meinst du, hat er mir gesagt, kriegt die Stelle in der Stadtverwaltung? Aber ich sag dir das nachher. Also, wie gesagt, wir haben so ganz freundlich miteinander geschwatzt und er fragte mich, ob unser Früchtchen hier immer noch eine Brille hätte, und dann hat er mir die ganze Geschichte erzählt.
– Und war er verärgert, Simon?

– Der und verärgert! *Beherzter kleiner Bursche!* sagte er.
Mr. Dedalus machte den abgezirkelten nasalen Ton des Provinzials nach.
– Pater Dolan und ich, als ich ihnen allen beim Essen die Geschichte erzählte, Pater Dolan und ich haben herzlich darüber gelacht. *Passen Sie nur auf, Pater Dolan,* sagte ich, *sonst schickt der kleine Dedalus Sie für zwei Neunen mal rauf.* Wir haben zusammen kräftig darüber gelacht. Ha! Ha! Ha!
Mr. Dedalus wandte sich an seine Frau und flocht mit normaler Stimme ein:
– Zeigt dir den Geist, in dem sie die Jungen dort nehmen. Ja, Jesuit fürs Leben, taugst für die Diplomatie!
Er imitierte wieder die Stimme des Provinzials und wiederholte:
– *Ich erzählte ihnen allen beim Essen die Geschichte und Pater Dolan und ich und alle, wie wir da saßen, haben zusammen ungeheuer darüber gelacht. Ha! Ha! Ha!*

* * *

Der Abend des Pfingstspiels war gekommen und Stephen schaute vom Fenster des Ankleideraums hinaus auf das kleine Rasenstück, über das Schnüre mit Lampions gespannt waren. Er beobachtete die Besucher, die die Stufen vom Haus herunterkamen und ins Theater gingen. Aufseher im Abendanzug, ehemalige Belvederianer, standen in Gruppen am Eingang zum Theater herum und geleiteten die Besucher zeremoniös hinein. Unter dem plötzlichen Aufschein eines Lampions konnte er das lächelnde Gesicht eines Priesters erkennen.
Das Heilige Sakrament war aus dem Tabernakel entfernt und die ersten Bänke waren weggeschoben worden, um so die Estrade des Altars und den Raum davor freizuhaben. An den Wänden standen Heere von Kugelhanteln und Schwingkeulen; die kleinen Hanteln häuften sich in einer Ecke: und inmitten zahlloser Bergchen aus Turnschuhen und Sweatern und Trikots in Form schlampiger brauner Päckchen stand das stämmige lederbezogene Pferd und wartete, daß es auf die

Bühne getragen würde. Ein großer Bronzeschild, mit Silberspitze, lehnte am Altarvorsprung und wartete ebenfalls, daß er, am Ende der turnerischen Darbietung, auf die Bühne getragen und in die Mitte der Siegermannschaft gestellt würde.

Obwohl Stephen wegen des Ansehens, das er als Aufsatzschreiber genoß, zum Schriftführer des Faches Turnen gewählt worden war, hatte er keine Rolle im ersten Teil des Programms übernommen, aber in dem Stück, das den zweiten Teil bildete, hatte er die Hauptrolle, die eines possenhaften Pädagogs. Man hatte ihn dafür gewählt wegen seiner Statur und seines feierlichen Gehabens, denn er war jetzt am Ende seines zweiten Jahrs in Belvedere und in der Zweiten.

Eine Schar jüngerer Knaben in weißen Knickers und Trikots trippelte die Bühne hinunter, durch die Sakristei und in die Kapelle. In Sakristei und Kapelle wimmelte es von eifrigen Lehrern und Knaben. Der dicke glatzköpfige Sergeantmajor prüfte mit dem Fuß das Sprungbrett des Pferdes. Der magere junge Mann im langen Mantel, der in einer Sonderdarbietung kompliziertes Keulenschwingen vorführen sollte, stand dabei und schaute interessiert zu, aus seinen tiefen Seitentaschen guckten seine versilberten Keulen heraus. Man hörte das hohle Klappern der kleinen Holzhanteln, als sich ein weiteres Team für den Auftritt fertig machte: und im nächsten Augenblick trieb der aufgeregte Präfekt die Knaben wie eine Herde Gänse durch die Sakristei, wobei er nervös mit den Flügeln seiner Soutane schlug und den Trödlern zurief, sich zu eilen. Eine kleine Gruppe neapolitanischer Bauern übte die Schritte am Ende der Kapelle, einige drehten ihre Arme über dem Kopf, andere schwangen ihre Körbe mit Veilchen aus Papier und knicksten. In einer dunklen Ecke der Kapelle an der Evangelienseite des Altars kniete eine untersetzte alte Dame in einem Berg schwarzer Röcke. Als sie aufstand, entdeckte man eine rosa angezogene Gestalt, die eine goldene Lockenperücke und einen altmodischen Sonnenhut aus Stroh trug, schwarz nachgezogene Augenbrauen hatte und zartes Rouge und Puder auf den Wangen. Ein unterdrücktes Neugiergemurmel lief bei

der Entdeckung dieser mädchenhaften Gestalt durch die Kapelle. Einer der Präfekten ging lächelnd und mit dem Kopfe nickend zu der dunklen Ecke und sagte, mit einer Verbeugung vor der untersetzten alten Dame, freundlich:
– Ist dies eine schöne junge Dame oder eine Puppe, was Sie da haben, Mrs. Tallon?
Dann beugte er sich nieder, um sich das lächelnde geschminkte Gesicht unter der Hutkrempe zu besehen, und rief:
– Nein! Nicht zu glauben! Das scheint ja doch wohl der kleine Bertie Tallon zu sein!
Stephen hörte auf seinem Posten beim Fenster die alte Dame mit dem Priester lachen und hörte das bewundernde Murmeln der Knaben hinter ihm, als sie vortraten, um den kleinen Jungen zu sehen, der ganz allein den Sonnenhuttanz aufführen mußte. Eine Bewegung der Ungeduld entschlüpfte ihm. Er ließ den Vorhangzipfel fallen, stieg von der Bank, auf der er gestanden hatte, und ging aus der Kapelle hinaus.
Er lief aus dem Schulhaus und blieb unter der Remise, die den Garten flankierte, stehen. Aus dem Theater gegenüber kam der gedämpfte Lärm des Publikums und plötzliches metallisches Geschmetter der Militärkapelle. Das Licht strömte nach oben durch das Glasdach und ließ das Theater wie eine festliche Arche erscheinen, verankert zwischen den Rümpfen der Häuser, und die feinen Lampionseile banden sie an ihrer Vertäuung fest. Eine Seitentür des Theaters ging plötzlich auf und ein Lichtstrahl huschte über die Rasenstücke. Eine plötzliche Musiksalve brach aus der Arche, ein Walzervorspiel: und als die Seitentür wieder zuging, konnte der Horcher den schwachen Rhythmus der Musik hören. Das Sentiment der ersten Takte, deren Schmelz und geschmeidige Bewegung, beschwor die unsagbare Emotion herauf, die der Grund für seine Unrast während des ganzen Tages und für seine ungeduldige Bewegung von vorhin gewesen war. Seine Unrast brach wie eine Klangwelle aus ihm: und auf der Drift fließender Musik fuhr die Arche dahin und schleifte in ihrem Kielwasser die Lampionseile. Dann unterbrach ein Geräusch wie Zwergenartille-

rie die Bewegung. Es war das Klatschen, das den Auftritt des Hantelteams auf der Bühne begrüßte.

Am anderen Ende der Remise bei der Straße zeigte sich ein rötliches Lichtfünkchen in der Dunkelheit, und wie er darauf zuging, bemerkte er einen schwachen aromatischen Duft. Zwei Jungen standen rauchend im Windfang einer Tür, und bevor er noch bei ihnen war, hatte er Heron an seiner Stimme erkannt:

– Hier kommt der edle Dedalus! rief eine hohe kehlige Stimme. Heil unserem getreuen Freund!

Dies endete mit einem leisen freudlosen Gelächter, als Heron sich orientalisch verbeugte und dann mit seinem Stock im Boden zu stochern begann.

– Hier bin ich, sagte Stephen, blieb stehen und schaute von Heron zu dessen Freund.

Der letztere war für ihn ein Fremder, aber in der Dunkelheit, mit Hilfe der glimmenden Zigarettenspitzen, konnte er ein bleiches dandyhaftes Gesicht ausmachen, über das langsam ein Lächeln zog, eine großgewachsene Gestalt im Mantel, und einen steifen Hut. Heron machte sich nicht die Mühe der Vorstellung, sondern sagte stattdessen:

– Ich hab grad meinem Freund Wallis gesagt, was es fürn Jux wär heut abend, wenn du in der Rolle als Schulmeister den Rektor hochnehmen würdst. Das wär ein Klassewitz.

Heron machte einen kläglichen Versuch, für seinen Freund Wallis den pedantischen Baß des Rektors zu imitieren und sagte dann, über sein Ungeschick lachend, Stephen solle es tun.

– Los doch, Dedalus, beschwor er ihn, du kannst den klasse nachmachen. *Hört eräh die Kirchäh nicht, so halt ihnäh als den Heidenäh und Zöllneräh.*

Die Imitation wurde durch einen milden Zornausbruch seitens Wallis unterbunden, dessen Zigarette sich zu fest in das Mundstück geklemmt hatte.

– Verdamm doch diese elende Elendsspitze, sagte er, nahm sie aus dem Mund und sah sie lächelnd und stirnrunzelnd mit

Nachsicht an. Dauernd verstopft die sich so. Benutzt du eine Spitze?
– Ich rauche nicht, antwortete Stephen.
– Nein, sagte Heron, Dedalus ist ein Musterknabe. Er raucht nicht und er geht auf keine Basare und er poussiert nicht und macht verdammt gar nichts.
Stephen schüttelte den Kopf und lächelte seinem Rivalen ins gerötete lebhafte Gesicht, das geschnäbelt war wie das eines Vogels. Es war ihm oft sonderbar vorgekommen, daß Vincent Heron sowohl ein Vogelgesicht hatte wie einen Vogelnamen: *Reiher*. Wie ein gesträubter Federbusch lag eine Mähne hellen Haars ihm auf der Stirn: die Stirn war niedrig und knochig und eine dünne Hakennase stand zwischen den eng beieinanderliegenden vortretenden Augen, die licht und ausdruckslos waren, hervor. Die Rivalen waren Schulfreunde. Sie saßen zusammen in der Klasse, knieten zusammen in der Kapelle, redeten zusammen während des Mittagessens nach dem Rosenkranz. Da die Jungen in Nummer Eins unbedeutende Pinsel waren, waren Stephen und Heron das Jahr über die eigentlichen Häupter der Schule gewesen. Sie waren es, die zusammen zum Rektor hochgingen, um einen freien Tag zu erbitten oder einen Jungen rauszuhauen.
– Ach übrigens, sagte Heron plötzlich, ich hab deinen alten Herrn reingehn sehn.
Das Lächeln schwand aus Stephens Gesicht. Jede Anspielung auf seinen Vater von einem Mitschüler oder einem Lehrer setzte seine Ruhe augenblicklich außer Gefecht. Er wartete in bangem Schweigen, was Heron wohl als nächstes sagen würde. Heron jedoch stupste ihn vielsagend mit dem Ellbogen und sagte:
– Du hast es faustdick hintern Ohren, Dedalus!
– Wieso? sagte Stephen.
– Man denkt, du könntest kein Wässerchen trüben, sagte Heron. Aber dabei hast du es faustdick hintern Ohren.
– Darf ich erfahren, wovon du sprichst? sagte Stephen urban.
– Allerdings darfst du das, antwortete Heron. Wir haben sie

gesehn, Wallis, nicht wahr? Und verflixt hübsch ist sie auch noch. Und so neugierig! *Und welche Rolle spielt Stephen, Mr. Dedalus? Und singt Stephen nicht, Mr. Dedalus?* Der alte Herr hat sie durch sein Augenglas fixiert was das Zeug hält, so daß ich denke, daß der dir auch dahinter gekommen ist. Mich tät das kein bißchen scheren, beim Zeus. Sie ist Klasse, was, Wallis?

– Nicht zu verachten, antwortete Wallis gelassen, während er seine Spitze wieder in den Mundwinkel steckte.

Bei diesen taktlosen Anspielungen in Gegenwart eines Fremden huschte ein momentaner Zornstrahl durch Stephens Bewußtsein. Für ihn lag nichts Lächerliches in dem Interesse und der Achtung eines Mädchens. Den ganzen Tag hatte er an nichts gedacht als an ihren Abschied auf den Tritten der Tram in Harold's Cross, an den Strom verstimmter Emotionen, der darum durch ihn gelaufen war, und an das Gedicht, das er darüber geschrieben hatte. Den ganzen Tag hatte er sich eine neue Begegnung mit ihr vorgestellt, denn er wußte, daß sie zu dem Stück kommen würde. Die alte rastlose Trübsinnigkeit hatte seine Brust wieder erfüllt, wie am Abend des Fests, hatte aber kein Ventil in Versen gefunden. Wachsen und Wissen zweier Jahre Knabenzeit stand zwischen damals und heute und verbot solches Ventil: und den ganzen Tag war der Strom trübsinniger Zärtlichkeit in seinem Innern hervorgebrochen und wieder auf sich selbst, in dunklen Fluten und Strudeln, zurückgekehrt, hatte ihn erschöpft am Ende, bis ihm die Witzelei des Präfekten und der geschminkte kleine Knabe eine Bewegung der Ungeduld entlockt hatten.

– Du kannst es also ruhig zugeben, fuhr Heron fort, daß wir dir diesmal dahinter gekommen sind. Jetzt kannst du mir nicht mehr den Heiligen spielen, das steht jedenfalls fest.

Ein leises freudloses Gelächter entschlüpfte seinen Lippen und, indem er sich verbeugte wie vorhin, zog er mit seinem Stock Stephen leicht eins über die Wade, wie um ihn zum Scherz zu rügen.

Stephens Zornanwandlung war bereits vorüber. Er war weder geschmeichelt noch verwirrt, sondern wünschte bloß, daß das Geneck zu Ende wäre. Ihn ärgerte kaum, was ihm zuerst wie eine dümmliche Taktlosigkeit vorgekommen war, denn er wußte, daß seinem geistigen Abenteuer von ihren Worten keine Gefahr drohte: und sein Gesicht spiegelte seines Rivalen falsches Lächeln.

– Gib zu! wiederholte Heron und zog ihm wieder mit seinem Stock eins über die Wade.

Der Streich war Spiel, aber nicht so leicht, wie der erste gewesen war. Stephen spürte, wie die Haut kribbelte und unmerklich und beinah schmerzlos brannte; und unterwürfig das Haupt beugend, wie um der Scherzlaune seines Gefährten zu entsprechen, begann er das *Confiteor* herzusagen. Die Geschichte ging gut aus, denn Heron wie Wallis lachten nachsichtig über die Ehrfurchtslosigkeit.

Die Beichte kam von Stephens Lippen nur und, während sie die Worte sprachen, hatte ihn eine plötzliche Erinnerung in eine andere Szene versetzt, die, wie durch Zauberei, in dem Augenblick in ihm wachgerufen wurde, als er die dünnen grausamen Fältchen an den Winkeln von Herons lächelnden Lippen bemerkt und den vertrauten Streich des Stocks auf seiner Wade gespürt und das vertraute Wort mahnender Warnung gehört hatte:

– Gib zu.

Es war gegen Ende seines ersten Trimesters im College, als er in der Sechsten saß. Seine sensible Natur krümmte sich immer noch unter den Hieben einer unerahnbaren und dürftigen Lebensart. Seine Seele war noch von dem teilnahmslosen Erscheinungsbild Dublins beunruhigt und betrübt. Er war aus einem zwei Jahre währenden Träumen aufgetaucht, um sich inmitten einer neuen Szene zu finden, deren Ereignisse und Gestalten ihn alle im Innersten berührten, die ihn entmutigten oder lockten und ihn stets, ob sie ihn lockten oder entmutigten, mit Unrast und bitteren Gedanken erfüllten. Alle Muße, die sein Schulleben ihm ließ, wurde in der Gesellschaft aufrührerischer Schriftsteller verbracht, deren Hohn- und Gewalt-

reden ein Ferment in seinem Hirn ansetzten, bevor sie wieder hinausdrangen, in seine eigenen kruden Schreibereien hinein.
Der Aufsatz war für ihn die Hauptarbeit seiner Woche und jeden Dienstag, wenn er von zu Hause zur Schule marschierte, las er sein Schicksal in den Zufälligkeiten des Wegs, maß sich mit irgendeinem Menschen vor ihm und beschleunigte seinen Schritt, um ihn zu überholen, bevor ein bestimmtes Ziel erreicht war, oder setzte seine Schritte peinlich genau in die Felder der Platten auf dem Gehsteig und sagte sich, daß er Erster sein würde oder nicht Erster im wöchentlichen Aufsatz.
An einem bestimmten Dienstag wurde die Kette seiner Triumphe rüd gebrochen. Mr. Tate, der Englischlehrer, zeigte mit dem Finger auf ihn und sagte unumwunden:
– Bei dem da steht Ketzerei im Aufsatz.
Ein Schweigen kam über die Klasse. Mr. Tate brach es nicht, sondern bohrte mit der Hand zwischen seinen übergeschlagenen Schenkeln, während seine steif gestärkte Wäsche um Hals und Handgelenken knackte. Stephen schaute nicht auf. Es war ein rauher Frühlingsmorgen und seine Augen waren noch schwach und schmerzten. Ihm war sein Versagen bewußt und seine Entlarvung, das dürftig Gemeine seines Denkens und seines Zuhauses, und am Hals spürte er den rauhen Rand seines gewendeten und zerwetzten Kragens.
Ein kurzes lautes Lachen von Mr. Tate entspannte die Klasse etwas.
– Vielleicht hast du das nicht gewußt, sagte er.
– Wo? fragte Stephen.
Mr. Tate zog seine grabende Hand hervor und schlug den Aufsatz auf.
– Hier. Das über den Schöpfer und die Seele. Hmm ... hmm ... hmm ... Ah! *ohne eine Möglichkeit, je näher zu kommen.* Das ist Ketzerei.
Stephen murmelte:
– Ich wollte sagen *ohne eine Möglichkeit, je zu erreichen.*
Es war Unterwerfung und Mr. Tate, besänftigt, schlug den Aufsatz zu, reichte ihn ihm hinüber und sagte:

– O ... Ah! *je zu erreichen.* Das ist etwas anderes.
Aber die Klasse war nicht so bald besänftigt. Obwohl niemand nach der Stunde mit ihm von der Geschichte sprach, spürte er doch eine undeutliche allgemeine Schadenfreude um sich her.
Ein paar Abende nach diesem öffentlichem Verweis ging er mit einem Brief durch die Drumcondra Road, als er eine Stimme rufen hörte:
– Halt!
Er wandte sich um und sah drei Jungen aus seiner eigenen Klasse in der Dämmerung auf sich zukommen. Es war Heron, der gerufen hatte, und, wie der nun zwischen seinen beiden Gefolgsleuten vormarschierte, zerhieb er die Luft vor sich mit einem dünnen Stock, im Takt zu ihren Schritten. Boland, sein Freund, marschierte neben ihm, ein breites Grinsen auf dem Gesicht, während Nash ein paar Schritt hinterherkam, schnaubend bei dem Tempo und mit seinem großen roten Kopf wakkelnd.
Sobald die Jungen zusammen in die Clonliffe Road gebogen waren, begannen sie über Bücher und Schriftsteller zu sprechen, sagten, welche Bücher sie läsen und wie viele Bücher in den Bücherschränken ihrer Väter daheim stünden. Stephen hörte ihnen mit einiger Verwunderung zu, denn Boland war der Dümmste und Nash der Faulste der Klasse. Nach einigem Reden über ihre Lieblingsschriftsteller sprach sich dann Nash für Captain Marryat aus, der wäre der größte Schriftsteller.
– Quatsch! sagte Heron. Frag Dedalus. Wer ist der größte Schriftsteller, Dedalus?
Stephen bemerkte den Hohn in der Frage und sagte:
– Prosaschriftsteller meinst du?
– Ja.
– Newman, glaube ich.
– Ist das Kardinal Newman? fragte Boland.
– Ja, antwortete Stephen.
Das Grinsen auf Nashs sommersprossigem Gesicht wurde breiter, als er sich an Stephen wandte und sagte:

– Und gefällt dir Kardinal Newman, Dedalus?
– O, viele sagen, daß Newman den besten Prosastil schreibt, sagte Heron als Erklärung zu den anderen beiden. Natürlich ist er kein Dichter.
– Und wer ist der beste Dichter, Heron? fragte Boland.
– Lord Tennyson, natürlich, antwortete Heron.
– Ach ja, Lord Tennyson, sagte Nash. Wir haben seine ganzen Gedichte zu Hause in einem Buch.
Auf dies hin vergaß Stephen die heimlichen Schwüre, die er getan, und fuhr dazwischen:
– Tennyson ein Dichter! Nichts als ein Verseschmied ist der!
– Nun hör aber auf! sagte Heron. Jeder weiß, daß Tennyson der größte Dichter ist.
– Und wer meinst du denn ist der größte Dichter? fragte Boland und stieß seinen Nachbarn dabei mit dem Ellbogen.
– Byron, natürlich, antwortete Stephen.
Heron fing an, und dann schlugen sie zu dritt eine verächtliche Lache an.
– Was lacht ihr? fragte Stephen.
– Über dich, sagte Heron. Byron der größte Dichter! Nichts als ein Dichter für ungebildetes Volk ist der.
– Der muß weiß Gott ein guter Dichter sein! sagte Boland.
– Halt du lieber deinen Rand, sagte Stephen, kühn zu ihm gewandt. Alles, was du über Dichtung weißt, hast du auf den Schiefer im Abort geschrieben und bist dafür beinah in die Kammer geschickt worden.
Von Boland hieß es denn auch, er habe auf den Schiefer im Abort einen Zweizeiler über einen Klassenkameraden geschrieben, der oft auf einem Pony vom College nach Hause ritt:

Der Tyson reitet nach Jerusalem,
Fällt und quetscht sich sein Kafoozelum.

Dieser Hieb brachte die beiden Lieutenants zum Schweigen, aber Heron fuhr fort:
– Jedenfalls war Byron ein Ketzer und unmoralisch noch dazu.

– Mir ist egal, was er war, rief Stephen hitzig.
– Dir ist egal, ob er ein Ketzer war oder nicht? sagte Nash.
– Was weißt denn du davon? brüllte Stephen. Du hast noch nie in deinem Leben eine einzige Zeile gelesen, außer in einem Spicker, und Boland genausowenig.
– Ich weiß, daß Byron ein schlechter Mensch war, sagte Boland.
– Los, nehmt den Ketzer fest, kommandierte Heron.
Augenblicklich war Stephen ein Gefangener.
– Bei Tate bist du neulich schon kirre gemacht worden, fuhr Heron fort, wegen der Ketzerei in deinem Aufsatz.
– Ich sags ihm morgen, sagte Boland.
– Ach ja? sagte Stephen. Du hast doch Angst, nur deine Lippen aufzumachen.
– Angst?
– Ja. Todesangst.
– Benimm dich! rief Heron und hieb Stephen mit dem Stock über die Beine.
Das war das Zeichen zum Sturm. Nash drehte ihm die Arme auf den Rücken, während Boland sich einen langen Kohlstrunk griff, der in der Gosse lag. Stephen, der sich gegen die Stockhiebe und die Schläge des knotigen Strunks wehrte und um sich trat, wurde gegen einen Stacheldrahtzaun gedrängt.
– Gib zu, daß Byron nichts taugt.
– Nein.
– Gib zu.
– Nein.
– Gib zu.
– Nein, Nein.
Nach einer wahren Wut von Ausfällen konnte er sich schließlich freizerren. Seine Peiniger machten sich lachend und ihn höhnend in Richtung Jones's Road davon, während er, zerschunden und mit rotem Kopf und atemlos, hinter ihnen her stolperte, halb blind vor Tränen, wild seine Fäuste ballte und schluchzte.
Während er immer noch das *Confiteor* zum nachsichtigen Gelächter seiner Zuhörer hersagte und während die Szenen jener

hämischen Episode immer noch deutlich und rasch durch sein Bewußtsein zogen, fragte er sich, warum er seinen Peinigern gegenüber jetzt keinen Groll empfände. Er hatte kein Fitzchen ihrer Feigheit und Grausamkeit vergessen, doch die Erinnerung daran weckte in ihm keinen Zorn. Alle Schilderungen wildentschlossener Liebe und des Hasses, denen er in Büchern begegnet war, waren ihm daher unwirklich erschienen. Selbst in jener Nacht, da er auf der Jones's Road heimwärts stolperte, hatte er das Gefühl gehabt, daß irgendeine Macht jenen jähgewirkten Zorn so mühlos von ihm ablöste wie eine weiche reife Schale von einer Frucht.

Er blieb neben seinen beiden Gefährten am Ende der Remise stehen und hörte müßig ihrer Unterhaltung oder den Beifallsstürmen im Theater zu. Sie saß jetzt dort unter den anderen und wartete vielleicht darauf, daß er auftrete. Er versuchte sich ihre Erscheinung vorzustellen, aber konnts nicht. Er konnte sich nur erinnern, daß sie einen Schal um den Kopf gehabt hatte, wie eine Kapuze, und daß ihre dunklen Augen ihn eingeladen und zermürbt hatten. Er fragte sich, ob er in ihren Gedanken gewesen wäre wie sie in den seinen. Dann, im Dunkel und von den beiden andern ungesehen, legte er die Fingerspitzen einer Hand auf die Innenfläche der andern, die er kaum berührte und dennoch ganz leicht drückte. Aber der Druck ihrer Finger war leichter gewesen und intensiver: und plötzlich kreuzte die Erinnerung an ihrer beider Berührung ihm Hirn und Körper wie eine unsichtbare warme Welle.

Ein Junge kam unter der Remise auf sie zugerannt. Er war aufgeregt und atemlos.

– O, Dedalus, rief er, Doyle ist schwer in Fahrt wegen dir. Du sollst sofort reingehn und dich fürs Stück umziehn. Mach lieber dalli.

– Er kommt aber, sagte Heron mit hochmütig gezogenem Ton zu dem Boten, wenn er es will.

Der Junge wandte sich zu Heron und wiederholte:

– Aber Doyle ist schrecklich in Fahrt.

– Willst du bitte Doyle mit einem schönen Gruß von mir sa-

gen, er kann mir im Mondschein begegnen? antwortete Heron.
– Also, ich muß jetzt gehen, sagte Stephen, den solche points d'honneur wenig kümmerten.
– Ich ginge nicht, sagte Heron, verdammt nochmal, ich nicht. Das ist nicht die Art, einen Schüler der Oberklasse herumzukommandieren. In Fahrt, allerdings! Ich denke, es reicht völlig, daß du in seinem elenden Stück mitspielst.
Der Geist streitsüchtiger Kameraderie, den er in letzter Zeit an seinem Rivalen beobachtet, hatte Stephen nicht von dem ihm gewohnten stillschweigenden Gehorsam abgebracht. Er mißtraute der Turbulenz und bezweifelte die Aufrichtigkeit solcher Kameraderie, die ihm wie eine klägliche Vorwegnahme des Mannesalters vorkam. Die hier aufgeworfene Frage nach der Ehre war für ihn, wie alle solche Fragen, belanglos. Während sein Geist seine ungreifbaren Phantome gejagt hatte und von solcher Jagd unschlüssig umgekehrt war, hatte er um sich beständig die Stimmen seines Vaters und seiner Lehrer gehört, die ihn mahnten, vor allen Dingen ein Gentleman zu sein, und ihn mahnten, vor allen Dingen ein guter Katholik zu sein. Diese Stimmen tönten inzwischen hohl in seinen Ohren. Als der Turnsaal eingeweiht worden war, hatte er eine andere Stimme ihn mahnen hören, stark und männlich und gesund zu sein, und als man von der nationalen Erwekkungsbewegung allmählich auch im College etwas spürte, hatte wieder eine andere Stimme ihn geheißen, seinem Vaterlande treu zu sein und dessen gesunkener Sprache und Tradition wieder aufzuhelfen. In der profanen Welt, wie er sie voraussah, würde eine weltliche Stimme ihn heißen, seines Vaters gesunkenem Stand durch seiner Hände Arbeit wieder aufzuhelfen, und in der Zwischenzeit mahnte ihn die Stimme seiner Schulkameraden, ein anständiger Kerl zu sein, andere vor Tadel zu schützen oder sie rauszuhauen und sein möglichstes zu tun, schulfreie Tage herauszuschinden. Und es war das Getöse aller dieser hohltönenden Stimmen, das ihn in der Jagd nach Phantomen unschlüssig einhalten ließ. Er lieh ihnen nur eine Zeitlang sein Ohr, aber er war glücklich nur,

wenn er weit weg von ihnen war, außer Rufweite, allein oder in der Gesellschaft phantasmagorischer Kameraden.

In der Sakristei patschten ein dicker Jesuit mit frischem Gesicht und ein älterer Mann in schäbigem blauem Anzug in einem Kasten Farben und Kreiden herum. Die Jungen, die schon geschminkt waren, staksten herum oder standen unbeholfen auf der Stelle und betasteten ihre Gesichter behutsamlichst mit verstohlenen Fingerspitzen. In der Mitte der Sakristei stand ein junger Jesuit, der gerade im College zu Besuch war, und wiegte sich rhythmisch von den Zehenspitzen auf die Hacken und wieder zurück, die Hände tief in die Seitentaschen vergraben. Sein kleiner, mit glänzenden roten Löckchen gezierter Kopf und sein frisch rasiertes Gesicht paßten gut zu der fleckenlosen Dezenz seiner Soutane und den fleckenlosen Schuhen.

Als er dieser schaukelnden Gestalt zusah und die Legende von des Priesters spöttischem Lächeln zu lesen versuchte, kam Stephen ein Satz ins Gedächtnis, den er von seinem Vater gehört, bevor man ihn nach Clongowes geschickt hatte, daß man nämlich einen Jesuiten immer am Stil seiner Kleidung erkenne. Im selben Augenblick dachte er, er sähe eine Ähnlichkeit zwischen dem Denken seines Vaters und dem dieses lächelnden gutangezogenen Priesters: und irgendwie spürte er eine Entweihung des Priesteramtes oder der Sakristei, deren Stille jetzt durch lautes Reden und Witzeln verscheucht und deren Luft voll beißender Gerüche war von den Gasflammen und der Schmiere.

Während von dem älteren Mann auf seiner Stirn Falten gezogen und seine Kinnbacken schwarz und blau geschminkt wurden, hörte er zerstreut auf die Stimme des dicken jungen Jesuiten, die ihn bat, laut und deutlich zu sprechen und die Pointen klar herauszuheben. Er konnte die Kapelle *The Lily of Killarney* spielen hören und wußte, daß in wenigen Augenblicken der Vorhang hochgehen würde. Er spürte kein Lampenfieber, aber der Gedanke an die Rolle, die er zu spielen hatte, demütigte ihn. Die Erinnerung an gewisse Zeilen ließ ihm eine plötzliche Röte in die geschminkten Wangen steigen. Er sah, wie ihre ernsten lockenden Augen ihn aus dem Publikum beobachteten, und deren Bild fegte sofort seine Skrupel weg und machte seinen Willen undurchdringlich. Eine andere Natur schien ihm geliehen zu sein: die Ansteckung der Aufgeregtheit und Jugend um ihn herum drang in ihn ein und wandelte seine trübsinnige Mißtrauischkeit. Einen flüchtigen Moment lang schien er wirklich in der Hülle der Knabenzeit zu stecken: und wie er in den Kulissen zwischen den andern Spielern stand, hatte er teil an der allgemeinen Heiterkeit, unter der der Vorhang von zwei kraftstrotzenden Priestern mit gewaltigem Rucken und ganz windschief in die Höhe gezogen wurde.

Ein paar Augenblicke danach fand er sich auf der Bühne im grellen Gas und der matten Szenerie, wo er vor den unzähligen Gesichtern in der Leere agierte. Es überraschte ihn, daß das Stück, worin er bei den Proben ein zusammenhangloses lebloses Dings gesehen, plötzlich ein eigenes Leben bekommen hatte. Es schien sich jetzt selber zu spielen, wobei er und seine Mitakteure ihm durch ihre Rollen nur assistierten. Als der Vorhang nach der letzten Szene fiel, hörte er, wie die Leere sich mit Applaus füllte, und durch einen Spalt in der Seitenkulisse sah er, wie sich der homogene Körper, vor dem er agiert hatte, magisch deformierte, die Leere der Gesichter an allen Stellen aufbrach und in geschäftige Grüppchen zerfiel.

Er verließ die Bühne schnell und befreite sich von seiner Maske und lief durch die Kapelle in den College-Garten hinaus. Jetzt, da das Stück zu Ende war, verlangten seine Nerven nach einem weiteren Abenteuer. Er eilte voran, wie um es einzuholen. Die Türen des Theaters standen alle auf und das Publikum war hinausgegangen. An den Schnüren, in die er die Vertäuung einer Arche hineingesehen hatte, schwangen noch ein paar Lampions lustlos flackernd im Nachtwind. Er erstieg hastig die Stufen, die aus dem Garten führten, gierig auf eine Beute, die er sich nicht entgehen lassen wollte, und erzwang sich seinen Weg durch die Menge in der Halle und an den beiden Jesuiten vorbei, die da standen und sich den Exodus anschauten und sich verbeugten und den Besuchern die Hand gaben. Er drängte sich nervös voran, tat, als hätte er es noch viel eiliger, und empfand undeutlich das Lächeln und die Blikke und die Ellbogenstöße, die sein gepuderter Kopf im Kielwasser provoziert hatten.

Als er hinaus auf die Treppe kam, sah er seine Familie an der ersten Laterne auf ihn warten. Mit einem Blick erkannte er, daß ihm jede Person der Gruppe familiär-vertraut war, und rannte zornig die Stufen hinunter.

– Ich muß in der George's Street unten noch was ausrichten, sagte er rasch zu seinem Vater. Ich bin später zu Hause.

Ohne auf Fragen seines Vaters zu warten, rannte er über die Straße und begann in halsbrecherischem Tempo den Hügel hinunterzulaufen. Er wußte kaum, wohin er da lief. Stolz und Hoffnung und Verlangen, wie zerstampfte Kräuter in seinem Herzen, sandten Dämpfe eines zum Wahnsinn reizenden Räucherwerks vor seinem geistigen Auge hoch. Den Hügel schritt er hinunter in dem Aufruhr jäh entstandener Dämpfe aus verwundetem Stolz und gesunkener Hoffnung und genarrtem Verlangen. Die strömten nach oben vor seine gepeinigten Augen in dichten und zum Wahnsinn reizenden Schwaden und verloren sich über ihm, bis schließlich die Luft wieder klar und kalt war.

Ein Film verschleierte noch immer seine Augen, aber sie brannten nicht länger. Eine Macht, verwandt der, die so oft Zorn oder Unmut von ihm hatte abfallen lassen, bremste seine Schritte. Er stand still und sah zu dem düsteren Portal der Morgue hoch und von da zu der kopfsteingepflasterten Gasse an ihrer Seite. Er sah das Wort *Lotts* an der Mauer der Gasse und atmete langsam die ranzige schwere Luft.

– Das ist Pferdepisse und verfaultes Stroh, dachte er. Den Geruch zu atmen tut gut. Das wird mein Herz beruhigen. Mein Herz ist ganz ruhig jetzt. Ich kehre um.

* * *

Und wieder saß Stephen neben seinem Vater in der Ecke eines Eisenbahncoupés in Kingsbridge. Er reiste mit seinem Vater per Nachtzug nach Cork. Als der Zug aus dem Bahnhof dampfte, erinnerte er sich an sein kindliches Staunen von vor Jahren und jede Einzelheit seines ersten Tages in Clongowes. Aber Staunen verspürte er jetzt keines mehr. Er sah das sich verdunkelnde Land vorübergleiten, die schweigenden Telegraphenmasten sein Fenster alle vier Sekunden rasch passieren, die kleinen flimmernden Bahnhöfe, von wenigen schweigenden Wachen bemannt, die der Zug hinter sich spritzte und die dann einen Augenblick in der Dämmerung blitzten wie feurige Steinchen, die ein Läufer hinter sich spritzt.
Er hörte ohne Anteilnahme seinem Vater zu, der Cork und Szenen seiner Jugend heraufbeschwor, eine Erzählung, die von Seufzern oder Zügen aus seinem Flachmann unterbrochen wurde, wann immer das Bild eines toten Freundes darin auftauchte oder wann immer dem Beschwörer plötzlich der Zweck seines diesmaligen Besuchs einfiel. Stephen hörte, aber konnte kein Mitleid fühlen. Die Bilder der Toten waren ihm alle fremd, außer dem von Onkel Charles, ein Bild, das in letzter Zeit in seiner Erinnerung verblichen war. Er wußte jedoch, daß seines Vaters Grundbesitz verauktioniert werden sollte, und in der Art, wie man auch ihn hier enterbte, spürte er die Welt rüd seine Phantasie Lügen strafen.
In Maryborough schlief er ein. Als er aufwachte, war der Zug bereits hinter Mallow und sein Vater schlief ausgestreckt auf dem anderen Platz. Das kalte Dämmerlicht lag über dem Land, über den menschenleeren Feldern und den verschlossenen Cottages. Der Schrecken des Schlafs faszinierte ihn, als er auf das schweigende Land hinaussah oder von Zeit zu Zeit seinen Vater schwer atmen oder sich im Schlaf plötzlich bewegen hörte. Die Nachbarschaft ungesehner Schläfer erfüllte ihn mit sonderbarer Furcht, als könnten sie ihm ein Leides tun; und er betete, daß der Tag rasch kommen möge. Sein Gebet, weder an Gott noch einen Heiligen gerichtet, begann mit einem Schauer, als die fröstelige Morgenluft durch den Ritz der Cou-

pétür zu seinen Füßen kroch, und endete in einem Schwall närrischer Wörter, die er dem hämmernden Rhythmus des Zugs einpaßte; und schweigend setzten die Telegraphenmasten, im Abstand von vier Sekunden, die galoppierenden Noten der Musik zwischen pünktliche Taktstriche. Diese furiose Musik linderte seine Furcht, und so lehnte er sich an die Fensterleiste und schloß wieder seine Lider.

Es war noch früh am Morgen, da fuhren sie in einem Jingle durch Cork und Stephen setzte seinen Schlaf in einem Zimmer des Victoria Hotels fort. Das helle warme Sonnenlicht strömte durchs Fenster und er konnte das Getöse des Verkehrs hören. Sein Vater stand vor dem Toilettentisch und untersuchte mit großer Sorgfalt Haar und Gesicht und Schnurrbart, wobei er seinen Hals über den Wasserkrug vorschraubte und ihn dann seitlich wieder einzog, um besser sehen zu können. Dabei sang er mit wunderlicher Betonung und Phrasierung leise vor sich hin:

Ist man jung, ist man dumm
Und heiratet gleich.
Drum bleib, mein Schatz, ich
  Nicht länger da.
Was sich nicht lindern läßt,
Sich doch verhindern läßt,
  Drum ziehts mich nach
  Amerika.

Mein Schatz ist bildhübsch,
Mein Schatz ist wonnig:
Wie guter Whisky,
  ganz frisch vom Faß;
Doch wenn er alt wird
Und wenn er kalt wird
Verduftet wie Tau er
  Und schmeckt dann blaß.

Das Bewußtsein der warmen sonnigen Stadt vor seinem Fenster und das sanfte Vibrato, mit dem seines Vaters Stimme die

sonderbare, traurig-glückliche Weise verzierte, vertrieben alle Nebel der nächtlichen Mißgestimmtheit aus Stephens Hirn. Er stand rasch auf, um sich anzuziehen, und als das Lied zu Ende war, sagte er:
– Das ist viel hübscher als alle deine anderen *come-all-yous*.
– Findest du? fragte Mr. Dedalus.
– Mir gefällt es, sagte Stephen.
– Es ist eine hübsche alte Weise, sagte Mr. Dedalus und zwirbelte seine Schnurrbartspitzen. Ah, du hättest Mick Lacy das singen hören sollen! Der arme Mick Lacy! Der hatte noch kleine Nachschläge auf Lager, Verzierungen, die er immer einstreute und die ich nicht kann. Der Knabe konnte dir ein *come-all-you* singen, was das Zeug hielt.
Mr. Dedalus hatte Drisheens zum Frühstück bestellt, und während der Mahlzeit nahm er den Kellner über Lokalneuigkeiten ins Kreuzverhör. Die meiste Zeit meinte jeder etwas anderes, wenn ein Name fiel, da der Kellner den gegenwärtigen Träger darunter verstand und Mr. Dedalus dessen Vater oder vielleicht Großvater.
– Na, ich hoffe, daß wenigstens Queen's College noch da steht wos stand, sagte Mr. Dedalus, denn ich möcht es meinem Herrn Sohn hier zeigen.
An der Mardyke standen die Bäume in Blüte. Sie betraten das Collegegelände und wurden von einem schwatzhaften Portier über das Hofgeviert geführt. Aber ihr Gang über den Kies kam nach etwa jedem Dutzend Schritte wegen irgendeiner Antwort des Portiers zum Stillstand.
– Ach, was Sie nicht sagen. Und der arme Pottlebelly ist tot?
– Ja, Sir. Tot, Sir.
Während dieser Aufenthalte stand Stephen verlegen hinter den beiden Männern, war das Thema leid und wartete rastlos darauf, daß der langsame Marsch wieder begänne. Als sie das Hofgeviert endlich überquert hatten, hatte sich seine Rastlosigkeit in ein Fieber gesteigert. Er fragte sich, wieso sich sein Vater, den er als gewitzten argwöhnischen Mann kannte,

durch die servile Art des Portiers foppen ließ; und der lebhafte südliche Dialekt, an dem er sich den ganzen Morgen ergötzt hatte, tat ihm jetzt in den Ohren weh.

Sie traten in den Anatomie-Saal, wo Mr. Dedalus, unterstützt von dem Portier, die Pulte nach seinen Initialen absuchte. Stephen blieb hinten stehen, mehr als zuvor bedrückt von der Dunkelheit und der Stille des Saals und von der Luft, in der es nach der Schinderei akademischen Studiums roch. Auf dem Pult vor ihm las er das Wort *Foetus* mehrere Male in das dunkle fleckige Holz geschnitzt. Die plötzliche Inschrift rührte sein Blut auf: ihm war, als stünde er zwischen den abwesenden Studenten des College und als schrecke er vor ihrer Gesellschaft zurück. Ein Bild ihres Lebens, das zu evozieren die Worte seines Vaters machtlos gewesen waren, tat sich vor ihm auf, aus dem in das Pult geschnitzten Wort. Ein breitschultriger Student mit Schnurrbart schnitzte die Buchstaben mit einem Taschenmesser ein, mit Bedacht. Andere Studenten standen oder saßen in seiner Nähe und lachten über das Werk seiner Hände. Einer schubste ihn am Ellbogen. Der große Student drehte sich stirnrunzelnd zu ihm um. Er trug weite graue Kleider und gelbbraune Schuhe.

Stephens Name wurde gerufen. Er eilte die Stufen des Saals hinunter, um dem vorgestellten Bild so fern wie möglich zu sein, und verbarg, mit der Nase auf die Initialen seines Vaters guckend, sein errötetes Gesicht.

Aber Wort und Bild kapriolten vor seinen Augen, als er über das Hofgeviert zurück zum Tor des College ging. Es empörte ihn, in der Außenwelt eine Spur von dem zu finden, was er bis dahin für eine tierische und spezifische Krankheit seines eignen Geistes gehalten hatte. Seine jüngsten monströsen Träumereien kamen ihm scharenweise wieder ins Gedächtnis. Auch sie hatten sich, plötzlich und blindwütig, vor ihm aufgetan, aus bloßen Wörtern. Er hatte ihnen bald stattgegeben und sie über seinen Verstand fegen, ihn degradieren lassen, wobei er sich stets fragte, woher sie kämen, aus welcher Höhle monströser Bilder, und stets schwach und demutsvoll andern gegenüber,

rastlos und seiner selbst überdrüssig, wenn sie über ihn hinweggefegt waren.
– Wahr- und wahrhaftig! Da ist ja auch der alte Kolonialwarenladen! rief Mr. Dedalus. Du hast mich doch oft von dem Kolonialwarenladen reden hören, Stephen. Gar manches Mal sind wir da hingegangen, wenn unsre Namen abgehakt waren, eine ganze Schar von uns, Harry Peard und der kleine Jack Mountain und Bob Dyas und Maurice Moriarty, der Franzose, und Tom O'Grady und Mick Lacy, von dem ich dir heut morgen erzählt hab, und Joey Corbet und der arme kleine gutmütige Johnny Keevers von den Tantiles.
Die Blätter der Bäume an der Mardyke regten sich und flüsterten im Sonnenlicht. Eine Cricketmannschaft ging vorüber, flinke junge Männer in Flanellhosen und Blazern, von denen einer den langen grünen Sack mit dem Dreistab trug. In einer ruhigen Nebenstraße spielte eine Kapelle von fünf Mann in verblichenen Uniformen und auf zerbeulten Blechinstrumenten vor einem Publikum von Gassenbuben und müßigen Laufburschen. Ein Dienstmädchen mit weißem Häubchen und Schürze wässerte einen Blumenkasten auf einer Fensterbank, die wie eine Kalksteinplatte in dem warmen Glast schimmerte. Aus einem anderen geöffneten Fenster kam der Klang eines Klaviers, Tonleiter um Tonleiter bis hinauf in den Diskant.
Stephen ging weiter an der Seite seines Vaters, hörte Geschichten, die er schon kannte, hörte wieder die Namen der in alle Winde zerstreuten und toten Zechgenossen, die seines Vaters Jugendgefährten gewesen waren. Und eine leise Übelkeit seufzte in seinem Herzen. Er erinnerte sich an seine eigene fragwürdige Stellung in Belvedere, ein Schüler mit Freiplatz, ein Führer, der vor seiner eigenen Autorität Angst hatte, stolz und sensibel und argwöhnisch, im Kampf gegen die Dürftigkeit seines Lebens und gegen das Tumultuarische seines Geistes. Die in das fleckige Holz des Pultes geschnitzten Buchstaben starrten ihn an, höhnten seine körperliche Schwäche und seine nichtigen Entzückungen und bewirkten, daß ihm vor sich selbst wegen seiner verrückten und dreckigen Exzesse

ekelte. Der Speichel in seiner Kehle wurde bitter und schmeckte faul beim Schlucken und die leise Übelkeit stieg ihm ins Hirn, so daß er einen Augenblick lang die Augen schloß und in Dunkelheit weiterging.
Die Stimme seines Vaters hörte er immer noch.
– Wenn du dich erst mal freigeschwommen hast, Stephen – was du ja eines Tages wohl mal wirst – merk dir, egal was du tust, aber verkehre mit Gentlemen. Als ich ein junger Bursche war, das sag ich dir, da hab ich meinen Spaß gehabt. Ich hab mit anständigen prima Burschen verkehrt. Jeder von uns konnte was Spezielles. Einer hatte eine gute Stimme, ein anderer war ein guter Schauspieler, ein anderer konnte ein gutes Witzlied singen, ein anderer war ein guter Ruderer oder ein guter Rakettspieler, ein anderer konnte eine gute Geschichte erzählen und so fort. Bei uns war immer was am Laufen und wir haben unsern Spaß gehabt und ein bißchen was vom Leben gesehn und keinem von uns hats geschadet. Aber wir waren alle Gentlemen, Stephen – wenigstens hoffe ich, daß wirs waren – und verdammt gute und ehrliche Iren dazu. Mit dieser Art von Burschen möcht ich, daß du dich zusammentust, Burschen, die das Herz am rechten Fleck haben. Ich rede zu dir als Freund, Stephen. Ich halt nichts davon, den gestrengen Vater zu spielen. Ich halt nichts davon, daß ein Sohn Angst haben soll vor seinem Vater. Nein, ich behandle dich, wie dein Großvater mich behandelt hat, als ich ein junger Kerl war. Wir waren mehr wie Brüder als wie Vater und Sohn. Ich werde nie den Tag vergessen, als er mich beim Rauchen ertappte. Ich stand eines Tages mit ein paar jungen Herrchen, wie ich einer war, am Ende der South Terrace und, na du, wir kamen uns wie ganz tolle Burschen vor, weil wir uns Pfeifen in die Mundwinkel geklemmt hatten. Plötzlich ging der alte Herr vorbei. Er hat kein Wort gesagt, nicht mal stehngeblieben ist er. Aber am nächsten Tag, Sonntag, sind wir zusammen spazieren gegangen und als wir wieder nach Hause kamen, nahm er sein Zigarrenetui heraus und sagte: *Ach übrigens, Simon, ich habe gar nicht gewußt, daß du rauchst:* oder etwas in der Art. Na-

türlich hab ich versucht, das so lässig wie möglich zu nehmen. *Wenn du mal was Gutes rauchen willst*, sagte er, *versuch eine von den Zigarren da. Ein amerikanischer Kapitän hat sie mir gestern abend in Queenstown geschenkt.*
Stephen hörte, wie seines Vaters Stimme in ein Lachen ausbrach, das beinah ein Schluchzen war.
– Er war seinerzeit der schönste Mann in ganz Cork, weiß Gott! Die Frauen sind auf der Straße stehengeblieben und haben sich nach ihm umgedreht.
Er hörte, wie der Schluchzer seinem Vater laut die Kehle herunterrutschte, und öffnete aus einem nervösen Impuls heraus seine Augen. Das Sonnenlicht, das plötzlich auf sein Gesicht einbrach, verwandelte Himmel und Wolken in eine phantastische Welt düsterer Massen mit seenartigen Räumen dunklen rosigen Lichts dazwischen. Sogar sein Hirn war krank und machtlos. Er konnte kaum die Buchstaben der Ladenschilder verstehen. Durch das Monströse seiner Denkungsart schien er sich außerhalb der Grenzen der Realität gestellt zu haben. Nichts aus der realen Welt rührte ihn oder sprach ihn an, es sei denn, er hörte darin ein Echo der rasenden Schreie seines Inneren. Keinem irdischen oder menschlichen Anruf konnte er folgen, stumpf und unempfänglich wie er war für die Verheißungen des Sommers und der Freude und der Kameradschaft, müd gemacht und niedergeschlagen von der Stimme seines Vaters. Er konnte seine eignen Gedanken kaum als die seinen erkennen und sagte sich langsam immer wieder:
– Ich bin Stephen Dedalus. Ich gehe neben meinem Vater her, dessen Name Simon Dedalus ist. Wir sind in Cork, in Irland. Cork ist eine Stadt. Unser Zimmer ist im Victoria Hotel. Victoria und Stephen und Simon. Simon und Stephen und Victoria. Namen.
Die Erinnerung an seine Kindheit trübte sich plötzlich. Er versuchte, sich den einen oder andern lebendigen Augenblick zu vergegenwärtigen, aber konnt's nicht. Er erinnerte nur Namen: Dante, Parnell, Clane, Clongowes. Einem kleinen Jungen war von einer alten Frau, die zwei Bürsten in ihrem Klei-

derschrank hatte, Geographie beigebracht worden. Dann war er von zu Hause fort in ein College geschickt worden. In dem College hatte er seine Erstkommunion empfangen und Spannenlangen Hansel aus seiner Cricketmütze gegessen und den Feuerschein an der Wand eines kleinen Schlafzimmers im Infirmarium springen und tanzen gesehen und geträumt, daß er tot wäre, daß die Messe für ihn gelesen würde vom Rektor im schwarz-goldenen Pluviale und daß er dann in dem kleinen Friedhof der Gemeinschaft hinter der breiten Lindenallee begraben würde. Aber er war damals nicht gestorben. Parnell war gestorben. Es hatte keine Totenmesse in der Kapelle gegeben und keine Prozession. Er war nicht gestorben aber er war weggeschwunden wie ein Gespinst in der Sonne. Er war verloren gegangen oder er war aus der Existenz geglitten, denn er existierte ja nicht mehr. Wie sonderbar sich vorzustellen, daß er auf eine solche Weise aus der Existenz geschieden war, nicht durch den Tod sondern durch ein Schwinden in der Sonne oder dadurch, daß er irgendwo im All verloren gegangen und vergessen worden war! Es war sonderbar, seinen kleinen Körper einen Augenblick lang noch einmal auftauchen zu sehen: ein kleiner Bub in einer grauen gegürteten Tracht. Seine Hände steckten in den Seitentaschen und seine Hosen waren an den Knien durch einen Gummizug eingeschlagen.

Am späteren Nachmittag des Tages, an dem der Grundbesitz verkauft wurde, folgte Stephen seinem Vater sanftmütiglich von Kneipe zu Kneipe durch die Stadt. Den Händlern auf dem Markt, den Schankkellnern und Schankmädchen, den Bettlern, die ihn um einen Obolus angingen, erzählte Mr. Dedalus dieselbe Geschichte, daß er ein alter Corkonianer wäre, daß er dreißig Jahre lang versucht hätte, seinen Corker Akzent oben in Dublin loszuwerden, und daß der Hallotri da neben ihm sein ältester Sohn sei, der aber bloß ein Dubliner Früchtchen wäre.

Sie hatten sich früh am Morgen von Newcombes Kaffeehaus aus aufgemacht, wo die Tasse von Mr. Dedalus geräuschvoll auf der Untertasse geklappert hatte, und Stephen hatte versucht, dies schandbare Zeichen von seines Vaters Zecherei die Nacht zuvor zu vertuschen, indem er seinen Stuhl rückte und hustete. Eine Demütigung war auf die andere gefolgt: das falsche Lächeln der Markthändler, das Scharwenzeln und Äugeln der Schankmädchen, mit denen sein Vater poussiert hatte, die Komplimente und aufmunternden Worte der Freunde seines Vaters. Sie hatten ihm gesagt, er käme sehr auf seinen Großvater heraus, und Mr. Dedalus hatte beigepflichtet, er sähe ihm greulich ähnlich. Sie hatten Spuren eines Corker Akzents in seiner Sprache ausgegraben und ihn zugeben lassen, daß die Lee ein viel schönerer Fluß sei als die Liffey. Einer von ihnen hatte ihn, um sein Latein auf die Probe zu stellen, kurze Passagen aus dem Dilectus übersetzen lassen und ihn gefragt, was richtig wäre: *Tempora mutantur nos et mutamur in illis* oder *Tempora mutantur et nos mutamur in illis*. Ein anderer, ein quicker alter Mann, den Mr. Dedalus Johnny Cashman nannte, hatte ihn mit der Frage in Verwirrung gestürzt, wen er hübscher fände, die Dubliner Mädchen oder die Corker Mädchen.

– Der ist aus anderm Holz geschnitzt, sagte Mr. Dedalus. Laßt ihn nur in Frieden. Der ist ein nüchterner nachdenklicher Bursch, der sich den Kopf nicht mit solchem Unsinn schwer macht.

– Dann ist er nicht der Sohn seines Vaters, sagte das alte Männchen.

– Das weiß ich allerdings nicht so genau, sagte Mr. Dedalus und lächelte selbstgefällig.

– Dein Vater, sagte das alte Männchen zu Stephen, war seinerzeit der tollste Poussierstengel in der Stadt Cork. Weißt du das?

Stephen schaute unter sich und studierte den Fliesenboden der Kneipe, in die sie sich hatten treiben lassen.

– Nun setzt dem mal keine Sputzen in den Kopf, sagte Mr. Dedalus. Laßt ihn mit Gott aber laßt ihn.

– Was denn, was denn, ich werd dem doch keine Sputzen in den Kopf setzen. Ich bin alt genug, daß ich sein Großvater

sein könnte. Und ich bin ein Großvater, sagte das alte Männchen zu Stephen. Weißt du das?
– Ach wirklich? fragte Stephen.
– Wahr- und wahrhaftig, sagte das alte Männchen. Ich habe zwei stramme Enkelkinder draußen in Sunday's Well. Na was! Wie alt denkst du denn bin ich? Und ich erinnere mich noch, wie dein Großvater in seinem roten Rock auf die Fuchsjagd geritten ist. Da warst du noch nicht geboren.
– Ja, oder geplant, sagte Mr. Dedalus.
– Wahr- und wahrhaftig, wiederholte das alte Männchen. Und noch mehr, ich kann mich sogar an deinen Urgroßvater erinnern, den alten John Stephen Dedalus, das war ein wilder alter Haudegen kann ich dir sagen. Na was! Da kannst du mal sehn, was ein Gedächtnis ist!
– Das sind drei Generationen – vier Generationen, sagte ein anderer aus der Gesellschaft. Na, Johnny Cashman, du mußt ja bald so alt sein wie das Jahrhundert.
– Ich will dir die Wahrheit sagen, sagte das alte Männchen. Ich bin genau siebenundzwanzig Jahre alt.
– Wir sind so alt wie wir uns fühlen, Johnny, sagte Mr. Dedalus. Und jetzt trinkt mal aus und wir bestellen noch eine Runde. Hier, Tim oder Tom oder wie du sonst heißt, gib uns dasselbe noch mal. Lieber Gott, ich fühl mich nicht älter als achtzehn. Mein Sohn da ist nicht halb so alt wie ich, aber sieben Tage die Woche bin ich besser beinander als der.
– Nun aber mal langsam, Dedalus. Ich glaub es ist Zeit für dich, daß du zurücksteckst, sagte der Gentleman, der vorhin gesprochen hatte.
– Du lieber Gott, nein! versicherte Mr. Dedalus. Ich nehms mit einer Tenorarie mit ihm auf oder ich springe ihm über eine Fünferhürde oder ich laufe mit ihm querfeldein hinter den Fuchshunden her wie vor dreißig Jahren schon mal mit dem Burschen aus Kerry, der darin der Meister war.
– Aber hier schlägt er dich, sagte das alte Männchen, tippte sich dabei an die Stirn und hob dann sein Glas, um es zu leeren.

– Jedenfalls hoffe ich, daß er mal ein Kerl wird wie sein Vater. Mehr kann ich nicht sagen, sagte Mr. Dedalus.
– Wenn er so wird, gratuliere, sagte das alte Männchen.
– Und Gott sei Lob und Dank, Johnny, sagte Mr. Dedalus, daß wir so lang gelebt und so wenig Unrecht getan haben.
– Sondern soviel Gutes, Simon, sagte das alte Männchen feierlich. Gott sei Lob und Dank, daß wir so lang gelebt und soviel Gutes getan haben.
Stephen sah zu, wie die drei Gläser von der Theke in die Höhe gehoben wurden und sein Vater und seine beiden Kumpane auf ihre Vergangenheit tranken. Schicksal oder Temperament trennte ihn von denen abgrundtief. Sein Bewußtsein kam ihm älter vor als ihrs: es schien kalt auf ihre Reibereien und ihre Glücklichkeit und ihre Enttäuschungen wie ein Mond auf eine jüngere Erde. Nicht Leben noch Jugend regten sich in ihm, wie sie sich in denen geregt hatten. Er hatte weder die Vergnügungen der Kameradschaft noch die Potenz ungeschlachter männlicher Gesundheit noch Sohnespietät erfahren. Nichts regte sich in seiner Seele außer einer kalten und grausamen und liebelosen Lust. Seine Kindheit war tot oder verloren gegangen und mit ihr seine einfacher Freuden fähige Seele, und er trieb jetzt durchs Leben wie die unfruchtbare Schale des Monds.

Bist bleich du weil du's müde bist
Auf den Himmel zu steigen, die Erde zu schaun,
Wanderer, gefährtenlos ...?

Er sagte sich die Verse aus Shelleys Fragment in Gedanken auf. Der Wechsel darin von trauriger menschlicher Fruchtlosigkeit und weiten nichtmenschlichen Weltenbahnen von Aktivität ließ ihn frösteln, und er vergaß seinen eignen menschlichen und fruchtlosen Kummer.

* * *

Stephens Mutter und sein Bruder und eine seiner Kusinen warteten an der Ecke der stillen Foster Place, während er und sein Vater die Stufen hoch und die Kolonnaden lang gingen, wo der Hochländer Wachsoldat paradierte. Als sie in der großen Halle waren und am Schalter standen, zog Stephen seine Anweisungen an den Gouverneur der Bank von Irland über dreißig und über drei Pfund hervor; und diese Summen, die Gelder seines Stipendiums und seines Aufsatzpreises, wurden ihm vom Kassier in Noten respektive Münzen behende ausbezahlt. Er verwahrte sie mit gespielter Gelassenheit in seinen Taschen und verstattete es dem freundlichen Kassier, mit dem sein Vater plauschte, seine Hand über den breiten Schalter herüberzuziehen und ihm eine glänzende Karriere für später zu wünschen. Ihre Stimmen machten ihn ungeduldig und er konnte seine Füße nicht still halten. Doch der Kassier schritt immer noch nicht zur Abfertigung anderer, sondern sagte, die Zeiten hätten sich jetzt ja geändert und es ginge nichts darüber, einem Jungen die beste Erziehung zu geben, die für Geld zu haben sei. Mr. Dedalus stand noch in der Halle herum, schaute um sich und zum Dach hoch und sagte Stephen, der ihn drängte doch hinauszukommen, sie stünden im Unterhaus des alten irischen Parlaments.

– Ach mein Gott! sagte er fromm, wenn man an die Männer dieser Zeiten denkt, Stephen, Hely Hutchinson und Flood und Henry Grattan und Charles Kendal Bushe, und dann an die Edelmänner, die wir jetzt haben, die Führer des irischen Volks bei uns und im Ausland. Lieber Gott, man kann die sich nicht mal auf einem zehn Morgen großen Acker gemeinsam begraben vorstellen. Nein, Stephen, alter Knabe, die sind leider genau wie eines schönen Maientags ging ich im heitern Julimond.

Ein scharfer Oktoberwind blies um die Bank. Die drei Gestalten, die am Rand des schlammigen Gehsteigs standen, hatten durchfrorene Backen und wäßrige Augen. Stephen sah auf seine dünn angezogene Mutter und erinnerte sich, daß er vor ein paar Tagen einen Mantel zu zwanzig Guineen in den Fenstern von Barnardo gesehen hatte.

– So das hätten wir, sagte Mr. Dedalus.

– Am besten gehn wir gleich zum Dinner, sagte Stephen. Wohin?
– Zum Dinner? sagte Mr. Dedalus. Na ja, gehn wir doch schon, was?
– Irgendwo, wos nicht zu teuer ist, sagte Mrs. Dedalus.
– Zu Underdone?
– Ja. Wos ruhig ist.
– So kommt, sagte Stephen rasch. Obs teuer ist spielt keine Rolle.
Er ging mit kurzen nervösen Schritten lächelnd vor ihnen her. Sie versuchten mit ihm mitzukommen, ebenfalls lächelnd, über seinen Eifer.
– Komm sei lieb und brems dich mal ein bißchen, sagte sein Vater. Wir machen doch keinen Tausendmeterlauf, oder?
Während einer raschen Periode von Freudenfesten rann Stephen das Geld seiner Preise durch die Finger. Große Pakete mit Lebensmitteln und Delikatessen und getrockneten Früchten kamen aus der Stadt. Jeden Tag stellte er eine Speisekarte für die Familie zusammen und jeden Abend führte er eine Gesellschaft von dreien oder vieren ins Theater, um *Ingomar* oder *The Lady of Lyons* zu sehen. In seinen Rocktaschen steckte tafelweise Wiener Schokolade für seine Gäste, während Silber- und Kupfermünzen seine Hosentaschen ausbeulten. Er kaufte für jeden Geschenke, renovierte sein Zimmer, verfaßte Resolutionen, gruppierte seine Bücher auf den Brettern um und um, versenkte sich in alle Arten von Preislisten, erfand so etwas wie ein Haushalts-Commonwealth, in welchem jedes Mitglied ein bestimmtes Amt bekleidete, eröffnete eine Darlehnsbank für die Familie und zwang Leihwilligen Darlehen auf, auf daß er selber in den Genuß käme, Quittungen auszuschreiben und die Zinsen für die geliehenen Beträge auszurechnen. Wenn er nichts weiteres tun konnte, fuhr er in Trams die Stadt rauf und runter. Dann nahm die Periode der Vergnügungen ein Ende. Der Topf rosa Emaillefarbe wurde leer und das Holzwerk in seinem Schlafzimmer behielt seinen nicht beendeten und schlecht aufgetragenen Anstrich.

Der Haushalt kehrte zu seinem gewohnten Lebensstil zurück. Seine Mutter hatte keine Gelegenheit mehr, ihn zur Rede zu stellen, daß er sein Geld verschleudere. Auch er kehrte zu seinem alten Leben in der Schule zurück, und all seine neuartigen Unternehmungen fielen in Stücke. Das Commonwealth zerfiel, die Darlehnsbank schloß ihre Tresore und Bücher mit einem spürbaren Verlust, die Lebensregeln, die er sich entworfen hatte, kamen außer Gebrauch.

Wie töricht seine Absicht gewesen war! Er hatte versucht, einen Damm der Ordnung und Eleganz gegen die ekle Drift des Lebens um ihn herum zu bauen und, durch Verhaltensregeln und aktive Interessen und neue Sohnesbeziehungen, das mächtige Branden der Driften in seinem Innern einzudämmen. Zwecklos. Von draußen wie von drinnen war das Wasser über seine Schranken geflossen: seine Driften begannen von neuem wildschäumend über die zermalmte Mole zu peitschen.

Klar sah er auch seine eigene nichtige Isolation. Nicht einen Schritt war er dem Leben derer, die er zu erreichen gesucht hatte, näher gekommen, noch hatte er eine Brücke über die rastlose Scham und die Erbitterung, die ihn von Mutter und Bruder und Schwester trennten, zu schlagen vermocht. Er spürte, daß er schwerlich dasselbe Blut hatte wie diese, sondern eher in der mystischen Verwandtschaftsbeziehung der Adoptivschaft zu ihnen stand, Adoptivkind und Adoptivbruder.

Er brannte darauf, die wilden Sehnsüchte seines Herzens, vor denen alles andere eitel und fremd war, zu stillen. Es kümmerte ihn wenig, daß er in Todsünde lebte, daß sein Dasein zu einem Netz von Ausflucht und Lüge geworden war. Außer dem ungestümen Verlangen in seinem Innern, die Ungeheuerlichkeiten, über denen er brütete, wahr zu machen, war ihm nichts heilig. Er ertrug zynisch die schandbaren Details seiner geheimen Tumulte, in denen er jubilierte, um mit Ausgiebigkeit jedwedes Bildnis zu schänden, von dem seine Augen angezogen worden waren. Bei Tag und bei Nacht bewegte er sich zwischen verzerrten Bildnissen der Außenwelt. Eine Gestalt, die ihm bei Tag spröd und unschuldig vorgekommen war, kam bei Nacht durch das gewundene Dunkel des Schlafs auf ihn zu, ihr Gesicht von geiler Gerissenheit verklärt, ihre Augen hell vor tierischer Wonne. Nur der Morgen quälte ihn mit seiner trüben Erinnerung an dunklen orgiastischen Tumult, seinem scharfen und demütigenden Geruch nach Übertretung.

Er nahm seine Streifzüge wieder auf. Die verschleierten Herbstnachmittage leiteten ihn von Straße zu Straße, wie sie ihn Jahre zuvor durch die stillen Alleen von Blackrock geleitet hatten. Doch keine Vision schmucker Vordergärten oder freundlicher Lichter in den Fenstern goß jetzt ihren zarten Einfluß über ihn aus. Nur zuweilen, in den Pausen seines Verlangens, wenn die Wollust, die ihn verzehrte, sanfterem Sehnen wich, kreuzte das Bild von Mercedes ganz im Hintergrund sein Gedächtnis. Wieder sah er das kleine weiße Haus und den Garten mit Rosenbüschen an der Straße, die in die Berge führte, und er erinnerte sich der traurig-stolzen Gebärde der Ablehnung, die er dort zu machen hätte, wie er, nach Jahren der Entfremdung und des Abenteuers, in dem mondbeschienenen Garten neben ihr stand. In solchen Augenblicken kamen ihm die sanften Reden Claude Melnottes auf die Lippen und besänftigten seine Unrast. Ein leichtes Vorgefühl von dem Stelldichein, auf das er damals hingelebt hatte, regte sich in ihm, und, trotz der greulichen Wirklichkeit, die zwischen seiner Hoffnung von damals und heute lag, von der heiligen Begegnung, die er sich damals vorgestellt hatte, bei der Schwäche und Schüchternheit und Unwissenheit von ihm abfallen sollten.

Solche Augenblicke gingen vorüber und die verzehrenden Feuer der Lust loderten wieder auf. Die Verse erstarben auf seinen Lippen und die unartikulierten Schreie und unausgesprochenen brutalen Wörter stürzten aus seinem Hirn und erzwangen sich einen Weg. Sein Blut revoltierte. Er lief die dunklen schleimigen Straßen auf und ab, guckte ins Düster von Gassen und Torwegen, lauschte gierig auf jeden Laut. Er stieß Klagelaute aus wie ein genarrtes auf Beute lungerndes Tier. Er wollte mit einer seines Schlages sündigen, ein andres Wesen zur Sünde mit ihm zwingen und mit ihr in der Sünde jubilieren. Er spürte eine dunkle Gegenwart, die unwiderstehlich aus der Dunkelheit auf ihn eindrang, eine unmerkliche Gegenwart und murmelnd wie eine Flut, die ihn gänzlich mit sich selber ausfüllte. Das Murmeln bestürmte seine Ohren wie das Murmeln einer Menschenmenge im Schlaf; seine unmerklichen Ströme durchdrangen sein Wesen. Seine Hände ballten sich krampfartig und die Zähne biß er zusammen, als er die Agonie dieser Durchdringung erlitt. Er breitete seine Arme auf der Straße aus, um die zerbrechliche zergehende Form, die sich ihm entzog und die ihn lockte, festzuhalten: und der Schrei, den er so lange in seiner Kehle erstickt hatte, kam von seinen Lippen. Er brach aus ihm heraus wie die Klage der Verzweiflung aus einer Hölle von Gepeinigten und erstarb in einer Klage wütenden Flehens, ein Schrei um freventliche Hingabe, ein Schrei, der nur das Echo eines obszönen Geschmiers war, das er an der dünstenden Wand eines Pissoirs gelesen hatte.

Er hatte sich in ein Labyrinth enger und schmutziger Sträßchen treiben lassen. Aus den eklen Gassen knallten heisere Tumulte und Streitereien an sein Ohr und die gezogenen Töne betrunkener Sänger. Er ging unverdrossen weiter und fragte sich, ob er ins Judenviertel geraten sei. Frauen und Mädchen in langen lebhaften Gewändern kreuzten die Straße von Haus zu Haus. Sie gingen müßig und waren parfümiert. Ein Zittern überkam ihn und seine Augen wurden trüb. Die gelben Gasflammen stiegen vor seiner verschwommenen Sicht gegen den dunstigen Himmel und brannten wie vor einem Altar. Vor den Türen und in den erleuchteten Fluren standen Gruppen, geschmückt wie zu einem Ritual. Er war in einer andern Welt: er war aus einem jahrhundertelangen Schlaf erwacht.

Er blieb mitten auf dem Fahrdamm stehen, sein Herz toste dabei in Aufruhr gegen seine Brust. Eine junge Frau in einem

langen rosa Gewand legte ihm die Hand auf den Arm, um ihn aufzuhalten und sah ihm ins Gesicht. Sie sagte heiter:
– Guten Abend, Williechen!
Ihr Zimmer war warm und adrett. Eine große Puppe saß mit gespreizten Beinen in dem üppigen Sessel neben dem Bett. Er versuchte seine Zunge zum Sprechen zu bringen, damit er nicht befangen erschiene, wie er ihr zusah, als sie ihr Gewand löste, und die stolzen selbstbewußten Bewegungen ihres parfümierten Kopfes wahrnahm.
Als er schweigend in der Mitte des Zimmers stand, ging sie auf ihn zu und umarmte ihn heiter und feierlich. Mit ihren runden Armen hielt sie ihn fest an sich gedrückt und er, wie er ihr in ernster Ruhe zu ihm erhobenes Gesicht sah und die warme Ruhe in ihrer Brust sich heben und senken spürte, wäre fast in hysterisches Weinen ausgebrochen. Tränen der Freude und der Erlösung glänzten in seinen entzückten Augen und seine Lippen öffneten sich, doch mochten sie nicht sprechen.
Sie fuhr ihm mit ihrer klimpernden Hand durch das Haar und nannte ihn einen kleinen Strick.
– Gib mir einen Kuß, sagte sie.
Seine Lippen mochten sich nicht senken, sie zu küssen. Er wollte fest in ihren Armen gehalten und gestreichelt werden, langsam, langsam, langsam. In ihren Armen spürte er war er plötzlich stark geworden und furchtlos und sicher. Aber seine Lippen mochten sich nicht senken, sie zu küssen.
Mit einer plötzlichen Bewegung bog sie seinen Kopf herunter und vereinigte ihre Lippen mit den seinen und er las die Bedeutung ihrer Bewegungen in ihren freimütigen zu ihm aufgehobenen Augen. Es war zuviel für ihn. Er schloß seine Augen und ergab sich ihr, Leib und Seele, und spürte von der Welt nichts als den dunklen Druck ihrer sanft sich öffnenden Lippen. Sie drückten auf sein Hirn wie auf seine Lippen, als wären sie das Gefährt undeutlicher Worte; und zwischen ihnen empfand er einen unbekannten und scheuen Druck, dunkler als das Zergehn in der Sünde, sanfter als Klang oder Ruch.

III

Die flinke Dezemberdämmerung war ihrem trüben Tag clownesk hinterdrein gestolpert gekommen und, wie er so durchs Fensterquadrat des Schulzimmers starrte, spürte er, daß sein Bauch sein Essen heischte. Er hoffte, daß es Stew zum Dinner gäbe, Steckrüben und Karotten und Quetschkartoffeln und fette Hammelstücke, die in einer festen gepfefferten mehlgedickten Sauce ausgeschöpft würden. Stopfs in dich rein, riet ihm sein Bauch.

Es würde ein düstrer heimlicher Abend werden. Nach dem frühen Einbruch des Abends würden die gelben Lampen, hier und da, das schmutzige Bordellviertel erleuchten. Er würde auf gewundenen Wegen die Straßen hin und wider gehen, immer näher und näher kreisen, zitternd vor Angst und Freude, bis seine Füße ihn plötzlich um eine dunkle Ecke führten. Die Huren kämen gerade aus ihren Häusern, machten sich bereit für den Abend, gähnten faul nach ihrem Schlaf und nestelten an den Haarnadeln in ihren Trauben von Haar. Er schritte ruhig an ihnen vorbei und wartete auf eine plötzliche Bewegung seines eigenen Willens oder einen plötzlichen Ruf, der von ihrem sanften duftenden Fleisch an seine sündeliebende Seele erging. Doch wie er beutegierig auf der Suche nach jenem Ruf da lungerte, würden seine Sinne, die sein Verlangen nur stumpf gemacht hatte, all das scharf wahrnehmen, was sie verwundete oder beschämte; seine Augen einen Ring aus Porterschaum auf einem Tisch ohne Decke, oder eine Photographie von zwei Soldaten die stramm standen, oder einen protzigen Theaterzettel; seine Ohren die gezogene Sprechweise der Begrüßung:

– Hallo, Bertie, hast du schon was vor?

– Bist dus, Täubchen?

– Nummer zehn. Hier bedient dich die taufrische Nelly.

– 'n Abend, der Herr Gemahl! Willste nich mal 'n bißchen reinschaun?

Die Gleichung auf der Seite seines Schmierhefts begann einen immer weiter werdenden Schweif zu spreizen, mit Augen bestückt und bestirnt wie der eines Pfauen; und begann sich dann, nachdem die Augen und Sterne seiner Exponenten eliminiert worden waren, wieder langsam zusammenzufalten. Die Exponenten, die auftauchten und verschwanden, waren Augen, die sich öffneten und schlossen; die Augen, die sich öffneten und schlossen, waren Sterne, die geboren wurden und die ausgelöscht wurden. Der weite Weltenkreis des Sternenlebens trug seinen müden Geist hinaus bis an seine Grenze und herein bis an seinen Mittelpunkt, und eine ferne Musik begleitete ihn dabei, hinaus und herein. Welche Musik? Die Musik kam näher und er erinnerte sich an die Worte, die Worte von Shelleys Fragment an den Mond, den Wanderer gefährtenlos, bleich vor Müdigkeit. Die Sterne begannen zu zerbröckeln und eine Wolke feinen Sternenstaubs fiel durch den Raum.

Das trübe Licht fiel schwächer auf die Seite, auf der nun eine neue Gleichung sich langsam zu entfalten und ihren weiter werdenden Schweif nach draußen zu spreizen begann. Seine eigne Seele war es, die auszog zu erfahren, sich, Sünde um Sünde, entfaltete, das Freudenfeuer ihrer brennenden Sterne nach draußen spreizte und sich wieder in sich selbst zusammenzog, langsam verblaßte, ihre eignen Lichter und Feuer auslöschte. Sie waren ausgelöscht: und die kalte Dunkelheit erfüllte das Chaos.

Eine kalte lichte Gleichgültigkeit herrschte in seiner Seele. Bei seiner ersten schweren Sünde hatte er gespürt, daß eine Woge der Vitalität aus ihm brach, und hatte befürchtet, Leib oder Seele wären von dem Exzeß versehrt worden. Statt dessen hatte diese Woge vital ihn an ihrem Busen aus sich selber hinausgetragen und wieder zurück, als sie verebbte: und kein Teil von Leib oder Seele war versehrt worden, sondern ein dunkler Friede ward zwischen ihnen gestiftet. Das Chaos, in dem seine Glut sich löschte, war eine kalte gleichgültige Selbsterkenntnis. Er hatte eine Todsünde begangen, nicht einmal sondern viele Male, und er wußte, daß er, während ihm die Gefahr ewiger Verdammnis für die erste Sünde alleine schon drohte, durch jede folgende Sünde seine Schuld und seine Strafe vervielfachte. Seine Tage und Werke und Gedanken konnten ihm nicht zur Sühne gereichen, hatte der Born heiligmachender Gnade doch aufgehört, seine Seele zu laben. Höchstens hätte er, durch ein Almosen das er einem Bettler gab dessen Segen er floh, die müde Hoffnung, ein Quentchen aktueller Gnade zu gewinnen. Seine Andacht war über Bord gegangen. Was half es da zu beten, wenn er wußte, daß es seine Seele nach Selbstzerstörung gelüstete? Ein gewisser Stolz, eine gewisse heilige Scheu, hielt ihn davon ab, Gott am Abend auch nur mit einem einzigen Gebet anzurufen, obschon er wußte, daß es in Gottes Macht stand, sein Leben von ihm zu nehmen, während er schlief, und seine Seele höllenwärts zu schleudern, ehe er um Erbarmen flehen könnte. Sein Stolz auf seine Sünde, seine liebelose heilige Scheu vor Gott, sagten ihm, daß sein Vergehen zu schwer wog, als daß es als Ganzes oder zum Teil durch eine falsche Huldigung an den Allsehenden und Allwissenden gesühnt werden könnte.

– Na na, Ennis, wenn du Verstand hast, hat mein Spazierstock auch welchen. Willst du damit sagen, daß du nicht weißt, was eine Irrationalzahl ist?

Die dusselige Antwort fachte die glimmende Verachtung wieder an, die er seinen Mitschülern gegenüber empfand. Andern gegenüber fühlte er weder Scham noch Angst. Sonntagsmorgens, wenn er an der Kirchtür vorüberging, schaute er kalt auf die Gläubigen, die barhaupt, in Viererreihen, vor der Kirche standen, geistig bei der Messe zugegen, die sie nicht sehen noch hören konnten. Ihre stumpfe Pietät und der ekle Geruch des billigen Haaröls, mit dem sie ihre Häupter gesalbt hatten, stießen ihn von dem Altar zurück, an dem sie beteten. Er beugte sich dem Frevel der Heuchelei vor anderen und war skeptisch gegenüber ihrer Unschuld, die er so mühelos einwickeln konnte.

An der Wand seines Schlafzimmers hing eine illuminierte

Schriftrolle, die Urkunde seiner Präfektur im College über die Sodalität der Gesegneten Jungfrau Maria. Samstagsmorgens, wenn die Sodalität sich in der Kapelle traf, um das Marienoffizium zu sprechen, war sein Platz eine gepolsterte Kniebank rechts vom Altar, von wo aus er seine Abteilung Knaben durch die Responsorien geleitete. Die Verlogenheit seiner Position schmerzte ihn nicht. Wenn er zuweilen einen Impuls verspürte, sich von seinem Ehrenplatz zu erheben, vor ihnen allen seine Unwürdigkeit zu beichten und aus der Kapelle zu gehen, so hielt ein kurzer Blick auf ihre Gesichter ihn davor zurück. Die Imagerie der prophetischen Psalmen besänftigte seinen unfruchtbaren Stolz. Die Herrlichkeiten Mariens hielten seine Seele gefangen: Narde und Myrrhe und Weihrauch, Symbole für die Köstlichkeit der Gaben, mit denen Gott ihre Seele bedacht hatte, reiche Gewänder, Symbole für ihre königliche Abkunft, ihre Embleme, die spätgrünende Pflanze und der spätblühende Baum, Symbole für das jahrhundertelange allmähliche Wachsen ihres Kults unter den Menschen. Wenn es gegen Ende des Offiziums an ihm war, die Epistel zu lesen, las er sie mit verschleierter Stimme und lullte sein Gewissen mit ihrer Musik ein.

Quasi cedrus exaltata sum in Libanon et quasi cupressus in monte Sion. Quasi palma exaltata sum in Gades et quasi plantatio rosae in Jericho. Quasi uliva speciosa in campis et quasi platanus exaltata sum juxta aquam in plateis. Sicut cinnamomum et balsamum aromatizans odorem dedi et quasi myrrha electa dedi suavitatem odoris.

Seine Sünde, die ihn vor dem Angesicht Gottes verborgen, hatte ihn an die Zuflucht der Sünder näher herangeführt. Ihre Augen schienen mit mildem Mitleid auf ihm zu ruhen; ihre Heiligkeit, ein sonderbares Licht das leise auf ihrem zarten Fleisch glühte, demütigte den Sünder nicht, der sich ihr näherte. Wenn es ihn je drängte, die Sünde abzuwerfen und zu bereuen, so war der Impuls, der ihn bewegte, der Wunsch, ihr Ritter zu sein. Wenn je seine Seele, die ihre Stätte scheu wieder betrat, nachdem die Raserei der körperlichen

Lust sich verbraucht hatte, ihr zugekehrt war, ihr, deren Emblem der Morgenstern ist, *hellicht und wie Musik, der vom Himmel sagt und Frieden spendet,* so war es dann, wenn ihre Namen leis von Lippen gemurmelt wurden, auf denen ekle und schandbare Wörter noch säumten, gar der Geschmack eines unzüchtigen Kusses.

Das war sonderbar. Er versuchte zu überlegen, wie das sein könne, aber die Dämmerung, die sich im Schulzimmer ausbreitete, überzog seine Gedanken. Die Glocke läutete. Der Lehrer bezeichnete die Aufgaben und Abschnitte, die für die nächste Stunde zu tun wären, und ging hinaus. Heron, neben Stephen, begann tonlos zu summen.

Mein exzellenter Freund Bombados.

Ennis, der auf den Abort gegangen war, kam zurück und sagte:

– Der Bursche vom Haus kommt grad rüber zum Rektor.

Ein hochgewachsener Bursche hinter Stephen rieb sich die Hände und sagte:

– Alle Neune. Da können wir die ganze Stunde schwänzen. Vor halb drei wird der nicht hiersein. Dann kannst du ihm Fragen über den Katechismus stellen, Dedalus.

Stephen, der sich zurücklehnte und müßig auf seinem Schmierheft herummalte, hörte den Reden zu, die von Zeit zu Zeit von Heron unterbrochen wurden, indem er sagte:

– Haltet die Klappe, ja? Macht doch nicht so einen elenden Radau.

Auch war es sonderbar, daß er ein dürres Vergnügen daran fand, den starren Richtlinien der Kirchendoktrinen bis ans Ende nachzugehen und in obskure Verschweigungen einzudringen, nur um desto tiefer seine eigene Verdammnis zu hören und zu verspüren. Der Satz des heiligen Jakobus, demzufolge der, der sich an einem Gebot versündigt, an allen schuldig wird, war ihm zunächst wie eine geschwollene Phrase vorgekommen, bis er sich in der Dunkelheit seiner eigenen Verfassung weiter vorgetastet hatte. Der bösen Saat der Lust war jegliche andere Todsünde entsprungen: Eigendünkel und Verachtung anderer, Habsucht, indem er Geld dazu benutzte, sich unrechtmäßige Vergnügungen zu kaufen, Neid auf jene, die ihm an Lastern voraus waren, und verleumderisches Murren gegen die Frommen, völlereihafte Freude am Essen, der dumpfe finstere Zorn, mit dem er über seiner Sehnsucht brütete, der Morast geistlicher und leiblicher Trägheit, worin sein ganzes Wesen versunken war.

Während er in seiner Bank saß und ruhig in des Rektors gewitztes schroffes Gesicht sah, verwickelte sich sein Geist in die merkwürdigen Fragen, die man ihm stellte, und wieder aus ihnen heraus. Wenn ein Mann in seiner Jugend ein Pfund gestohlen und dieses Pfund dazu benutzt hatte, ein riesiges Vermögen anzusammeln, wieviel mußte er dann zurückgeben, nur das Pfund, das er gestohlen hatte, oder das Pfund zusammen mit Zins und Zinseszinsen, oder sein gesamtes riesiges Vermögen? Wenn ein Laie bei der Taufe das Wasser ausgießt, bevor er die Worte spricht, ist das Kind dann getauft? Ist eine Taufe mit Mineralwasser gültig? Wie kommt es, daß, während die erste Seligpreisung das Himmelreich den Armen im Geiste verspricht, die zweite Seligpreisung den Sanftmütigen außerdem verspricht, daß sie das Land besitzen werden? Warum wurde das Sakrament der Eucharistie unter der doppelten Gestalt des Brotes und des Weins eingesetzt, wenn Jesus Christus mit Leib und Blut, Seele und Gottheit, im Brot allein und im Wein allein gegenwärtig ist? Enthält eine winzige Krume des geweihten Brotes den ganzen Leib und alles Blut Jesu Christi oder nur einen Teil des Leibes und des Bluts? Wenn der Wein sich in Essig verwandelt und die Hostie durch Verderbnis zerbröckelt, nachdem sie geweiht worden sind, ist Jesus Christus dann immer noch als Gott und als Mensch in ihren Gestalten gegenwärtig?

– Hier ist er! Hier ist er!

Ein Junge hatte von seinem Posten am Fenster aus den Rektor vom Haus her kommen sehen. Alle Katechismen wurden aufgeschlagen und alle Häupter schweigend darüber gesenkt. Der

Rektor trat ein und bezog seinen Platz auf der Estrade. Ein sanfter Tritt von dem hochgewachsenen Burschen in der Bank hinter ihm beschwor Stephen, eine schwierige Frage zu stellen.

Der Rektor bat um keinen Katechismus, um die Lektion daraus abzufragen. Er faltete seine Hände auf dem Pult und sagte:

– Die Exerzitien werden am Mittwoch nachmittag beginnen, zu Ehren des Heiligen Franz Xaver, dessen Festtag der Samstag ist. Die Exerzitien werden von Mittwoch bis Freitag dauern. Am Freitag wird den ganzen Nachmittag nach dem Rosenkranz Beichte gehört werden. Wenn einzelne Jungen besondere Beichtiger haben, ist es vielleicht besser, wenn sie nicht wechseln. Die Messe wird am Samstagmorgen um neun Uhr sein, und allgemeine Kommunion für das gesamte College. Der Samstag ist ein freier Tag. Sonntag natürlich. Aber da Samstag und Sonntag freie Tage sind, könnten einige Jungen vielleicht zu der Meinung gelangen, auch der Montag sei ein freier Tag. Seht euch vor, daß ihr diesen Fehler nicht macht. Ich denke du, Lawless, hättest diesen Fehler wahrscheinlich gemacht.

– Ich, Sir? Wieso, Sir?

Eine kleine Welle stiller Heiterkeit brach von des Rektors grimmigem Lächeln aus über die Jungenklasse herein. Stephens Herz begann langsam vor Angst zu schrumpfen und zu verbleichen wie eine verdorrende Blume.

Der Rektor fuhr feierlich fort:

– Euch allen ist die Lebensgeschichte des heiligen Franz Xaver, des Patrons eures College, bekannt, denke ich. Er kam aus einer alten und erlauchten spanischen Familie und ihr erinnert euch, daß er einer der ersten Anhänger des heiligen Ignatius war. Sie lernten sich in Paris kennen, wo Franz Xaver Professor der Philosophie an der Universität war. Dieser junge und brillante Edelmann und Literat warf sich mit Herz und Seele in die Ideen unseres ruhmreichen Gründers, und ihr wißt, daß er, auf seinen eigenen Wunsch, von dem heiligen Ignatius ausgeschickt wurde, den Indern zu predigen. Man nennt ihn, wie ihr wißt, den Apostel Indiens. Er zog von Land zu Land im Osten, von Afrika nach Indien, von Indien nach Japan, und taufte die Menschen. Es heißt, er habe ganze zehntausend Götzenanbeter in *einem* Monat getauft. Man sagt, daß sein rechter Arm kraftlos geworden war, weil er so oft über die Häupter derer, die er taufte, hatte erhoben werden müssen. Er hatte dann den Wunsch, nach China zu gehen, um Gott noch mehr Seelen zu gewinnen, aber er starb an einem Fieber auf der Insel Sanzian. Ein großer Heiliger, der heilige Franz Xaver! Ein großer Soldat des Herrn!

Der Rektor machte eine Pause und fuhr, die gefalteten Hände vor sich schüttelnd, fort:

– Er hatte den Glauben in sich, der Berge versetzt. Zehntausend Seelen in einem einzigen Monat Gott gewonnen! Das ist ein wahrhafter Conquistador, wahrhaft treu dem Motto unsres Ordens: *ad majorem Dei gloriam!* Ein Heiliger, der große Macht im Himmel hat, denkt daran: Macht, Fürsprache für uns in unsrer Not einzulegen, Macht, alles das für uns zu erlangen, worum wir beten, wenn es zum Guten unsrer Seelen ist, Macht vor allem, die Gnade der Reue für uns zu erlangen, wenn wir in Sünde sind. Ein großer Heiliger, der heilige Franz Xaver! Ein großer Seelenfischer!

Er hörte auf, seine gefalteten Hände zu schütteln und, die Stirne auf sie stützend, schaute er rechts und links an ihnen vorbei seine Zuhörer an, scharf, aus dunklen gestrengen Augen.

In dem Schweigen entfachte ihr dunkles Feuer die Dämmerung, daß sie lohgelb glomm. Stephens Herz war verdorrt wie eine Wüstenblume, die den Samum von weit her kommen spürt.

* * *

Gedenke der letzten Dinge, so wirst du nie eine Sünde begehen – Worte, meine lieben jungen Brüder in Christo, aus dem Buch Ecclesiastes, im siebenten Kapitel, Vers vierzig. Im

Namen des Vaters und des Sohnes und des Heiligen Geistes. Amen.

Stephen saß in der vordersten Bank der Kapelle. Pater Arnall saß an einem Tisch links vom Altar. Er trug einen schweren Umhang um die Schultern; sein bleiches Gesicht war verzerrt und seine Stimme brüchig vor Schleim. Diese so sonderbar auferstandene Gestalt seines alten Lehrers brachte Stephen sein Leben in Clongowes wieder ins Gedächtnis: die weiten Spielfelder, die von Knaben wimmelten, den Abtrittsgraben, den kleinen Kirchhof hinter der breiten Lindenallee, wo er geträumt hatte, daß er begraben würde, den Feuerschein an der Wand des Infirmariums, wo er krank lag, das klagenvolle Gesicht Bruder Michaels. Seine Seele wurde wieder, wie ihm diese Erinnerungen kamen, zu der eines Kindes.

– Wir sind heute hier versammelt, meine lieben jungen Brüder in Christo, um einen kurzen Augenblick fern von dem geschäftigen Getriebe der Außenwelt einen der größten Heiligen zu feiern und zu ehren, den Apostel Indiens, den Schutzpatron auch eures College, den heiligen Franz Xaver. Jahr um Jahr, viel länger als irgendeiner von euch, meine lieben jungen Knaben, sich erinnern kann, oder als ich mich erinnern kann, haben die Knaben dieses College sich in dieser Kapelle hier versammelt, um vor dem Fest ihres Schutzpatrons ihre Exerzitien zu halten. Die Zeit ist weitergegangen und hat ihre Veränderungen mit sich gebracht. Selbst in den letzten paar Jahren – an welche Veränderungen können sich die meisten von euch nicht erinnern? Viele der Knaben, die vor ein paar Jahren in diesen vorderen Bänken saßen, sind jetzt vielleicht in fernen Landen, in den sengenden Tropen oder in berufliche Pflichten verstrickt oder in Seminaren oder sie reisen über die weite Tiefe der See oder, auch das kann sein, sind bereits von dem großen Gott zu einem anderen Leben abberufen und zur Aufgabe ihrer Haushalterschaft bestellt worden. Und immer noch, wie die Jahre vorüberrollen und Veränderungen zum Guten wie zum Schlechten mit sich bringen, wird das Andenken des großen Heiligen von den Knaben seines College geehrt, die jedes Jahr ihre Exerzitien an den Tagen, die seinem Fest vorangehen, halten, dem Fest, das von unserer heiligen Mutter Kirche eingesetzt ward, damit allen Zeitaltern Name und Ruhm eines der größten Söhne des katholischen Spanien mitgeteilt werde.

– Was bedeutet nun dieses Wort *Exerzitium* und warum versteht man allenthalben darunter eine äußerst heilsame Übung für all jene, die vor Gott und in den Augen der Menschen ein wahrhaft christliches Leben zu führen wünschen? Mit Exerzitium, meine lieben Knaben, ist gemeint, sich eine Weile von den Sorgen unseres Lebens zurückzuziehen, den Sorgen dieser tagtäglichen Welt, um den Zustand unseres Gewissens zu erforschen, über die Mysterien der heiligen Religion nachzudenken und besser zu verstehen, warum wir hier sind in dieser Welt. Während dieser paar Tage habe ich mir vorgesetzt, einige Gedanken vor euch zu entfalten, die die vier letzten Dinge betreffen. Diese sind, wie ihr aus eurem Katechismus wißt, Tod, Gericht, Hölle und Himmel. Wir wollen versuchen, sie während dieser paar Tage gänzlich zu verstehen, auf daß wir aus diesem Verständnis dauernden Nutzen für unsre Seelen ziehen mögen. Und denkt daran, meine lieben Knaben, daß wir nur aus einem Grund, aus einem einzigen Grund, in die Welt geschickt worden sind: Gottes heiligen Willen zu tun und unsere unsterblichen Seelen zu erretten. Alles andere ist ohne Wert. Ein Einziges tut not, die Rettung unserer Seele. Was hülfe es dem Menschen, die ganze Welt zu gewinnen, wenn er seine unsterbliche Seele verlöre? Ach, meine lieben Knaben, glaubet mir, da ist nichts in dieser elenden Welt, das einen solchen Verlust wieder gutmachen könnte.

– Ich will euch darum bitten, meine lieben Knaben, während dieser wenigen Tage alle weltlichen Gedanken aus euren Köpfen zu verbannen, Gedanken des Studiums, des Vergnügens, des Ehrgeizes, und all eure Aufmerksamkeit der Verfassung eurer Seelen zu schenken. Ich brauche euch kaum zu erinnern, daß während der Exerzitientage von allen Knaben erwartet wird, daß sie ein stilles und frommes Gebaren beobachten und alle lauten ungehörigen Vergnügungen meiden. Die älteren Knaben werden natürlich darauf sehen, daß gegen diese Regel nicht verstoßen wird, und ich erwarte im besonderen von den Präfekten und Offizieren der Sodalität Unserer Lieben Frau und der Sodalität der heiligen Engel, daß sie ihren Mitschülern mit gutem Beispiel vorangehen.

– Laßt uns darum versuchen, diese Exerzitien zu Ehren des heiligen Franz mit ganzem Herzen und mit ganzem Sinn zu vollziehen. Gottes Segen wird dann das ganze Jahr auf euren Studien ruhn. Aber, vor und über allem andern, laßt diese Exerzitien solche sein, daß ihr in späteren Jahren auf sie zurückblicken könnt, wenn ihr vielleicht fern von diesem College seid und in sehr verschiedener Umgebung, daß ihr auf sie zurückblicken könnt mit Freude und Dankbarkeit und Gott Dank sagt, weil er euch die Gelegenheit geschenkt hat, den ersten Grundstock zu einem frommen ehrbaren eifrigen christlichen Leben zu legen. Und wenn, was nicht unmöglich ist, zu diesem Augenblick in diesen Bänken eine arme Seele sitzt, die das unsagbare Unglück gehabt hat, Gottes heilige Gnade zu verlieren und sich in schwere Sünde zu stürzen, so bete und vertraue ich inbrünstig darauf, daß diese Exerzitien der Wendepunkt im Leben dieser Seele sind. Ich bete zu Gott durch die Verdienste seines eifrigen Dieners Franz Xaver, daß eine solche Seele zu aufrichtiger Reue geführt werden und daß die heilige Kommunion am diesjährigen Tag des heiligen Franz ein dauernder Bund zwischen Gott und dieser Seele sein möge. Mögen diese Exerzitien für den Gerechten und den Ungerechten, den Heiligen und den Sünder gleichermaßen unvergeßlich sein.

– Helft mir, meine lieben jungen Brüder in Christo. Helft mir mit eurer frommen Aufmerksamkeit, mit eurer eigenen Andacht, mit eurem äußeren Gebaren. Verbannt aus eurem Sinn alle weltlichen Gedanken und denkt nur an die letzten Dinge, Tod, Gericht, Hölle und Himmel. Wer dieser Dinge gedenkt, so spricht Ecclesiastes, der wird nie eine Sünde begehen. Wer der letzten Dinge gedenkt, der wird sie stets bei seinem Tun und Denken vor Augen haben. Der wird ein gutes Leben führen und einen guten Tod sterben, glaubt er und weiß er doch, daß, opferte er auch viel in diesem irdischen Leben, es ihm hundert- und tausendfach im künftigen Leben, in dem Reich ohne Ende vergolten wird – ein Segen, meine lieben Knaben, den ich euch von ganzem Herzen wünsche, jedem und allen zumal, im Namen des Vaters und des Sohnes und des Heiligen Geistes. Amen.

Als er mit schweigenden Gefährten heimwärts ging, schien ein dichter Nebel seinen Geist zu umschließen. Er wartete in geistiger Stumpfheit, daß er sich höbe und offenbare, was er verborgen hatte. Er aß sein Essen mit grämlichem Appetit, und als die Mahlzeit vorüber war und die fettverschmierten Teller verlassen auf dem Tisch standen, stand er auf und ging zum Fenster, räumte den dicken Schaum mit der Zunge aus dem Mund und leckte ihn von den Lippen. So war er also auf die Stufe eines Tiers gesunken, das sich nach dem Fleisch die Lefzen leckt. Das war das Ende; und ein schwacher Angstschimmer begann durch den Nebel seines Geistes zu stechen. Er preßte sein Gesicht an die Fensterscheibe und schaute auf die dunkel werdende Straße hinaus. Formen streiften hierhin und dahin durch das trübe Licht. Und das war das Leben. Die Lettern des Namens Dublin drückten schwer auf seinen Geist, stießen einander mit langsamem stoffeligem Stehvermögen grämlich nach hier und nach da. Seine Seele wurde dick und dicker und gerann zu feistem Fett, tauchte in ihrer trüben Angst immer tiefer in eine düstere drohende Dämmerung, während dieser Körper, der ihm gehörte, teilnahmslos und entehrt dastand und aus dunkel gewordenen Augen, hilflos, verstört und menschlich, ausschaute nach einem bovinen Gott, auf den er seinen Blick heften könnte.

Der nächste Tag brachte Tod und Gericht und störte langsam seine Seele aus ihrer teilnahmslosen Verzweiflung auf. Der schwache Angstschimmer wurde zu geistlichem Terror, als die heisere Stimme des Predigers Tod in seine Seele blies. Er durchlitt ihre Agonie. Er spürte den Todesschauder seine Glieder berühren und herzhin kriechen, spürte wie die Todestrübung die Augen verschleierte, die hellichten Zentren des Hirns eins ums andre ausgelöscht wurden wie Lampen, der letzte Schweiß auf der Haut ausdünstete, die Kraftlosigkeit der sterbenden Glieder, die Rede sich verdickte und irrging und versagte, das Herz schwach klopfte und noch schwächer, schon fast bezwungen, der Atem, der arme Atem, der arme hilflose Menschengeist, wie er schluchzte und seufzte, gluckste und rasselte in der Kehle. Keine Hilfe! Keine Hilfe! Er, er selber, sein Körper, dem er nachgegeben hatte, lag im Sterben. Ins Grab mit ihm! Nagelt ihn ein in eine Holzkiste, den Kadaver. Tragt ihn aus dem Haus auf den Schultern von Mietlingen. Werft ihn, verbannt vom Angesicht der Menschen, in ein langes Loch im Grund, ins Grab, zu faulen, die Masse seiner kriechenden Würmer zu füttern und von trippelnden dickbäuchigen Ratten verschlungen zu werden.

Und während die Freunde noch in Tränen an der Bettseite standen, wurde die Seele des Sünders gerichtet. Im letzten Augenblick des Bewußtseins zog das ganze irdische Leben vor dem Blick der Seele vorüber und, ehe denn sie Zeit zum Nachdenken hatte, war der Körper gestorben und die Seele stand erschreckt vor dem Richterstuhl. Gott, der lang barmherzig gewesen war, würde nun gerecht sein. Er war lange duldsam gewesen, hatte mit der sündigen Seele gerechtet, ihr Zeit gegeben zu bereuen, eine Weile noch sie verschont. Doch diese Zeit war um. Es hatte eine Zeit zu sündigen und sichs wohl sein zu lassen, eine Zeit, Gott und die Warnungen Seiner heiligen Kirche zu höhnen, eine Zeit, Seiner Majestät zu trotzen, Seinen Geboten ungehorsam zu sein, die Mitmenschen hinters Licht zu führen, Sünde um Sünde und Sünde um Sünde zu begehen und die eigene Verderbnis vorm Angesicht der Menschen zu verbergen. Doch diese Zeit war vorüber. Nun war Gott an der Reihe: und Er ließ sich nicht hinters Licht führen oder täuschen. Jede Sünde käme da aus ihrem Schlupfloch hervor, die rebellischste gegen den göttlichen Willen und die für unsere arme verderbte Natur erniedrigendste, die winzig-

ste Unvollkommenheit und die verruchteste Ungeheuerlichkeit. Was half es da, ein großer Kaiser gewesen zu sein, ein großer General, ein fabelhafter Erfinder, der Gelehrteste der Gelehrten? Alle waren eins vor dem Richterstuhl Gottes. Er würde die Guten belohnen und die Bösen strafen. Ein einziger Augenblick genügte, um eine Menschenseele abzuurteilen. Einen einzigen Augenblick nach dem körperlichen Tod war die Seele ausgewogen. Das Besondere Gericht war vorüber und die Seele war an der Stätte der Seligen angekommen oder im Verließ des Fegfeuers oder war heulend zur Hölle geschleudert worden.
Noch war das alles. Gottes Gerechtigkeit mußte sich noch vor allen Menschen dartun: nach dem Besonderen blieb noch das Weltgericht. Der Jüngste Tag war gekommen. Doomsday war nahe. Die Sterne des Himmels fielen auf die Erde wie die Feigen vom Feigenbaum, den der Wind erschüttert hat. Die Sonne, der größte Lichtträger des Alls, war ein härener Sack geworden. Der Mond war blutrot. Das Firmament war ein zusammengerolltes Buch. Der Erzengel Michael, der Fürst der himmlischen Heerscharen, erschien glorreich und schrecklich am Himmel. Mit einem Fuß auf dem Meer und einem Fuß auf der Erde blies er aus der erzangelischen Posaune den ehernen Tod der Zeit. Die drei Posaunenstöße des Engels erfüllten das ganze All. Zeit ist, Zeit war, doch Zeit wird hinfort nicht mehr sein. Beim letzten Posaunenstoß kommen die Seelen der gesamten Menschheit scharenweise zum Tal Josaphat, reich und arm, gelinde und einfältig, klug und töricht, gut und böse. Die Seele jeden Menschenwesens, das je gelebt, die Seelen all jener, die hinfort geboren werden, alle Söhne und Töchter Adams, alle sind an diesem höchsten Tag versammelt. Und siehe, der höchste Richter erscheint! Nicht länger das demütige Lamm Gottes, nicht länger der sanftmütige Jesus von Nazareth, nicht länger der Schmerzensmann, nicht länger der Gute Hirte, erscheinen sieht man Ihn nun auf den Wolken, mit großer Kraft und Herrlichkeit, geleitet von neun Engelchören, Engeln und Erzengeln, Fürstentümern, Gewalten und Tugen-

den, Thronen und Herrschaften, Cherubim und Seraphim, Gott den Allmächtigen, Gott den Ewig-Vater. Er spricht: und Seine Stimme hört man selbst an den fernsten Grenzen des Raumes, selbst in der bodenlosen Tiefe. Höchster Richter, gegen Sein Urteil wird es und kann es keinen Einspruch geben. Er ruft die Gerechten auf Seine Seite und heißt sie in das Reich eintreten, die ewige Glückseligkeit, die für sie bereitet ist. Die Ungerechten stößt Er von Sich und ruft in Seiner beleidigten majestätischen Herrlichkeit: *Gehet hin von mir, ihr Verfluchten, in das ewige Feuer, das bereitet ward dem Teufel und seinen Engeln.* O welche Todesqual für die erbärmlichen Sünder! Der Freund wird vom Freunde gerissen, Kinder werden von ihren Eltern gerissen, Gatten von ihren Weibern. Der arme Sünder streckt seine Arme aus nach denen, die ihm teuer waren auf dieser Erdenwelt, nach denen, deren einfältige Andacht er vielleicht verspottet hatte, nach denen, die ihm rieten und ihn auf den rechten Weg zu führen versuchten, nach einem freundlichen Bruder, nach einer liebenden Schwester, nach Mutter und Vater, die ihn so sehr liebten. Doch es ist zu spät: die Gerechten wenden sich ab von den elenden verdammten Seelen, die nun vor aller Augen in der Scheußlichkeit und Bosheit ihres Charakters erscheinen. O ihr Heuchler, O ihr übertünchten Gräber, O ihr, die ihr der Welt ein glattes lächelndes Gesicht zeigt, während eure Seele inwendig ein ekler Sündenpfuhl ist, wie wird es euch ergehen an diesem schrecklichen Tag?

Und dieser Tag wird kommen, soll kommen, muß kommen; der Tag des Todes und der Tag des Gerichts. Es ist dem Menschen gesetzt, zu sterben, und nach dem Tode das Gericht. Der Tod ist gewiß. Seine Zeit und seine Art sind ungewiß, ob nach langer Krankheit oder nach einem unerwarteten Unglücksfall; Gottes Sohn kommt zu einer Stunde, wenn du Ihn wenig erwartest. Sei darum jeden Augenblick bereit, da du siehst, daß du in jedwedem Augenblick sterben kannst. Der Tod ist unser aller Ende. Tod und Gericht, durch die Sünde unsrer ersten Eltern in die Welt gebracht, sind die dunklen Pforten, die unser Erdendasein schließen, die Pforten, die sich ins Unbekannte und Ungesehne öffnen, Pforten, durch die jede Seele ziehen muß, allein, ohne Unterstützung, es sei denn durch ihre guten Werke, ohne Freund oder Bruder oder Eltern oder Herr, ihr zu helfen, allein und zitternd. Lasset diesen Gedanken euch stets vor Augen sein, und dann können wir nicht sündigen. Der Tod, Grund des Schreckens für den Sünder, ist ein gesegneter Augenblick für den, der auf dem rechten Weg gewandelt ist, die Pflichten seines Amtes im Leben erfüllte, seine Morgen- und Abendgebete beobachtete, häufig zum heiligen Sakrament schritt und gute und barmherzige Werke tat. Für den frommen und gläubigen Katholiken, für den Gerechten, ist der Tod kein Grund des Schreckens. War nicht Addison es, der große englische Schriftsteller, der auf seinem Totenbett nach dem sündigen jungen Earl of Warwick schickte, damit er sähe, wie ein Christ seinem Ende begegne? Er, er allein ist es, der fromme und gläubige Christ, der in seinem Herzen sprechen kann:

Grab, wo ist dein Sieg?
Tod, wo ist dein Stachel?

Jedes dieser Worte galt ihm. Gegen seine Sünde, ekel und heimlich, zielte der ganze Zorn Gottes. Das Messer des Predigers war tief in sein sieches Gewissen gedrungen und er spürte jetzt, daß seine Seele in Sünde schwärte. Ja, der Prediger hatte recht. Gott war an der Reihe. Wie ein Tier in seiner Hürde hatte seine Seele sich in ihrem eigenen Dreck niedergelegt, aber die Stöße der Engelsposaune hatten ihn aus der Finsternis der Sünde hinausgetrieben ins Licht. Die Worte der Verdammnis, von dem Engel gerufen, erschütterten in einem Augenblick seinen vermessenen Frieden. Der Wind des jüngsten Tages wehte durch seinen Geist; seine Sünden, die edelsteinäugigen Huren seiner Einbildung, flohen vor dem Hurrikan, quiekten wie Mäuse in ihrem Entsetzen und kauerten unter einer Mähne Haars.

Als er den Platz überquerte, auf dem Heimweg, traf das leichte Gelächter eines Mädchens sein brennendes Ohr. Der zerbrechliche heitere Klang schlug sein Herz stärker denn ein Posaunenstoß und, da er seine Augen nicht zu erheben wagte, wandte er sich zur Seite und schaute, wie er ging, in den Schatten des struppigen Buschwerks. Scham stieg aus seinem geschlagenen Herzen hoch und überflutete sein ganzes Wesen. Das Bild Emmas erschien vor ihm und, unter ihrem Blick, stürzte die Schamflut erneut aus seinem Herzen hervor. Wenn sie wüßte, zu was sein Geist sie sich gefügig gemacht hatte oder wie seine tierische Lust ihre Unschuld zerrissen und auf ihr herumgetrampelt war! War das knabenhafte Liebe? War das Ritterlichkeit? War das Poesie? Die eklen Einzelheiten seiner Exzesse stanken ihm in die Nase: das rußverschmierte Päckchen Bilder, das er im Rauchfang des Kamins versteckt hatte und in Gegenwart von deren schamloser oder gespielt verschämter Lüsternheit er stundenlang gelegen und in Gedanke und Tat gesündigt hatte; seine monströsen Träume, von affenartigen Kreaturen bevölkert und von Huren mit schimmernden Edelsteinaugen; die eklen langen Briefe, die er in der Freude lästerlicher Beichte geschrieben und heimlich Tage und Tage bei sich getragen hatte, nur um sie im Schutz der Nacht ins Gras am Rand eines Feldes zu werfen oder unter eine Tür, die aus den Angeln war, oder in eine Einbuchtung in den Hecken, wo ein Mädchen im Vorübergehen vielleicht auf sie stieße und sie heimlich läse. Irr! Irr! War es möglich, daß er all das getan hatte? Kalter Schweiß brach auf seiner Stirn aus, als die eklen Erinnerungen sich in seinem Hirn verdichteten.

Als die Agonie der Scham von ihm gegangen war, versuchte er seine Seele aus ihrer verworfenen Ohnmacht zu erheben. Gott und die Gebenedeite Jungfrau waren für ihn zu weit: Gott war zu groß und streng und die Gebenedeite Jungfrau zu rein und heilig. Aber er stellte sich vor, daß er neben Emma in einem weiten Land stand und, demütig und in Tränen, sich beugte und den Ellbogen ihres Ärmels küßte.

In dem weiten Land, unter einem zarten lichten Abendhimmel

– eine Wolke trieb inmitten des bleichgrünen Himmelsmeers gen Westen –, standen sie beisammen, Kinder, die geirrt hatten. Ihr Irren hatte Gottes Majestät tief beleidigt, obschon es das Irren zweier Kinder war, doch es hatte nicht sie beleidigt, deren Schönheit *nicht irdischer Schönheit gleicht, gefährlich sie anzuschaun, sondern gleich dem Morgenstern, der ihr Emblem ist, hellicht und wie Musik.* Die Augen waren nicht beleidigt, die sie auf sie richtete, noch vorwurfsvoll. Sie legte ihre Hände zusammen, Hand in Hand, redete zu ihren Herzen und sprach:

– Nehmt euch an den Händen, Stephen und Emma. Es ist im Himmel jetzt ein wunderschöner Abend. Ihr habt geirrt, doch ihr seid immer meine Kinder. Es ist ein Herz, das ein andres Herze liebt. Nehmt euch zusammen an den Händen, meine lieben Kinder, und ihr werdet glücklich zusammen sein und eure Herzen werden einander lieben.

Die Kapelle war von dem trüben scharlachroten Licht erfüllt, das durch die herabgezogenen Vorhänge sickerte; und durch den Spalt zwischen dem letzten Vorhang und dem Schieberahmen drang ein Strahl fahlen Lichts herein wie ein Speer und berührte die embossierten Messingverzierungen der Kerzenständer auf dem Altar, die wie die schlachtgestählte Panzerrüstung von Engeln schimmerten.

Regen fiel auf die Kapelle, auf den Garten, auf das College. Es würde für immer regnen, tonlos. Das Wasser würde steigen, Zoll um Zoll, das Gras und Buschwerk bedecken, die Bäume und Häuser bedecken, die Denkmäler und die Bergesgipfel bedecken. Alles Leben würde erstickt sein, tonlos: Vögel, Menschen, Elefanten, Schweine, Kinder: tonlos treibende Kadaver zwischen den Trümmern der schiffbrüchigen Welt. Vierzig Tage und vierzig Nächte würde der Regen fallen, bis die Wasser das Gesicht der Erde bedeckten.

Das könnte doch sein. Warum nicht?

– *Schon öffnet die Hölle ihre Seele und sperrt ihren Rachen maßlos auf* – Worte, meine lieben jungen Brüder in Christo Jesu, aus dem Buch Jesaja, im fünften Kapitel, Vers vierzehn.

Im Namen des Vaters und des Sohnes und des Heiligen Geistes.
Der Prediger zog eine kettenlose Uhr aus einer Tasche in seiner Soutane, und nachdem er über dem Zifferblatt einen Augenblick in Schweigen sinniert hatte, legte er sie schweigend vor sich auf den Tisch.
Er begann mit leiser Stimme zu sprechen.
– Adam und Eva, meine lieben Knaben, waren, wie ihr wißt, unsere ersten Eltern und ihr werdet euch erinnern, daß sie von Gott geschaffen wurden, auf daß die Stühle im Himmel, die durch den Fall Luzifers und seiner rebellischen Engel frei geworden waren, wieder besetzt würden. Luzifer, heißt es, war ein Sohn der Morgenröte, ein strahlender und mächtiger Engel; dennoch fiel er: er fiel und da fiel mit ihm ein Dritteil der himmlischen Heerscharen: er fiel und ward mit seinen rebellischen Engeln zur Hölle geschleudert. Welches seine Sünde war, können wir nicht sagen. Die Theologen ziehen die Sünde des Stolzes in Erwägung, den sündigen Gedanken, der in einem Augenblick empfangen und geboren ward: *non serviam: Ich will nicht dienen.* Dieser Augenblick war sein Untergang. Er beleidigte die Majestät Gottes durch den sündigen Gedanken eines Augenblicks und Gott stieß ihn aus dem Himmel in die Hölle für immer.
– Adam und Eva wurden dann von Gott geschaffen und nach Eden gesetzt, in die Gegend von Damaskus, diesen lieblichen Garten, funkelnd vor Sonnenlicht und Farben, strotzend vor üppigem Pflanzenwuchs. Die fruchtbare Erde schenkte ihnen ihre Gaben: Tiere und Vögel waren ihre willfährigen Diener: sie kannten nicht die Übel, die unsers Fleisches Erbteil, Krankheit und Armut und Tod: alles was ein großer und edelmütiger Gott für sie tun konnte, ward getan. Aber es gab eine Bedingung, die ihnen von Gott auferlegt war: Gehorsam gegenüber Seinem Wort. Von der Frucht des verbotenen Baumes sollten sie nicht essen.
– Aber ach, meine lieben jungen Knaben, es fielen auch sie. Der Teufel, einst ein glänzender Engel, ein Sohn der Morgen-

röte, nun ein ekler Erzfeind, kam in Gestalt einer Schlange, des listigsten aller Tiere auf dem Felde. Er beneidete sie. Er, der gefallene Große, konnte den Gedanken nicht ertragen, daß der Mensch, ein Geschöpf aus Erde, das Erbe besitzen sollte, das er durch seine Sünde für immer verwirkt hatte. Er kam zu der Frau, dem schwächeren Gefäß, und goß das Gift seiner Rede in ihr Ohr und versprach ihr – O über die Lästerung dieses Versprechens! –, wenn sie und Adam von der verbotenen Frucht äßen, würden sie sein wie Götter, nein mehr: wie Gott Selbst. Eva gab den Ränken des Erzversuchers statt. Sie aß den Apfel und gab ihn auch Adam, der nicht den moralischen Mut hatte, ihr zu widerstehen. Die giftige Zunge Satans hatte ihr Werk getan. Sie fielen.

– Und dann war die Stimme Gottes im Garten zu hören, der Seine Kreatur, den Menschen, zur Rechenschaft rief: und Michael, der Fürst der himmlischen Heerscharen, erschien mit einem Flammenschwert in der Hand vor dem schuldigen Paar und trieb sie fort aus Eden und in die Welt, die Welt der Krankheit und des Haders, der Grausamkeit und der Enttäuschung, der Arbeit und der Mühsal, um sich im Schweiße ihres Angesichts ihr Brot zu verdienen. Doch wie barmherzig war Gott selbst dann noch! Er empfand Mitleid mit unseren armen erniedrigten Eltern und versprach, daß Er, wenn die Zeit erfüllt wäre, vom Himmel Einen herabschicken würde, der sie erlösen, sie wieder zu Kindern Gottes und zu Erben des Himmelreichs machen werde: und dieser Eine, dieser Erlöser des gefallenen Menschen, sollte Gottes eingeborener Sohn sein, die Zweite Person der Allerheiligsten Dreifaltigkeit, das Ewige Wort.

– Er kam. Er wurde von einer reinen Jungfrau geboren, von Maria, der jungfräulichen Mutter. Er wurde in einem armen Kuhstall in Judäa geboren und lebte dreißig Jahre lang als bescheidener Zimmermann, bis die Stunde Seiner Sendung gekommen war. Und dann, von Liebe zu den Menschen erfüllt, ging Er hin und rief den Menschen, das neue Evangelium zu hören.

– Taten sie die Ohren auf? Ja, sie taten die Ohren auf, doch hörten nicht. Er wurde ergriffen und gebunden wie ein gemeiner Verbrecher, verhöhnt als ein Narr, beiseite geschoben um eines berüchtigten Räubers willen, gegeißelt mit fünftausend Streichen, gekrönt mit einer Dornenkrone, gestoßen durch die Straßen vom jüdischen Pöbel und der römischen Soldateska, Seiner Kleider beraubt und an einen Galgen gehängt und mit einer Lanze in Seine Seite gestochen, und aus dem verwundeten Leib Unseres Herrn strömten Wasser und Blut fort und fort.
– Doch sogar da, in jener Stunde höchster Todespein hatte Unser Barmherziger Erlöser Mitleid mit der Menschheit. Doch sogar dort, auf dem Kalvarienberg, gründete Er die heilige katholische Kirche, die, wie es verheißen ist, die Pforten der Hölle nicht überwältigen sollen. Er gründete sie auf den Fels der Jahrhunderte und begabte sie mit Seiner Gnade, mit Sakrifizium und Sakramenten, und verhieß, wenn Menschen dem Wort Seiner Kirche gehorchten, daß sie dann dennoch ins ewige Leben eingehen würden, wenn sie aber, nach all dem, was für sie getan worden wäre, dennoch in ihrer Sündhaftigkeit verharrten, daß dann für sie nur eine Ewigkeit der Qual bliebe: die Hölle.
Die Stimme des Predigers sank. Er hielt ein, legte einen Moment seine Handflächen aneinander, trennte sie wieder. Dann fuhr er fort:
– Nun wollen wir versuchen, uns einen Augenblick, so weit wir das können, die Natur jener Stätte der Verdammten zu vergegenwärtigen, welche die Gerechtigkeit eines beleidigten Gottes ins Dasein rief zur ewigen Strafe der Sünder. Die Hölle ist ein enger und dunkler und ekelriechender Kerker, eine Stätte von Dämonen und verlorenen Seelen, voller Feuer und Rauch. Die Enge dieses Kerkerturms wurde ausdrücklich von Gott erdacht, um jene zu strafen, die die Bindung an Seine Gesetze verweigerten. In irdischen Kerkern hat der arme Gefangene wenigstens eine gewisse Bewegungsfreiheit, und wenn auch nur innerhalb der vier Wände seiner Zelle oder auf

dem düsteren Hof seines Kerkers. Nicht so in der Hölle. Dort sind, aus Gründen der großen Anzahl der Verdammten, die Gefangenen zusammengepfercht in ihrem furchtbaren Kerker, von dessen Mauern es heißt, sie seien viertausend Meilen dick: und die Verdammten sind so ganz und gar gebunden und hilflos, daß sie, wie ein seliger Heiliger, der Heilige Anselm, in seinem Buch über die Gleichnisse schreibt, nicht einmal imstande sind, aus dem Auge den Wurm zu entfernen, der an ihm nagt.

– Sie liegen und Finsternis ist um sie her. Denn, erinnert euch, das Feuer der Hölle spendet kein Licht. So wie, auf Gottes Geheiß, das Feuer des babylonischen Ofens seine Glut verlor aber nicht sein Licht, so brennt, auf Gottes Geheiß, das Feuer der Hölle in ewiger Finsternis, bewahrt jedoch die Stärke seiner Glut. Es ist ein niemals endender Sturm aus Finsternis, finstern Flammen und finsterm Rauch aus brennendem Schwefel, worin die Leiber gedrängt liegen, einer über dem andern, ohne auch nur einen Schimmer von Luft. Von allen Plagen, mit denen das Land Pharaohs geschlagen ward, wurde nur eine einzige, die der Finsternis, grauenhaft genannt. Wie sollen wir dann die Finsternis der Hölle heißen, die nicht drei Tage nur währen soll, sondern die ganze Ewigkeit?

– Das Grauen dieses engen und dunklen Kerkers wird erhöht durch seinen grauenhaften Gestank. Aller Dreck der Welt, aller Unrat und Abschaum der Welt, heißt es, läuft dort zusammen, wie in einer weiten stinkigen Gosse, wenn die schreckliche Feuersbrunst des jüngsten Tages die Welt reingefegt hat. Auch der Schwefel, der dort in so ungeheuren Mengen brennt, erfüllt die Hölle mit seinem unerträglichen Gestank; und die Leiber der Verdammten selber dünsten einen so pestilenzialischen Ruch aus, daß, wie der Heilige Bonaventura sagt, ein einziger genügen würde, die ganze Welt anzustecken. Die Luft selbst dieser Welt, dies reine Element, wird faul und nicht mehr atembar, wenn sie lange abgeschlossen worden ist. Rechnet euch danach aus, wie die Fäule der Höllenluft sein muß. Stellt euch einen fauligen und verwesten

Leichnam vor, der modernd und zerfallend im Grab gelegen hat, eine gallertartige Masse flüssiger Zersetzung. Stellt euch vor, wie solch ein Leichnam eine Beute der Flammen wird, verschlungen wird vom Feuer brennenden Schwefels und dichte erstickende Schwaden ekelerregender widerwärtiger Fäulnis von sich gibt. Und dann stellt euch diesen Gestank, von dems einem übel wird, vor, millionen- und abermillionenfach vervielfacht durch die Millionen um Millionen mephitischer Kadaver, die in der stinkigen Finsternis aufgetürmt sind, ein riesiger und modernder menschlicher Fungus. Stellt euch all das vor und ihr habt eine gewisse Idee vom Grauen des Höllengestanks.

– Doch dieser Gestank ist nicht, greulich wie er ist, die größte Körperqual, der die Verdammten ausgesetzt sind. Die Feuerqual ist die schlimmste Qual, der die Tyrannen je ihre Mitgeschöpfe ausgesetzt haben. Steckt euren Finger einen Augenblick in die Flamme einer Kerze und ihr werdet den Schmerz des Feuers spüren. Doch unser irdisches Feuer wurde von Gott zum Wohle des Menschen geschaffen, um den Lebensfunken in ihm zu erhalten und ihm in den praktischen Künsten zu helfen, wohingegen das Höllenfeuer von anderer Beschaffenheit ist und von Gott geschaffen wurde, um den unbußfertigen Sünder zu foltern und zu strafen. Ferner verzehrt unser irdisches Feuer mehr oder weniger rasch, abhängig von der mehr oder weniger großen Brennbarkeit des Gegenstandes, den es angreift, so daß es dem menschlichen Geist sogar gelungen ist, chemische Präparate zu erfinden, um seine Wirkung einzudämmen oder zu verhüten. Doch die Schwefelverbindung, die in der Hölle brennt, ist eine Substanz, die eigens erdacht wurde, um für immer und ewig mit unsagbarer Wut zu brennen. Überdies zerstört unser irdisches Feuer zur gleichen Zeit, da es brennt, so daß seine Dauer um so kürzer ist, je intensiver es ist: doch das Höllenfeuer hat die Eigenschaft, das zu erhalten, was es verbrennt, und obwohl es mit unglaublicher Intensität wütet, wütet es immerfort.

– Unser irdisches Feuer ist ferner, wie wild oder weit es auch sein mag, stets nur begrenzt ausgedehnt: doch der Feuersee in der Hölle ist grenzenlos, uferlos und bodenlos. Es ist überliefert, daß der Teufel selbst, als ein gewisser Soldat ihn danach befragte, bekennen mußte, daß, würde ein ganzer Berg in den brennenden Ozean der Hölle geworfen, er in einem Moment verbrannt wäre wie ein Stück Wachs. Und dieses schreckliche Feuer plagt die Leiber der Verdammten nicht allein von außen, denn jede verlorene Seele wird sich selber eine Hölle sein, da das grenzenlose Feuer in ihrem Mark wütet. O wie schrecklich ist das Los dieser elenden Wesen! Das Blut siedet und kocht in den Adern, das Hirn ist im Schädel am Kochen, das Herz in der Brust am Glühen und Zerspringen, die Eingeweide eine rotglühende Masse brennenden Breis, die zarten Augen flammen wie geschmolzene Kugeln.

– Und doch, was ich über die Stärke und Beschaffenheit und Grenzenlosigkeit dieses Feuers gesagt habe, ist wie nichts verglichen mit seiner Intensität, einer Intensität, die es daraus hat, daß es das von dem göttlichen Plan zur Bestrafung von Leib und Seele gleichermaßen auserwählte Werkzeug ist. Es ist ein Feuer, das dem Zorne Gottes direkt entspringt und nicht aus seiner eigenen Kraft heraus wirkt, sondern als Werkzeug der göttlichen Rache. Wie die Wasser der Taufe die Seele mit dem Leibe reinigen, so foltern die Feuer der Bestrafung den Geist mit dem Fleisch. Jeder Sinn des Fleisches wird gefoltert und jedes Vermögen der Seele mit dazu: die Augen durch undurchdringliche äußerste Finsternis, die Nase durch verderbliche Gerüche, die Ohren durch Geschrei und Geheul und Verwünschungen, der Geschmack durch faule Materie, lepröse Zersetzung, namenlosen würgenden Dreck, der Tastsinn durch rotglühende Stacheln und Dornen, durch grausame Flammenzungen. Und mittels der verschiedenen Qualen der Sinne wird die unsterbliche Seele in ihrem innersten Kern ewiglich gefoltert inmitten der Meilen und Meilen glühender Feuer, die die beleidigte Majestät des Allmächtigen Gottes im Abgrund entzündet hat und die der Odem des Zornes der Gottheit zu immerwährender und immerwachsender Wut anfacht.

– Bedenket schließlich, daß die Qual dieses infernalischen Kerkers durch die Gesellschaft der Verdammten selber noch wächst. Böse Gesellschaft auf Erden ist bereits so verderblich, daß selbst die Pflanzen sich, wie durch Instinkt, von der Gesellschaft all dessen abziehen, was für sie tödlich oder schädlich ist. In der Hölle sind alle Gesetze umgestülpt: es gibt keinen Gedanken an Familie oder Vaterland, an Bindungen, an Verwandtschaft. Die Verdammten heulen und kreischen aufeinander ein, und ihre Folter und Raserei intensiviert sich durch die Gegenwart von Wesen, die wie sie gefoltert werden und rasen. Jegliche menschliche Regung ist vergessen. Die Schreie der leidenden Sünder reichen bis in die fernsten Ecken des weiten Abgrunds. Die Münder der Verdammten platzen vor Lästerungen gegen Gott und vor Haß gegen die, die mit ihnen leiden, und vor Flüchen gegen jene Seelen, die ihre Komplizen waren in der Sünde. In alten Zeiten war es der Brauch, den Parrizida zu bestrafen, den Mann, der seine mörderische Hand gegen den eigenen Vater erhoben hatte, indem man ihn in die Tiefen des Meers in einem Sack warf, in dem ein Hahn, ein Affe und eine Schlange steckten. Es war die Absicht jener Gesetzgeber, die ein solches Gesetz, das in unseren Zeiten grausam erscheint, ersannen, den Verbrecher durch die Gesellschaft schändlichen und schädlichen Viehzeugs zu bestrafen. Doch was ist die Wut des dumpfen Viehs verglichen mit der Wut der Verwünschungen, die aus den ausgedörrten Lippen und wehen Kehlen der Verdammten in der Hölle hervorbricht, wenn sie in ihren Gefährten im Jammer jene erkennen, die ihnen in der Sünde beistanden und Vorschub leisteten, jene deren Worte die ersten Samenkörner böser Gedanken und böser Lebensführung ihnen ins Gemüt säten, jene deren schamlose Einflüsterungen sie in die Sünde trieben, jene deren Blicke sie versuchten und weglockten vom Pfad der Tugend. Sie stehen auf gegen diese Komplizen und stellen sie zur Rede und fluchen ihnen. Doch sie sind ohne Hilfe, ohne Hoffnung: zu spät ist es jetzt für die Reue.
– Zu allerletzt bedenkt die furchtbarliche Qual, die den ver-

dammten Seelen, Versuchern und Versuchten gleichermaßen, von der Gesellschaft der Teufel erwächst. Diese Teufel werden die Verdammten auf zweierlei Arten plagen, durch ihre Gegenwart und durch ihre Vorwürfe. Wir können uns keine Vorstellung machen, wie greulich diese Teufel sind. Die Heilige Katharina von Siena sah einmal einen Teufel, und sie hat geschrieben, lieber als noch einmal auch nur einen einzigen Moment ein solch furchtbarliches Monstrum zu schauen, würde sie bis ans Ende ihrer Tage auf einem Weg roter Kohlen wandeln. Diese Teufel, die einstens wunderschöne Engel waren, sind so scheußlich und häßlich geworden, wie sie einst schön waren. Sie verspotten und höhnen die verlorenen Seelen, die sie hinunter in den Untergang schleiften. Sie sind es, die eklen Dämonen, aus denen in der Hölle die Stimme des Gewissens geworden ist. Warum hast du gesündigt? Warum hast du dein Ohr den Versuchungen der Erzfeinde geliehen? Warum hast du dich abgekehrt von deinen frommen Übungen und guten Werken? Warum hast du nicht die Gelegenheiten zur Sünde gemieden? Warum hast du diesen bösen Gefährten nicht verlassen? Warum hast du diese unzüchtige Gewohnheit nicht aufgegeben, diese unkeusche Gewohnheit? Warum hast du nicht auf den Rat deines Beichtigers gehört? Warum hast du nicht, selbst nachdem du das erste Mal gefallen warst, oder das zweite oder das dritte oder das vierte oder das hundertste Mal, deine Schlechtigkeit bereut und dich an Gott gewandt, der nur auf deine Reue wartete, um dich von deinen Sünden loszusprechen? Nun ist die Zeit für die Reue vorbei. Zeit ist, Zeit war, doch Zeit wird hinfort nicht mehr sein! Es hatte eine Zeit, heimlich zu sündigen, Trägheit und Stolz zu frönen, Ungesetzliches zu begehren, den Einflüsterungen deiner niedrigeren Natur nachzugeben, wie die Tiere auf dem Felde zu leben, nein schlimmer als die Tiere auf dem Felde, denn sie sind immerhin nur animalische Geschöpfe und haben keinen Verstand, der sie leitet: Zeit war, doch Zeit wird hinfort nicht mehr sein. Gott sprach zu dir in so vielen Stimmen, doch du wolltest nicht hören. Du wolltest diesen Stolz und diesen Zorn in deinem Herzen nicht zerstampfen, du wolltest jenes ungerechte Gut nicht zurückerstatten, du wolltest den Geboten deiner heiligen Kirche nicht gehorchen noch deine religiösen Pflichten beobachten, du wolltest diese bösen Gefährten nicht aufgeben, du wolltest jenen gefährlichen Versuchungen nicht aus dem Weg gehen. Solches ist die Sprache dieser erzfeindlichen Peiniger, Worte des Spottes und des Vorwurfs, des Hasses und des Ekels. Des Ekels, jawohl! Denn sogar sie, sogar die Teufel, sündigten, als sie sündigten, allein durch eine solche Sünde, die solchen englischen Naturen angemessen war, durch eine Rebellion des Geistes: und sie, sogar sie, die eklen Teufel, müssen sich abkehren, angewidert und voll Abscheu, von der Betrachtung dieser unsagbaren Sünden, durch die der erniedrigte Mensch den Tempel des Heiligen Geistes entehrt und schändet, sich selber schändet und befleckt.

– O meine lieben jungen Brüder in Christo, möge es unser Los nie sein, diese Sprache zu hören! Möge es unser Los nie sein, sage ich! Am jüngsten Tag der schrecklichen Abrechnung, des bitte ich Gott inbrünstig, möge da nicht eine einzige Seele von denen, die heute in dieser Kapelle sind, unter den erbärmlichen Wesen zu finden sein, die der Große Richter auf immer von seinem Angesicht hinzugehen heißt, möge nicht *einer* von uns das grauenhafte Urteil der Verwerfung je in seinen Ohren gellen hören: *Gehet hin von mir, ihr Verfluchten, in das ewige Feuer, das bereitet ist dem Teufel und seinen Engeln!*

Er kam das Seitenschiff der Kapelle herunter, die Beine bebten ihm und seine Kopfhaut zitterte, als hätten Geisterfinger sie berührt. Er ging die Treppe hinauf und in den Korridor, an dessen Wänden die Überzieher und Regenmäntel wie Übeltäter am Galgen hingen, kopflos und tröpfelnd und formlos. Und bei jedem Schritt fürchtete er, daß er schon gestorben wäre, daß seine Seele aus der Hülle seines Leibs gezerrt sei, daß er kopfüber durch den Raum stürze.

Er konnte keinen Halt mit den Füßen auf dem Boden finden und setzte sich schwer an sein Pult, schlug ein Buch irgendwo auf und brütete darüber. Jedes Wort für ihn! Es war wahr.

Gott war allmächtig. Gott konnte ihn jetzt rufen, ihn rufen wie er da an seinem Pult saß, bevor er Zeit hätte, sich des Aufrufs bewußt zu werden. Gott hatte ihn gerufen. Ja? Was? Ja? Sein Fleisch schrumpfte zusammen, als es die Nähe der heißhungrigen Flammenzungen spürte, trocknete aus, als es den Wirbel erstickender Luft um sich spürte. Er war gestorben. Ja. Er war gerichtet. Eine Feuerwoge fegte ihm durch den Leib: die erste. Wieder eine Woge. Sein Hirn begann zu glühen. Noch eine. Sein Hirn wallte und brodelte im knackenden Schädelgehäus. Flammen schlugen wie eine Koralle aus dem Schädel und kreischten wie Stimmen:

– Hölle! Hölle! Hölle! Hölle! Hölle!

Stimmen sprachen neben ihm:

– Über die Hölle.

– Er hats euch wohl mal ordentlich gegeben.

– Da können Sie Gift drauf nehmen. Der hat uns allen sagenhaft Schiß gemacht.

– Das tut euch Burschen nur gut; und nicht zu knapp, damit ihr was schafft.

Er lehnte sich schwach in seinem Pult zurück. Er war nicht gestorben. Gott hatte ihn noch verschont. Noch war er in der vertrauten Schulwelt. Mr. Tate und Vincent Heron standen am Fenster, redeten, scherzten, sahen hinaus in den trüben Regen, bewegten ihre Köpfe.

– Ich wünschte, 's würde sich aufklären. Ich hab mit ein paar Leuten per Rad einen Spritzer nach Malahide machen wollen. Aber die Straßen müssen knietief sein.

– Vielleicht klärt sichs auf, Sir.

Die Stimmen, die er so gut kannte, die gewöhnlichen Wörter, die Stille des Klassenzimmers, als die Stimmen verstummten und das Schweigen vom Geräusch leise grasenden Viehs erfüllt war, wie die anderen Knaben gelassen ihre Brote mampften, das lullte seine wehe Seele ein.

Es war immer noch Zeit. O Maria, Zuflucht der Sünder, lege Fürsprache für ihn ein! O Unbefleckte Jungfrau, rette ihn aus des Todes Schlund!

Die Englischstunde begann mit dem Abhören der Geschichte. Königliche Gestalten, Günstlinge, Intriganten, Bischöfe zogen wie stumme Phantome hinter ihrem Namensschleier vorüber. Alle waren gestorben: alle waren gerichtet. Was hülfe es dem Menschen, wenn er die ganze Welt gewönne und nähme an seiner Seele Schaden! Endlich hatte er verstanden: und Menschenleben war um ihn her, ein Tal des Friedens, darin ameisengleiche Menschen in Brüderlichkeit sich mühten, und ihre Toten schliefen unter stillen Hügeln. Der Ellbogen seines Nachbarn berührte ihn und rührte sein Herz: und als er sprach, um eine Frage seines Lehrers zu beantworten, hörte er, daß seine eigene Stimme erfüllt war von der Stillheit der Demut und der Zerknirschung.
Seine Seele sank tiefer in die Tiefen zerknirschten bußfertigen Friedens, nicht länger imstand, die Pein der Furcht zu ertragen, und sandte, wie sie sank, ein schwaches Gebet empor. Ja, ja, er würde noch verschont werden; er würde in seinem Herzen bereuen und Vergebung erlangen; und dann würden die droben, die im Himmel, sehen, was er täte, um das Vergangene wieder gutzumachen: ein ganzes Leben lang, jede Stunde des Lebens. Wartet nur.
– Alles, Gott! Alles, alles!
Ein Bote kam an die Tür und sagte, in der Kapelle würde jetzt Beichte gehört. Vier Knaben verließen das Zimmer; und er hörte andere den Korridor entlanggehen. Zitterndes Frösteln blies um sein Herz, nicht stärker als ein leichter Wind, und doch schien er, wie er lauschte und leise litt, ein Ohr an den Muskel seines eigenen Herzens gelegt zu haben, nah spürte er es ja, und fliegen, lauschte auf das Flattern seiner Kammern. Kein Entrinnen. Er mußte beichten, in Worten aussprechen, was er getan und gedacht hatte, Sünde um Sünde. Wie? Wie?
– Vater, ich ...
Der Gedanke glitt wie ein kaltes glänzendes Rapier in sein zartes Fleisch: Beichte. Aber nicht da in der Kapelle des College. Er würde alles, jede Sünde in Tat und Gedanken, aufrichtig beichten: aber nicht da unter seinen Schulgefährten.

Weit weg von da, an dunklem Ort, würde er seine eigene Schande herausmurmeln: und er beschwor demütig Gott, nicht über ihn erzürnt zu sein, wenn er es nicht wage, in der College-Kapelle zu beichten: und in der tiefsten Erniedrigung des Geistes flehte er die Knabenherzen, die um ihn waren, stumm an um Vergebung.

Zeit verging.

Wieder saß er in der vordersten Bank der Kapelle. Das Tageslicht draußen ließ bereits nach, und wie es langsam durch die mattroten Vorhänge fiel, schien es, als ginge die Sonne des letzten Tages unter und als würden alle Seelen zu dem Gericht versammelt.

– *Verstoßen bin ich aus Deinen Augen:* Worte, meine lieben jungen Brüder in Christo, aus dem Buch der Psalmen, im dreißigsten Kapitel, Vers dreiundzwanzig. Im Namen des Vaters und des Sohnes und des Heiligen Geistes. Amen.

Der Prediger begann in ruhig-nettem Ton zu sprechen. Sein Gesicht war freundlich und er legte die Finger beider Hände sanft aneinander und formte durch die Verbindung ihrer Spitzen einen zerbrechlichen Käfig.

– Heute morgen waren wir in unserer Reflexion über die Hölle bestrebt, das darzustellen, was unser heiliger Gründer in seinem Buch geistlicher Übungen den Aufbau des Schauplatzes nennt. Das heißt, wir waren bestrebt, mit den Sinnen des Verstandes, in unserer Vorstellungskraft, uns den Charakter dieses grauenhaften Ortes körperlicher Qualen, die alle, die in der Hölle sind, erdulden, in seiner Stofflichkeit vorzustellen. Diesen Nachmittag werden wir einige Augenblicke die Natur der geistigen Höllenqualen bedenken.

– Die Sünde, erinnert euch, ist eine zwiefache Ungeheuerlichkeit. Sie ist eine unedle Zustimmung zu den Einflüsterungen unserer verderbten Natur zu den niedrigeren Instinkten, zu dem, was schändlich und tierisch ist; und sie ist ferner eine Abkehr von dem Rat unserer höheren Natur, von allem, das rein und heilig ist, von dem Heiligen Gott Selbst. Aus diesem Grund wird die Todsünde in der Hölle durch zwei verschiedene Formen der Bestrafung gestraft, durch eine körperliche und eine geistige.

– Nun ist von all diesen geistigen Schmerzen bei weitem der größte der Schmerz des Verlusts, so groß in der Tat, daß er allein eine größere Qual ist als all die andern. Sankt Thomas, der größte Doktor der Kirche, der angelische Doktor, wie er genannt wird, sagt, die schlimmste Verdammnis bestünde darin, daß der Verstand des Menschen des göttlichen Lichts absolut beraubt und sein Liebesvermögen störrisch abgekehrt sei von der Güte Gottes. Gott, erinnert euch, ist ein unendlich gütiges Wesen und darum muß der Verlust eines solchen Wesens ein unendlich schmerzlicher Verlust sein. In diesem Leben haben wir keine sehr klare Idee davon, was ein solcher Verlust bedeuten muß, aber die Verdammten in der Hölle haben, zu ihrer größeren Qual, die volle Einsicht in das, was sie verloren haben, und sehen ein, daß sie es durch ihre eigenen Sünden verloren haben, und für immer verloren haben. Genau im Augenblick des Todes werden die Fesseln des Fleisches zerbrochen und die Seele fliegt sofort zu Gott. Die Seele strebt zu Gott wie zum Zentrum ihrer Existenz. Erinnert euch, meine lieben jungen Knaben, unsere Seelen sehnen sich danach, mit Gott zu sein. Wir kommen von Gott, wir leben durch Gott, wir gehören zu Gott: wir sind Sein, unveräußerlich Sein. Mit göttlicher Liebe liebt Gott jede menschliche Seele und jede menschliche Seele lebt in dieser Liebe. Wie könnte es anders sein? Jeder Atemzug, den wir tun, jeder Gedanke unseres Hirns, jeder Lebensaugenblick entspringt Gottes unerschöpflicher Güte. Und wenn es Schmerz für eine Mutter bedeutet, von ihrem Kind getrennt zu sein, für einen Mann, von Heim und Herd geschieden, und für den Freund, vom Freund gerissen zu sein, o so bedenkt, welch Schmerz, welche Pein es für die armen Seelen sein muß, aus der Gegenwart des allergütigsten und alliebenden Schöpfers verstoßen zu werden, Der diese Seele aus dem Nichts ins Dasein gerufen und sie im Leben genährt und sie mit unermeßlicher Liebe geliebt hat. Dies also, auf ewig von ihrem größten Gut, von Gott, getrennt zu sein und die Pein dieser Trennung zu spüren, im vollen Bewußtsein, daß sie unveränderbar ist, dies ist die größte Qual, die die geschaffene Seele zu tragen imstand ist, *poena damni*, der Schmerz des Verlusts.

– Der zweite Schmerz, der die Seelen der Verdammten in der Hölle plagen wird, ist der Schmerz des Gewissens. Genau wie in toten Körpern Würmer durch die Verwesung erzeugt werden, so steigt in den Seelen der Verlorenen ein immerwährendes Schuldgefühl aus der Verwesung der Sünde auf, der Stachel des Gewissens, der Wurm, wie Papst Innozenz der Dritte ihn nennt, mit dem dreifachen Stachel. Der erste Stich, den der Stachel dieses grausamen Wurms versetzt, wird die Erinnerung an vergangene Vergnügungen sein. O wie fürchterlich wird die Erinnerung sein! Im See der allesverzehrenden Flamme erinnert sich der stolze König an den Prunk seines Hofes, der weise doch böse Mann an seine Bibliotheken und Forschungsgeräte, der Liebhaber künstlerischer Vergnügungen an seinen Marmor und seine Bilder und andere Kunstschätze, er, den die Vergnügungen der Tafel entzückten, an seine üppigen Gelage, die mit soviel Delikatesse zubereiteten Schüsseln, die erlesenen Weine; der Geizige erinnert sich an seinen Goldhort, der Räuber an seinen unrechtmäßigen Reichtum, die zornigen rachsüchtigen gnadenlosen Mörder an die Blut- und Greueltaten, in denen sie schwelgten, die Unkeuschen und Ehebrecherischen an die unsagbaren und dreckigen Vergnügungen, die sie entzückten. Sie werden sich an alles das erinnern und es wird ihnen ekeln vor sich selbst und ihren Sünden. Denn wie erbärmlich werden all diese Vergnügungen der Seele erscheinen, die dazu verdammt ist, Jahrhunderte um Jahrhunderte im Höllenfeuer zu schmachten. Wie werden sie rasen und schnauben, wenn sie bedenken, daß sie den Segen des Himmels um des Unrats der Erde willen verloren haben, für ein paar Stücke Metall, für eitle Ehren, für körperliche Annehmlichkeiten, für einen Nervenkitzel. Sie werden wahrlich bereuen: und das ist der zweite Stachel des Gewissenswurms, eine späte und fruchtlose Betrübnis begangener Sünden wegen. Die göttliche Gerechtigkeit beharrt darauf, daß die Erkenntnis dieser erbärmlichen Elenden ohne Unterlaß auf die Sünden gerichtet bleibt, deren sie schuldig waren, und darüber hinaus wird Gott ihnen, wie der heilige Augustin feststellt, Sein eigenes Wissen um die Sünde zuteil werden lassen, so daß die Sünde ihnen in all ihrer scheußlichen Boshaftigkeit sich zeigen wird, wie sie den Augen Gottes Selber sich zeigt. Sie werden ihre Sünden in all ihrer Fäule erkennen und bereuen, aber es wird zu spät sein, und sie werden die guten Gelegenheiten beklagen, die sie in den Wind schlugen. Dies ist der letzte und tiefste und grausamste Stachel des Gewissenswurms. Das Gewissen wird sprechen: Du hattest Zeit und Möglichkeit, zu bereuen, und tatsts nicht. Du wurdest von deinen Eltern religiös erzogen. Du hattest die Sakramente und Gnadenerweise und Ablässe der Kirche, die dir beistanden. Du hattest den Diener Gottes, der dir predigte, der dich zurückrief, wenn du gestrauchelt warst, der dir deine Sünden vergab, ganz gleich wie viele, wie widerwärtige, wenn du sie nur gebeichtet und bereut hattest. Nein. Du tatsts nicht. Du höhntest die Diener der heiligen Religion, du kehrtest dem Beichtstuhl den Rücken, du wälztest dich tiefer und tiefer im Schlamm der Sünde. Gott rief dich auf, drohte dir, flehte dich an, zu Ihm zurückzukehren. O welche Schande, welcher Jammer! Der Herrscher des Alls flehte dich an, dich, eine Kreatur aus Erde, Ihn Der dich machte zu lieben und Sein Gesetz nicht zu brechen. Nein. Du tatsts nicht. Und jetzt, überflutetest du auch die ganze Hölle mit deinen Tränen, wenn du noch weinen könntest, so könnte doch dieses ganze Reuemeer nicht für dich gewinnen, was eine einzige Träne echter Reue, während deines sterblichen Lebens vergossen, dir gewonnen hätte. Du bettelst nun um einen Augenblick irdischen Lebens, um in ihm zu bereuen: vergebens. Diese Zeit ist vorbei: auf immer vorbei.

– Solches ist der dreifache Stachel des Gewissens, die Viper, die am Herzkern der Elenden in der Hölle nagt, so daß sie, höllischer Wut voll, sich selber wegen ihrer Torheit fluchen und den bösen Gefährten fluchen, denen sie solches Verderben verdanken und den Teufeln fluchen, die sie im Leben versuchten und die sie nun verspotten und foltern in Ewigkeit, und selbst dem Höchsten Wesen fluchen und es schmähen, Dessen Güte und Geduld sie verhöhnten und verlachten, Dessen Gerechtigkeit und Macht aber sie nicht entrinnen können.

– Der nächste geistige Schmerz, dem die Verdammten ausgesetzt sind, ist der Schmerz der Ausdehnung. Obschon der Mensch in seinem Erdendasein vieler Übeltaten fähig ist, ist er doch nicht aller auf einmal fähig, insofern nämlich eine Übeltat die andere aufhebt und durchkreuzt, ganz wie ein Gift das andere häufig aufhebt. In der Hölle verleiht im Gegenteil eine Qual einer anderen, statt ihr entgegenzuwirken, nur noch größere Kraft: und da darüber hinaus jedes innere Vermögen vollkommener ist als die äußeren Sinne, so hat es auch eine größere Leidensfähigkeit. Ganz wie jeder Sinn mit einer passenden Qual geplagt wird, so auch jedes geistige Vermögen; die Phantasie mit greulichen Bildern, das Empfindungsvermögen abwechselnd mit Sehnsucht und Raserei, Geist und Erkenntnis mit einer inneren Finsternis, die schrecklicher noch als die äußere Finsternis ist, die in diesem fürchterlichen Kerker herrscht. Die Boshaftigkeit, wie ohnmächtig sie immer ist, von der diese Dämonenseelen besessen sind, ist ein Übel von grenzenloser Ausdehnung, von unbegrenzter Dauer, ist ein furchtbarliches Stadium der Sündhaftigkeit, das wir kaum begreifen können, sofern wir uns nicht stets die Ungeheuerlichkeit der Sünde vor Augen halten und den Haß, mit dem Gott sie haßt.

– Im Gegensatz zu diesem Schmerz der Ausdehnung, und doch mit ihm zusammenwirkend, haben wir den Schmerz der Intensität. Die Hölle ist das Zentrum aller Übel, und wie ihr wißt sind die Dinge an ihren Zentren intensiver als an ihren entferntesten Punkten. Es gibt keine Kehrseiten oder Beimischungen irgendwelcher Art, die Schmerzen der Hölle auch nur im geringsten zu lindern oder zu sänftigen. Nein wahrlich, Dinge, die an sich gut sind, werden in der Hölle übel. So wird

Gesellschaft, andernorts eine Quelle des Trostes für die Geplagten, dort zu einer dauernden Qual: wird das Wissen, so heiß ersehnt als das höchste Gut des Geistes, dort schlimmer gehaßt werden als Unwissenheit: wird das Licht, so heiß begehrt von aller Kreatur, vom Herrn der Schöpfung bis hinunter zum bescheidensten Pflänzchen im Walde, zur Quelle intensiven Ekels werden. In diesem Leben dauert unsere Betrübnis entweder nicht sehr lang oder sie ist nicht sehr groß, weil die Natur sie entweder durch Gewohnheit überwindet oder ihr ein Ende setzt, indem sie unter ihrem Gewicht zusammenbricht. Doch in der Hölle können die Qualen nicht durch Gewohnheit überwunden werden. Während sie nämlich eine schreckliche Intensität besitzen, besitzen sie gleichzeitig eine immer neue Mannigfaltigkeit, indem jeder Schmerz, sozusagen, bei einem anderen Feuer fängt und an den, der ihn entfacht hat, eine noch wildere Flamme zurückgibt. Noch auch kann die Natur diesen intensiven und mannigfaltigen Foltern entkommen, indem sie ihnen erliegt, denn die Seele wird im Bösen genährt und erhalten, auf daß ihr Leiden umso größer werde. Grenzenlose Ausdehnung der Qual, unglaubliche Intensität des Leidens, nicht aufhörende Mannigfalt der Folter – dies ist es, was die göttliche Majestät, die so beleidigt ward von den Sündern, befiehlt, dies ist es, was die Heiligkeit des Himmels, die um der lustvollen und niedrigen Vergnügungen des verderbten Fleisches willen verlacht und zur Seite geschoben ward, verlangt, dies ist es, worauf das Blut des unschuldigen Gotteslamms, das um der Erlösung der Sünder willen vergossen, doch von den Schändlichsten der Schändlichen mit Füßen getreten ward, dringt.

– Die letzte und krönende Folter aller Foltern an diesem grauenhaften Ort ist die Ewigkeit der Hölle. O Ewigkeit, du Donnerwort! Ewigkeit! Welcher Menschenverstand kann sie verstehen? Und, erinnert euch, es ist eine Ewigkeit der Schmerzen. Wären auch die Schmerzen der Hölle nicht so schrecklich wie sie sind, würden sie doch unendlich werden, da es ihnen bestimmt ist, für immer zu währen. Doch obschon sie immer währen, sind sie gleichzeitig, wie ihr wißt, nicht zum Aushalten intensiv, nicht zum Ertragen extensiv. Auch nur den Stich eines Insekts in aller Ewigkeit ertragen zu müssen wäre eine fürchterliche Qual. Was muß es dann erst sein, die mannigfachen Foltern der Hölle für immer ertragen zu müssen? Für immer! In alle Ewigkeit! Nicht für ein Jahr, nicht für ein Zeitalter, sondern für immer. Versucht euch den grauenhaften Sinn dessen vorzustellen. Ihr habt oft den Sand am Strand gesehen. Wie fein sind seine winzigen Körnchen! Und wie viele dieser winzigkleinen Körnchen machen erst die schmale Handvoll aus, die ein Kind beim Spiel sich greift. Nun stellt euch einen Berg aus diesem Sande vor, eine Million Meilen hoch, die von der Erde bis an die fernsten Himmel reichen, und eine Million Meilen breit, die sich bis in den entlegensten Raum erstrecken, und eine Million Meilen in der Tiefe: und stellt euch vor, man multipliziere eine solch enorme Masse von Partikeln Sands so oft, als da Blätter im Walde sind, Tropfen Wassers im mächtigen Ozean, Federn an Vögeln, Schuppen an Fischen, Haare an Tieren, Atome in der unermeßlichen Weite der Luft: und stellt euch vor, daß am Ende jedes millionsten Jahrs ein kleiner Vogel an diesen Berg käme und in seinem Schnabel ein winziges Körnchen dieses Sands davontrüge. Wieviele Millionen und Abermillionen von Jahrhunderten würden vergehen, bis dieser Vogel auch nur einen Quadratfuß dieses Berges abgetragen hätte, wieviele Äonen und Aberäonen von Zeitaltern, bis er ihn ganz abgetragen hätte. Doch am Ende dieser unermeßlichen Zeitspanne könnte man nicht sagen, daß auch nur ein Augenblick der Ewigkeit vorüber wäre. Am Ende all dieser Billionen und Trillionen von Jahren hätte die Ewigkeit kaum erst begonnen. Und wenn dieser Berg noch einmal aufstiege, nachdem er gänzlich abgetragen wäre, und wenn der Vogel noch einmal käme und ihn noch einmal gänzlich, Körnchen um Körnchen, abtrüge: und wenn er solcherart so viele Male aufstiege und versänke als da Sterne am Himmel sind, Atome in der Luft, Tropfen Wassers im Meer, Blätter an den Bäumen, Federn auf Vögeln,

Schuppen auf Fischen, Haare auf Tieren, am Ende all diesen unzähligen Steigens und Sinkens jenes unermeßlich weiten Bergs könnte man nicht sagen, daß auch nur ein einziger Augenblick der Ewigkeit vorüber wäre; selbst dann, am Ende einer derartigen Periode, nach diesem Äon der Zeit, dessen bloßer Gedanke uns das Hirn vor Schwindel wirbeln macht, hätte die Ewigkeit kaum erst begonnen.

– Einem Heiligen (es war glaube ich einer unserer eigenen Patres) war einst eine Höllenvision verstattet. Ihm war, als stünde er inmitten eines großen Saals, darin es dunkel und still war, bis auf das Ticken einer großen Uhr. Das Ticken hörte und hörte nicht auf; und es war diesem Heiligen, als wäre das Tickgeräusch die unaufhörliche Wiederholung der Wörter: immer, nimmer; immer, nimmer. Immer in der Hölle sein, nimmer im Himmel; immer von der Gegenwart Gottes abgetrennt sein, nimmer in den Genuß der seligmachenden Schau kommen; immer von Flammen gefressen, vom Gewürm zernagt, von brennenden Dornen gestochen werden, nimmer frei sein von diesen Schmerzen; immer vom Gewissen zur Rede gestellt, von der Erinnerung zur Raserei gebracht werden, Finsternis und Verzweiflung im Geist, nimmer entrinnen; immer die eklen Dämonen verfluchen und schmähen, die mit der Hämischkeit des Erzfeinds sich am Jammer der von ihnen Gefoppten weiden, nimmer das glänzende Kleid der glückseligen Geister schauen; immer aus der Tiefe des Feuers zu Gott schreien, daß er einen Augenblick, einen einzigen Augenblick, solch grauenhafte Agonie aussetze, nimmer, und sei es einen Augenblick, Gottes Verzeihung erlangen; immer leiden, nimmer sich freuen; immer verdammt sein, nimmer gerettet; immer, nimmer; immer, nimmer. O welch fürchterliche Strafe! Eine Ewigkeit endloser Agonie, endloser körperlicher und geistiger Qual, ohne einen Hoffnungsschimmer, ohne einen Moment Einhalt, von einer Agonie, die grenzenlos in der Ausdehnung, grenzenlos an Intensität ist, von einer Qual, die unendlich währt, unendlich mannigfaltig ist, von einer Folter, die ewiglich das nährt, welches sie ewiglich verschlingt, von einer Pein, die immerwährend von dem Geiste zehrt, während sie das Fleisch martert, eine Ewigkeit, von der jeder Augenblick selber wieder eine Ewigkeit ist, und diese Ewigkeit eine Ewigkeit von Ach und Weh. Solches ist die schreckliche Strafe, die von einem allmächtigen und gerechten Gott jenen bestimmt ist, die in der Todsünde sterben.

– Ja, einem gerechten Gott! Die Menschen, die stets ja nur als Menschen folgern können, sind erstaunt, daß Gott eine immerwährende und unendliche Strafe in den Feuern der Hölle einer einzigen schweren Sünde zumißt. So folgern sie, weil sie, geblendet von der schändlichen Illusion des Fleisches und der Finsternis des menschlichen Verstandes, unfähig sind, die scheußliche Boshaftigkeit der Todsünde zu begreifen. So folgern sie, weil sie unfähig sind zu begreifen, daß sogar die läßliche Sünde von so ekler und scheußlicher Art ist, daß sogar, wenn der allmächtige Schöpfer alles Übel und allen Jammer in der Welt endigen könnte, die Kriege, die Seuchen, die Raubüberfälle, die Verbrechen, die Tode, die Morde, unter der Bedingung, daß er eine einzige läßliche Sünde ungestraft durchgehen ließe, eine einzige läßliche Sünde, eine Lüge, einen zornigen Blick, einen Moment mutwilliger Trägheit, Er, der große allmächtige Gott, dies nicht tun könnte, weil die Sünde, ob in Gedanke oder Tat, eine Übertretung Seines Gesetzes ist, und Gott wäre nicht Gott, wenn Er den, der es übertritt, nicht strafte.

– Eine Sünde, ein Augenblick rebellischen Stolzes des Geistes, stürzte Luzifer und ein Dritteil der Engelskohorten aus ihrer Herrlichkeit. Eine Sünde, ein Augenblick der Torheit und der Schwäche, vertrieb Adam und Eva aus dem Garten Eden und brachte Tod und Leid über die Welt. Um die Folgen dieser Sünde aufzuheben, kam der Eingeborne Sohn Gottes zur Erde hernieder, lebte und litt und starb einen höchst schmerzlichen Tod, drei Stunden am Kreuze hangend.

– O, meine lieben jungen Brüder in Jesu Christo, wollen wir also diesen guten Erlöser beleidigen und Seinen Zorn hervorrufen? Wollen wir noch einmal diesen zerfetzten und verstümmelten Leichnam mit Füßen treten? Wollen wir dieses Gesicht bespucken, das so voll von Schmerz und Liebe ist? Wollen auch wir, wie die grausamen Juden und die brutalen Soldaten, diesen sanften Retter voll Erbarmen, Der allein um unsertwillen die grauenhafte Kelter der Schmerzen trat, verspotten? Jedes Wort der Sünde ist eine Wunde in seiner zarten Seite. Jeder sündige Akt ist ein Dorn, der in sein Haupt dringt. Jeder unkeusche Gedanke, dem einer vorsätzlich stattgibt, ist eine scharfe Lanze, die dies geheiligte und liebende Herz durchbohrt. Nein, nein. Es ist unmöglich, daß ein Menschenwesen tut, was die göttliche Majestät so tief beleidigt, was durch eine Ewigkeit der Agonie bestraft wird, was noch einmal den Sohn Gottes kreuzigt und Ihn zu einem Gespött macht.

– Ich bete zu Gott, daß meine armen Worte heute geholfen haben mögen, diejenigen im Glauben zu festigen, die im Gnadenstand sind, die Schwankenden zu stärken, und zurück zum Gnadenstand die arme Seele zu führen, die gestrauchelt ist, wenn eine solche unter uns ist. Ich bete zu Gott, und betet ihr mit mir, daß wir unsere Sünden bereuen mögen. Ich will euch nun bitten, euch alle, nach mir das Gebet der Reue und des Vorsatzes zu sprechen und hier in dieser bescheidenen Kapelle in der Gegenwart Gottes niederzuknien. Er ist dort in dem Tabernakel, er brennt vor Liebe zu den Menschen und wartet nur, die Geplagten zu trösten. Habt keine Angst. Einerlei wie zahlreich oder wie ekel die Sünden sind, wenn ihr sie nur bereut, werden sie euch vergeben. Laßt keine weltliche Scham euch hemmen. Gott ist noch der barmherzige Herr, Der nicht den ewigen Tod des Sünders wünscht, sondern vielmehr, daß er bekehrt werde und lebe.

– Er ruft dich zu Sich. Du bist Sein. Aus nichts hat Er dich gemacht. Er hat dich geliebt, wie nur ein Gott lieben kann. Seine Arme sind offen, dich zu empfangen, habest du auch gesündigt gegen Ihn. Komm zu Ihm, armer Sünder, armer nichtiger verirrter Sünder. Jetzt ist die wohlgefällige Zeit. Jetzt ist die Stunde.

Der Priester erhob sich, kehrte sich zum Altar und kniete auf der Stufe vor dem Tabernakel im Düster, das sich gesenkt hatte. Er wartete, bis sich alle in der Kapelle niedergekniet hatten und jedes kleinste Geräusch verstummt war. Dann, den Kopf erhebend, sprach er das Gebet der Reue und des Vorsatzes, Abschnitt um Abschnitt, mit Inbrunst. Die Knaben sprachen ihm nach, Abschnitt für Abschnitt. Stephen, dem die Zunge am Gaumen klebte, beugte den Kopf und betete mit seinem Herzen.

– O mein Gott! –
– O mein Gott! –
– mir tut von Herzen leid –
– mir tut von Herzen leid –
– daß ich Dich beleidigt habe –
– daß ich Dich beleidigt habe –
– und ich verabscheue meine Sünden –
– und ich verabscheue meine Sünden –
– über jedem anderen Übel –
– über jedem anderen Übel –
– weil sie Dich, mein Gott, betrüben –
– weil sie Dich, mein Gott, betrüben –
– Der Du von mir über alles –
– Der Du von mir über alles –
– geliebt zu werden verdienst –
– geliebt zu werden verdienst –
– und ich habe den festen Vorsatz –
– und ich habe den festen Vorsatz –
– durch Deine heilige Gnade –
– durch Deine heilige Gnade –
– Dich niemals wieder zu beleidigen –
– Dich niemals wieder zu beleidigen –
– und mein Leben zu bessern –
– und mein Leben zu bessern –

* * *

Er ging nach dem Essen hoch in sein Zimmer, um mit seiner Seele allein zu sein: und bei jedem Schritt schien seine Seele zu seufzen: bei jedem Schritt klomm seine Seele mit seinen Füßen, seufzend vor solchem Aufstieg, durch eine Region zäher Düsternis.

Er blieb auf dem Treppenabsatz vor der Tür stehen, schnappte dann nach dem Porzellanknopf und öffnete die Tür rasch. Er wartete in Angst, schmachten tat seine Seele in seinem Innern, und betete schweigend, der Tod möge seine Stirn nicht streifen, wenn er über die Schwelle trat, den Erzfeinden, die die Finsternis bewohnen, möge nicht Macht gegeben werden über ihn. Er wartete immer noch an der Schwelle, als wäre sie der Eingang zu einer finstern Höhle. Gesichter waren da; Augen: die warteten und schauten.

– Wir wußten haargenau natürlich daß er obschon alles sowieso ans Licht kommen mußte beträchtliche Schwierigkeit bei dem Unterfangen finden würde zu versuchen sich zu bewegen den geistlichen Generalbevollmächtigten zu bestimmen sich zu unterfangen zu versuchen und also wußten wir natürlich haargenau –

Murmelnde Gesichter warteten und schauten; murmelige Stimmen füllten das finstere Gehäus der Höhle. Maßlose Angst saß ihm in Geist und Fleisch, doch, tapfer den Kopf hochwerfend, schritt er fest ins Zimmer hinein. Eine Türfüllung, ein Zimmer, das selbe Zimmer, selbe Fenster. Er sagte sich ruhig, daß diese Worte absolut keinen Sinn hätten, die, wie es schien, als Gemurmel aus dem Finstern aufgestiegen waren. Er sagte sich, daß das hier nichts als sein Zimmer wäre, mit geöffneter Tür.

Er schloß die Tür, ging schnell zu seinem Bett, kniete daneben nieder und bedeckte das Gesicht mit den Händen. Seine Hände waren kalt und klamm und seine Glieder fröstelten schmerzhaft. Körperliche Unrast und Frösteln und Müdigkeit packten ihn, scheuchten seine Gedanken. Warum kniete er da wie ein Kind, das seine Abendgebete hersagte? Um allein zu sein mit seiner Seele, sein Gewissen zu erforschen, seinen Sünden von Angesicht zu Angesicht gegenüberzutreten, auf ihren Zeit-

punkt, ihre Art und Gattung, ihre Umstände sich zu besinnen, über sie zu weinen. Er konnte nicht weinen. Er konnte sie nicht einmal herzitieren ins Gedächtnis. Er spürte nur, wie Leib und Seele wehtaten, sein ganzes Wesen, Gedächtnis, Wille, Erkenntnisvermögen, Fleisch betäubt und müde waren.
Das war das Werk von Teufeln, seine Gedanken in die Winde zu streuen und sein Gewissen zu umwölken, indem sie ihn an den Pforten des feigen und sündenverderbten Fleisches überfielen: und schüchtern Gott bittend, ihm seine Schwäche zu vergeben, kroch er hoch aufs Bett, wickelte sich fest in die Koltern ein und bedeckte wieder das Gesicht mit den Händen. Er hatte gesündigt. Er hatte so schwer gesündigt gegen den Himmel und vor Gott, daß er nicht wert war, Gottes Kind zu heißen.
Konnte es denn sein, daß er, Stephen Dedalus, diese Dinge begangen hatte? Sein Gewissen seufzte als Antwort. Ja, er hatte sie begangen, heimlich, dreckig, ein ums andre Mal, und er hatte es gewagt, verhärtet in sündiger Verstocktheit, die Maske der Heiligkeit vor dem Tabernakel selbst zu tragen, während seine Seele drinnen eine von Zersetzung wimmelnde Masse war. Wie kam es denn, daß Gott ihn nicht mit dem Tode geschlagen hatte? Die lepröse Gesellschaft seiner Sünden schloß sich um ihn zusammen, atmete auf ihn ein, beugte sich über ihn von allen Seiten. Er rang im Gebet darum, sie zu vergessen, kuschelte die Glieder enger aneinander und zwang seine Lider herunter: aber die Sinne seiner Seele ließen sich nicht zwingen, und obwohl seine Augen fest zu waren, sah er die Orte, wo er gesündigt hatte, und obwohl seine Ohren undurchlässig zugedeckt waren, hörte er. Er wünschte mit seinem ganzen Willen, nicht zu hören noch zu sehen. Er wünschte, bis seine Knochen unter der Anstrengung seines Wunsches erbebten und bis die Sinne seiner Seele sich schlossen. Sie schlossen sich einen Augenblick und dann öffneten sie sich. Er sah.
Ein Feld harter Unkräuter und Disteln und büscheliger Nesselplacken. Breit zwischen den Büscheln von strotzendem hartem Gewächs lagen zerbeulte Blechbüchsen und Klumpen

und Kringel festgewordener Exkremente. Fahles Sumpflicht kämpfte sich aus all dem Unrat durch die borstigen graugrünen Unkräuter nach oben. Ein ekler Geruch, fahl und faul wie das Licht, krauste sich träg aus den Büchsen und von dem altbackenen verkrusteten Mist nach oben.

Kreaturen waren auf dem Feld; eine, drei, sechs; Kreaturen bewegten sich auf dem Feld, hierhin und dahin. Ziegenartige Kreaturen mit Menschengesichtern, hornstirnig, mit schütterem Bart und grau wie Radiergummi. Die Boshaftigkeit der Verderbtheit glitzerte in ihren harten Augen, wie sie sich hierhin und dahin bewegten und ihre langen Schwänze hinter sich schleiften. Ein Rachenspalt grausamer Bosheit erhellte ihre alten knochigen Gesichter gräulich. Eine schlug sich eine zerrissene Flanellweste um die Rippen, eine andere jammerte monoton, als sich der Bart in den büscheligen Unkräutern verfing. Leise Sprache kam von ihren speichellosen Lippen, während sie in langsamen Kreisen rund und rund ums Feld schwirrten, sich hierhin und dahin durch die Unkräuter schlängelten und ihre langen Schwänze in den klappernden Blechbüchsen herumzogen. Sie bewegten sich in langsamen Kreisen, kreisten enger und enger und kreisten ein, kreisten ein, leise Sprache kam von ihren Lippen, die langen schwirrenden Schwänze von altbackenem Schitt verschmiert, und reckten ihre Grausgesichter in die Höh ...

Hilfe!

Irr schleuderte er die Kolter von sich, um Gesicht und Hals zu befreien. Das war seine Hölle. Gott hatte ihn die Hölle schauen lassen, die seinen Sünden vorbestimmt war: stinkend, bestialisch, hämisch, eine Hölle geiler ziegenartiger Erzfeinde. Für ihn! Für ihn!

Er sprang aus dem Bett, während der stinkige Dunst ihm die Kehle hinunterrann und ihm die Eingeweide klumpte und umdrehte. Luft! Die Luft des Himmels! Er stolperte zum Fenster, stöhnend und fast ohnmächtig vor Übelkeit. Am Waschgestell packte ihn im Innern ein Krampf; und wild die kalte Stirn schlagend, erbrach er sich ausgiebig in Agonie.

Als der Anfall verebbt war, ging er schwach zum Fenster, zog den Schieberahmen hoch, setzte sich in eine Ecke der Nische und stützte den Ellbogen auf die Fensterbank. Der Regen hatte sich verzogen; und in den treibenden Dämpfen spann sich die Stadt von Licht- zu Lichtpunkt in einen sanften Kokon gelblichen Dunstes ein. Der Himmel war still und schwach nur erhellt und die Luft süß zu atmen, wie in einem Dickicht, das Güsse durchnäßten: und in dem Frieden und den schimmernden Lichtern und dem leisen Arom schloß er einen Bund mit seinem Herzen.

Er betete:

– *Einmal hatte er herabkommen wollen auf Erden in himmlischer Herrlichkeit, doch wir sündigten: und da konnte er uns nicht mehr sicher heimsuchen, außer in verhüllter Majestät und in getrübtem Strahlenkranz, denn Er war Gott. So kam Er denn Selber in Schwäche nicht in Kraft und Er sandte dich, eine Kreatur, an Seiner Statt, versehen mit der Schöne und dem Glanz der Kreatur, die für uns paßten. Und nun spricht gar dein Gesicht und deine Gestalt, liebe Mutter, zu uns von dem Ewigen; sie gleichen nicht irdischer Schönheit, gefährlich sie anzuschaun, sondern gleichen dem Morgenstern, der dein Emblem ist, hellicht und wie Musik, und der vom Himmel sagt und Frieden spendet. O Bote des Tags! O Licht des Pilgrims! Führe uns weiter, wie du uns geführet hast. In der dunklen Nacht, durch die öde Wildnis, geleite uns hin zu unserm Herrn Jesus, geleite uns nach Haus.*

Seine Augen waren von Tränen trüb und er weinte, demütig zum Himmel aufschauend, um die Unschuld, die er verloren hatte.

Als der Abend hereingebrochen war, verließ er das Haus, und bei dem ersten Gefühl der klammen dunklen Luft und dem Geräusch, wie sich die Tür hinter ihm schloß, tat ihm sein Gewissen wieder weh, das von Gebet und Tränen eingelullt gewesen war. Beichte! Beichte! Es war nicht genug, das Gewissen mit einer Träne und einem Gebet einzulullen. Er hatte niederzuknien vor dem Diener des Heiligen Geistes und seine verborgenen Sünden wahrhaftig und reumütig herzuzählen. Bevor er noch wieder die Fußleiste der Haustür über die Schwelle schleifen hörte, wenn sie sich öffnete, um ihn einzulassen, bevor er noch wieder den Tisch in der Küche zum Abendessen gedeckt sähe, hätte er gekniet und gebeichtet. Es war ganz einfach.

Das Gewissensweh hörte auf und er ging rasch weiter durch die dunklen Straßen. Es gab so viele Pflastersteine auf dem Trottoir dieser Straße und so viele Straßen in dieser Stadt und so viele Städte in der Welt. Doch die Ewigkeit hatte kein Ende. Er lebte in der Todsünde. Auch einmal nur war eine Todsünde. Es konnte in einem Augenblick passieren. Aber wie so schnell? Indem man sieht oder indem man denkt, man sieht. Die Augen sehen es, ohne daß sie zunächst es hätten sehen wollen. Dann, in einem Augenblick, passierts. Aber versteht denn dieser Körperteil, oder was? Die Schlange, das listigste Tier auf dem Felde. Er muß verstehen, dieser Teil, wenn ihn in einem Augenblick Begehren überkommt und er sein eigenes Begehren dann Augenblick um Augenblick sündig verlängert. Er fühlt und versteht und begehrt. Wie greulich das ist! Wer hatte ihn so geschaffen, einen bestialischen Körperteil, imstand, bestialisch zu verstehen und bestialisch zu begehren? War das denn dann er oder ein nichtmenschliches Etwas, das eine niederere Seele als die seine trieb? Seiner Seele wurde es übel beim Gedanken an ein apathisches Schlangenleben, das sich vom zarten Mark seines Lebens nährte und sich am Schleim der Lust mästete. O warum war das so? O warum?

Er kauerte sich im Schatten des Gedankens nieder und machte sich klein in der heiligen Scheu vor Gott, Der alle Dinge und alle Menschen geschaffen hatte. Irrsinn. Wer konnte solch einen Gedanken denken? Und in der Finsternis kauernd und erniedrigt, betete er stumm zu seinem Schutzengel, mit seinem Schwert den Dämon zu vertreiben, der auf sein Hirn einflüsterte.

Das Flüstern hörte auf und da wußte er ganz klar, daß seine eigene Seele gesündigt hatte, in Gedanke und Wort und Tat, willentlich, und durch seinen eigenen Körper. Beichte! Er mußte jede Sünde beichten. Wie konnte er vor dem Priester in Worte fassen, was er getan hatte? Mußte, mußte. Oder wie konnte er erklären, ohne vor Scham zu sterben? Oder wie hatte er solche Dinge tun können ohne Scham? Ein Irrer, ein widerwärtiger Irrer! Beichte! O er wollte wahrhaftig wieder frei und sündelos sein! Vielleicht wüßte der Priester. O mein Gott!

Er ging weiter und weiter durch schlechtbeleuchtete Straßen, hatte Angst, einen Moment nur stillzustehn, damit es nicht schiene, er weiche vor dem, was ihn erwartete, zurück, hatte Angst, das zu erreichen, worauf sein Sehnen sich immer noch richtete. Wie schön mußte eine Seele im Gnadenstand sein, wenn Gott auf sie herniederblickte mit Liebe!

Schlumpige Mädchen saßen am Rinnstein vor ihren Körben. Das näßliche Haar hing ihnen schlapp über die Brauen. Sie waren nicht schön anzusehn, wie sie im Schlamm hockten. Aber ihre Seelen wurden von Gott gesehn; und wenn ihre Seelen im Gnadenstand waren, waren sie strahlend zu sehen: und Gott liebte sie, da er sie sah.

Ein versehrender Hauch der Demütigung blies trüb über seine Seele, wie er dachte, wie er gefallen war, wie er fühlte, daß diese Seelen Gott lieber waren als seine. Der Wind blies über ihn und wehte fort zu den Myriaden und Myriaden anderer Seelen, die Gottes Gunst beschien, stärker jetzt, jetzt schwächer, Sterne, jetzt heller und jetzt trüber, genährt und am Erlöschen. Und die flimmernden Seelen erstarben, genährt und am Erlöschen, zerlösten sich in dem treibenden Hauch. Eine Seele war verloren; eine winzige Seele: seine. Sie flackerte noch einmal und ging aus, vergessen, verloren. Das Ende: schwarze kalte leere Öde.

Das Bewußtsein, wo er sich befand, ebbte langsam zu ihm zurück, über eine weite Strecke Zeit, unerleuchtet, ungefühlt, ungelebt. Die dürftige Szenerie fügte sich um ihn zusammen; die vulgäre Aussprache, die brennenden Gasflammen in den Läden, Geruch von Fisch und Alkohol und nassem Sägmehl,

Männer und Frauen, die hin und hergingen. Eine alte Frau wollte gerade die Straße überqueren, mit einer Ölkanne in der Hand. Er beugte sich nieder und fragte sie, ob eine Kapelle in der Nähe wäre.

– Eine Kapelle, Sir? Ja, Sir. Die Kapelle in der Church Street.

– Church?

Sie hob die Kanne in die andere Hand und wies ihm den Weg: und wie sie ihre stinkige welke rechte Hand unter den Schalfransen ausstreckte, beugte er sich tiefer zu ihr nieder, traurig geworden und besänftigt durch ihre Stimme.

– Vielen Dank.

– Aber gern geschehn, Sir.

Die Kerzen auf dem Hochaltar waren ausgelöscht worden, aber das Arom des Weihrauchs durchströmte noch das trübe Schiff. Bärtige Arbeiter mit frommen Gesichtern trugen einen Baldachin hinaus durch eine Seitentür, der Sakristan dirigierte sie durch ruhige Gesten und Worte. Ein paar wenige Gläubige säumten noch, sie beteten vor einem der Seitenaltäre oder knieten in den Bänken in der Nähe der Beichtstühle. Schüchtern trat er herzu und kniete sich in die letzte Bank im Hauptschiff, dankbar für den Frieden und die Stille und den aromatischen Schatten der Kirche. Das Brett, auf dem er kniete, war schmal und ausgewetzt und die, die in seiner Nähe knieten, waren demütige Nachfolger Jesu. Auch Jesus war in Armut geboren und hatte in einer Zimmermannswerkstatt gearbeitet, Bretter geschnitten und gehobelt, und hatte zuerst zu armen Fischern vom Reich Gottes gesprochen und alle Menschen gelehrt, sanft und demütigen Herzens zu sein.

Er beugte den Kopf auf die Hände und hieß sein Herz, sanft und demütig zu sein, auf daß er wäre wie die, die neben ihm knieten, und seine Gebete wohlgefällig wie die ihren. Er betete neben ihnen, aber es war schwer. Seine Seele war vor Sünde faul und er traute sich nicht, mit dem einfachen Vertrauen jener um Vergebung zu bitten, die Jesus, auf den geheimnisvollen Wegen Gottes, als erste an Seine Seite berufen hatte, die Zimmerleute, die Fischer, armes und einfaches Volk, das niederem Handwerk nachging, das Holz der Bäume handhabte und formte, mit Geduld seine Netze flickte.

Eine hohe Gestalt kam das Seitenschiff herunter und in die Beichtkinder kam Bewegung: und im letzten Augenblick sah er, rasch aufblickend, einen langen grauen Bart und das braune Habit eines Kapuziners. Der Priester betrat seinen Raum und war verborgen. Zwei Beichtkinder erhoben sich und betraten den Beichtstuhl zu beiden Seiten. Die Holzscheibe wurde zurückgeschoben und das schwache Murmeln einer Stimme störte die Stille auf.

Das Blut begann in seinen Adern zu murmeln, und murmelte wie eine Sündenstadt, die aus dem Schlaf gerufen wird, ihr Verdammungsurteil zu vernehmen. Kleine Feuerflocken fielen und Aschenstaub fiel leise, sich auf die Häuser der Menschen niedersetzend. Die regten sich, erwachten aus dem Schlaf, von der heißen Luft aufgestört.

Die Scheibe wurde zugeknallt. Das Beichtkind kam seitlich aus dem Stuhl heraus. Die andere Scheibe wurde aufgeschoben. Eine Frau trat ruhig und bestimmt dahin, wo das erste Beichtkind gekniet hatte. Das schwache Murmeln begann wieder.

Er konnte die Kapelle immer noch verlassen. Er konnte aufstehen, einen Fuß vor den andern setzen und leise hinausgehen und dann rennen, rennen, rennen, rasch, durch die dunklen Straßen. Er konnte Scham und Schande immer noch entkommen. Wäre es irgendein schreckliches Verbrechen gewesen statt dieser Einen Sünde! Wäre es Mord gewesen! Kleine Feuerflocken fielen und berührten ihn überall, schamlose Gedanken, schamlose Worte, schamlose Handlungen. Scham und Schande bedeckten ihn gänzlich wie feine glühende Asche, die unentwegt fällt. Es mit Worten sagen! Seine Seele, hilflos und am Ersticken, würde aufhören zu sein.

Die Scheibe wurde zugeknallt. Das Beichtkind kam an der andern Seite aus dem Stuhl heraus. Die nähere Scheibe wurde aufgeschoben. Ein Beichtkind trat ein, wo das andere Beichtkind herausgekommen war. Ein leise wisperndes Geräusch

strömte in Dunstwölkchen aus dem Stuhl. Es war die Frau: leise wispernde Wölkchen, leise wispernder Dunst, wispernd und vergehend.
Demütig schlug er sich die Brust mit der Faust, heimlich und im Schutz der hölzernen Armlehne. Er wollte eins sein mit andern und mit Gott. Er wollte seinen Nächsten lieben. Er wollte Gott lieben, Der ihn geschaffen hatte und ihn liebte. Er wollte mit andern niederknien und beten und glücklich sein. Gott würde auf ihn und auf jene herniederblicken und sie alle lieben.
Es war einfach, gut zu sein. Gottes Joch war sanft und leicht. Es wäre besser, nie gesündigt zu haben, immer ein Kind geblieben zu sein, denn Gott liebte kleine Kinder und ließ sie zu Sich kommen. Sündigen war etwas Schreckliches und Trauriges! Aber Gott war barmherzig mit armen Sündern, denen es wahrhaft leid tat. Wie wahr das war! Das, das hieß Güte.
Die Scheibe wurde plötzlich geknallt. Das Beichtkind kam heraus. Er war der nächste. Er stand in Schrecken auf und ging blind in den Stuhl.
Endlich war es soweit. Er kniete im stillen Düster und erhob die Augen zu dem weißen Kruzifix, das über ihm hing. Gott konnte sehen, daß es ihm leid tat. Er würde alle seine Sünden sagen. Seine Beichte würde lang sein, lang. Jeder in der Kapelle würde dann wissen, welch ein Sünder er gewesen war. Sollten sie es nur wissen. Es war wahr. Aber Gott hatte versprochen, ihm zu vergeben, wenn es ihm leid täte. Es tat ihm leid. Er faltete seine Hände und erhob sie zu der weißen Form, betete mit seinen dunkel gewordenen Augen, betete mit seinem ganzen zitternden Körper, wiegte den Kopf hin und her wie ein verlorenes Geschöpf, betete mit wimmernden Lippen.
– Leid! Leid! O Leid!
Die Scheibe klickte auf und sein Herz sprang ihm in der Brust. Das Gesicht eines alten Priesters war am Gitter, von ihm abgekehrt, auf eine Hand gestützt. Er machte das Zeichen des Kreuzes und bat den Priester, ihn zu segnen, denn er habe gesündigt. Dann beugte er den Kopf und sagte in Panik das

Confiteor. Bei den Worten *meine übergroße Schuld* hörte er, außer Atem, auf.
– Wie lang ist es her seit deiner letzten Beichte, mein Kind?
– Lange Zeit, Vater.
– Einen Monat, mein Kind?
– Länger, Vater.
– Drei Monate, mein Kind?
– Länger, Vater.
– Sechs Monate?
– Acht Monate, Vater.
Er hatte angefangen, der Priester fragte:
– Und woran erinnerst du dich seit damals?
Er fing an, seine Sünden zu beichten: versäumte Messen, nicht gesprochene Gebete, Lügen.
– Noch etwas, mein Kind?
Sünden des Zorns, des Neids auf andere, der Völlerei, der Eitelkeit, des Ungehorsams.
– Noch etwas, mein Kind?
– Trägheit.
– Noch etwas, mein Kind?
Es half nichts. Er murmelte:
– Ich ... habe Sünden der Unkeuschheit begangen, Vater.
Der Priester wandte nicht den Kopf.
– Mit dir selbst, mein Kind?
– Und ... mit anderen.
– Mit Frauen, mein Kind?
– Ja, Vater.
– Waren es verheiratete Frauen, mein Kind?
Er wußte es nicht. Die Sünden rannen ihm von den Lippen, eine um die andere, rannen ihm in schamlosen Tropfen von der Seele, die wie eine Wunde eiterte und dünstete, ein schmutziger Fluß des Lasters. Die letzten Sünden dünsteten aus, träg, dreckig. Nun blieb nichts mehr zu sagen. Überwältigt beugte er den Kopf.
Der Priester war still. Dann fragte er:
– Wie alt bist du, mein Kind?

– Sechzehn, Vater.
Der Priester fuhr sich mit der Hand mehrmals über das Gesicht. Dann stützte er seine Stirn auf die Hand, lehnte sich zum Gitter und sprach, die Augen immer noch abgewendet, langsam. Seine Stimme war müde und alt.
– Du bist sehr jung, mein Kind, sagte er, und laß mich dich beschwören: laß ab von dieser Sünde. Es ist eine schreckliche Sünde. Sie tötet den Leib und sie tötet die Seele. Sie ist Grund vieler Verbrechen und Unglücksfälle. Laß ab von ihr, mein Kind, um Gottes Willen. Sie ist unehrenhaft und unmännlich. Du kannst nicht wissen, wohin dich diese elende Gewohnheit führen, noch wo sie wider dich aufstehen wird. Solang du diese Sünde begehst, mein armes Kind, wirst du Gott keinen Heller wert sein. Bete zu unserer Mutter Maria, daß sie dir hilft. Sie wird dir helfen, mein Kind. Bete zu Unserer Lieben Frau, wenn dir diese Sünde in den Sinn kommt. Ich bin sicher, daß du das tust, nicht wahr? Du bereust alle diese Sünden. Ich bin dessen sicher. Und du wirst Gott jetzt versprechen, daß du durch Seine heilige Gnade Ihn niemals wieder durch diese böse Sünde beleidigen wirst. Du wirst Gott das feierlich versprechen, nicht wahr?
– Ja, Vater.
Die alte und müde Stimme fiel wie linder Regen auf sein bebendes verschmachtendes Herz. Wie lind und traurig!
– Tu es, mein armes Kind. Der Teufel hat dich in die Irre geführt. Treibe ihn zurück in die Hölle, wenn er dich versucht, deinen Körper dieser Art zu entehren – den eklen Geist, der Unsern Herrn haßt. Versprich jetzt Gott, daß du von dieser Sünde ablassen wirst, dieser elenden elenden Sünde.
Geblendet von seinen Tränen und von dem Licht der Barmherzigkeit Gottes, beugte er den Kopf und hörte die ernsten Worte der Absolution und sah des Priesters Hand zum Zeichen der Vergebung über ihm erhoben.
– Gott segne dich, mein Kind. Bete für mich.
Er kniete nieder, seine Buße zu tun, betete in einer Ecke des dunklen Schiffes: und seine Gebete stiegen aus seinem geläu-

terten Herzen gen Himmel wie der Duft, der aus einem Herzen weißer Rose aufwärts strömt.
Die schlammigen Straßen waren heiter. Er schritt nach Haus und war sich einer unsichtbaren Gnade bewußt, die seine Glieder durchdrang und leicht machte. Trotz allem hatte ers getan. Er hatte gebeichtet und Gott hatte ihm verziehen. Seine Seele wurde wieder schön und heilig, heilig und glücklich.
Es wäre wundervoll zu sterben, wenn es Gott gefiele. Es wäre wundervoll zu leben, wenn es Gott gefiele, ein Leben des Friedens und der Tugend und der Nachsicht mit anderen in Gnade zu leben.
Er saß in der Küche beim Feuer und wagte nicht zu sprechen vor Glück. Bis zu dem Augenblick hatte er nicht gewußt, wie wundervoll und friedsam das Leben sein konnte. Das grüne viereckige Papier, das um die Lampe gesteckt war, warf einen sanften Schatten herab. Auf der Anrichte stand ein Teller Würste und weißer Preßsack und auf dem Bord lagen Eier. Das wäre fürs Frühstück morgen nach der Kommunion in der College-Kapelle. Weißer Preßsack und Eier und Würste und Tassen voll Tee. Wie einfach und wundervoll das Leben doch war! Und das ganze Leben lag noch vor ihm.
Im Traum schlief er ein. Im Traum stand er auf und sah, daß es Morgen war. In einem Wachtraum ging er durch den stillen Morgen zum College.
Die Knaben waren alle da und knieten an ihren Plätzen. Er kniete unter ihnen, glücklich und scheu. Der Altar war beladen mit aromatischen Bergen weißer Blumen: und im Morgenlicht waren die bleichen Flammen der Kerzen zwischen den weißen Blumen klar und schweigsam wie seine eigene Seele.
Er kniete vor dem Altar mit seinen Klassenkameraden und hielt mit ihnen das Altartuch über eine lebende Schranke aus Händen. Seine Hände waren zittrig, und seine Seele zitterte, als er den Priester mit dem Ziborium von Kommunikant zu Kommunikant schreiten hörte.
– *Corpus Domini nostri.*

Konnte das sein? Er kniete sündelos und schüchtern da: und er würde auf seiner Zunge die Hostie tragen und Gott würde in seinen geläuterten Leib eingehen.
– *In vitam eternam. Amen.*
Ein neues Leben! Ein Leben der Gnade und Tugend und Glückseligkeit! Es war wahr. Es war kein Traum, aus dem er erwachen würde. Das Vergangene war vergangen.
– *Corpus Domini nostri.*
Das Ziborium war zu ihm gekommen.

IV

Der Sonntag gehörte dem Mysterium der Heiligen Dreifaltigkeit, der Montag dem Heiligen Geist, der Dienstag den Schutzengeln, der Mittwoch dem Heiligen Joseph, der Donnerstag dem Allerheiligsten Sakrament des Altars, der Freitag den Leiden Christi, der Samstag der Seligsten Jungfrau Maria.
Jeden Morgen beheiligte er sich neu in Gegenwart eines heiligen Bildes oder Geheimnisses. Sein Tag begann mit einer heroischen Opferung dessen sämtlicher Augenblicke in Gedanke oder Tat zu Nutz und Frommen des höchsten Oberhirten und mit einer frühen Messe. Die rauhe Morgenluft spornte seine resolute Frömmigkeit; und oft, wenn er unter den wenigen Gläubigen am Seitenaltar kniete und in seinem oblatendurchsetzten Gebetbuch dem Murmeln des Priesters folgte, sah er einen Moment auf zu der ornierten Gestalt, die im Düster zwischen den beiden Kerzen, dem alten und dem neuen Testament, stand, und stellte sich vor, er knie zur Messe in den Katakomben.
Sein tägliches Leben gliederte sich in devotionale Bezirke. Durch Stoß- und längere Gebete häufte er neidlos für die Seelen im Fegfeuer Jahrhunderte aus Tagen und Quadragesimen und Jahren zusammen; doch der geistliche Triumph, den er darüber verspürte, daß er mit Leichtigkeit auf so viele sagenhafte Zeitalter kanonischer Bußen kam, lohnte ihm den Gebetseifer nicht zur Gänze, da er nie wissen konnte, wieviel zeitliche Strafe er durch die Fürbitte für die gequälten Seelen getilgt hatte: und aus Angst, angesichts des purgatorischen Feuers, das sich von dem infernalischen nur darin unterschied, daß es nicht ewig währte, hülfe seine Buße vielleicht nicht mehr denn ein Tropfen Wassers, jagte er seine Seele täglich durch einen immer größer werdenden Kreis übergebührlicher Werke.
Jeder Teil seines Tags, unterteilt von dem, was er jetzt für die Pflichten seines Standorts im Leben hielt, kreiste um sein je

eigenes Zentrum spiritueller Energie. Sein Leben schien sich der Ewigkeit angenähert zu haben; jeder Gedanke, Wort und Tat, jeder Augenblick Bewußtheit konnte so gesetzt werden, daß er im Himmel strahlend widerklang: und zu Zeiten war sein Gefühl für solch unmittelbaren Widerhall derart lebendig, daß es ihm schien, als spüre er seine Seele in Devotion wie mit Fingern die Tasten einer großen Registrierkasse drücken und als sehe er die Summe seines Kaufs unmittelbar im Himmel angezeigt, nicht als eine Zahl sondern als eine schwanke Rauchsäule oder eine schlanke Blume.

Auch die Rosenkränze, die er unablässig sagte – denn er trug die Perlen locker in der Hosentasche, damit er sie unterwegs beten könnte – verwandelten sich in Blumenkoronen von derart unbestimmtem unirdischem Geweb, daß sie ihm so farblos und duftlos erschienen wie sie namenlos waren. Er brachte jeden seiner drei täglichen Kränze dar, daß seine Seele stark werde in jeder der drei theologischen Tugenden, im Glauben an den Vater Der ihn geschaffen, in der Hoffnung an den Sohn Der ihn erlöst und in der Liebe zu dem Heiligen Geist Der ihn geheiligt hatte, und dies dreifache Dreigebet brachte er den Drei Personen dar, durch Maria, im Namen ihrer freudenreichen und schmerzensreichen und glorreichen Geheimnisse.

An jedem der sieben Tage der Woche betete er ferner, daß eine der sieben Gaben des Heiligen Geistes sich auf seine Seele herniedersenken und Tag um Tag die sieben Todsünden aus ihr heraustreiben möchte, die sie in der Vergangenheit geschändet hatten; und er betete um jede Gabe an ihrem zubestimmten Tag, zuversichtlich, daß sie sich auf ihn herniedersenken werde, wenn es ihm zuweilen auch sonderbar vorkam, daß Weisheit und Verstand und Wissenschaft in ihrem Wesen so verschieden wären, daß um jedes getrennt von den andern gebetet werden mußte. Doch glaubte er, daß in einem künftigen Stadium seines spirituellen Wegs diese Schwierigkeit behoben wäre, wenn seine sündige Seele erst aus ihrer Schwäche erhoben und von der Dritten Person der Allerheiligsten Dreifaltigkeit erleuchtet wäre. Er glaubte dies um so mehr, und mit Bangen, wegen des göttlichen Düsters und Schweigens, in dem der unsichtbare Paraklet wohnte, Dessen Symbole eine Taube und ein mächtiger Wind waren, gegen Den zu sündigen eine Sünde jenseits der Vergebung war, das ewige, geheimnisvolle heimliche Wesen Dem, als Gott, die Priester einmal im Jahr eine Messe opferten, ins Scharlachrot der Feuerzungen gekleidet.

Die Bilder, durch die Natur und Verwandtschaftsverhältnis der Drei Personen der Dreifaltigkeit in den Erbauungsbüchern, die er las, dunkel angedeutet wurden – der Vater, der seit aller Ewigkeit wie in einem Spiegel Seine Göttlichen Vollkommenheiten kontempliert und hiedurch ewiglich den Ewigen Sohn zeugt, und der Heilige Geist, der aus Vater und Sohn seit aller Ewigkeit hervorgeht –, waren für sein Denken auf Grund ihrer erhabenen Unverständlichkeit akzeptabler als das simple Faktum, daß Gott seine Seele seit aller Ewigkeit geliebt habe, Jahrhunderte lang, bevor er in die Welt geboren wurde, Jahrhunderte lang, bevor die Welt selber existierte.

Er hatte die Namen der Leidenschaften Liebe und Haß feierlich auf der Bühne und auf der Kanzel nennen hören, hatte sie feierlich in Büchern auseinandergesetzt gefunden und hatte sich gewundert, weshalb seine Seele unfähig war, sie, auch nur momentweise, in sich aufzunehmen oder seine Lippen zu zwingen, ihre Namen mit Überzeugung auszusprechen. Kurzer Zorn hatte ihn oft befallen, aber er war nie fähig gewesen, daraus eine dauernde Leidenschaft zu machen und hatte oft das Gefühl gehabt, er tauche daraus wieder auf, wie wenn von seinem Körper eine äußere Haut oder Schale abfiele. Er hatte gespürt, wie eine listige, dunkle und murmelnde Gegenwart sein Wesen durchdrang und ihn zu kurzer freventlicher Lust anfeuerte: auch das war seinem Griff entschlüpft und zurück blieb sein Geist, licht und gleichgültig. Dies, schien es, war die einzige Liebe und das der einzige Haß, die seine Seele in sich aufnehmen würde.

Aber er konnte nicht länger nicht an die Realität der Liebe

glauben, da Gott Selbst seine persönliche Seele seit aller Ewigkeit mit göttlicher Liebe geliebt hatte. Schritt um Schritt, wie seine Seele reicher an spiritueller Wissenschaft wurde, sah er, daß die ganze Welt einen weiten symmetrischen Ausdruck der Macht und Liebe Gottes darstellte. Das Leben wurde zu einer göttlichen Gabe, und für jeden Augenblick und jede sinnliche Wahrnehmung, wäre es auch nur der Anblick eines einzigen Blattes, das am Zweig eines Baums hing, müßte seine Seele dem Geber Lob und Dank sagen. Die Welt, bei all ihrer festen Substanz und Komplexität, existierte nicht länger für seine Seele, außer als ein Theorem göttlicher Macht und Liebe und Allheit. So vollständig und fraglos war diese seiner Seele mitgeteilte Vorstellung von dem göttlichen Sinn in aller Natur, daß er kaum verstehen konnte, weshalb es in irgendeiner Hinsicht notwendig war, daß er weiterleben sollte. Doch das war Teil des göttlichen Plans, und er wagte dessen Praktik nicht in Frage zu stellen, er vor allen andern, der sich so schwer und so ekelhaft an dem göttlichen Plan versündigt hatte. Demütig und erniedrigt von diesem Bewußtsein der einen ewigen allgegenwärtigen perfekten Realität, nahm seine Seele die Last der frommen Übungen, Messen und Gebete und Sakramente und Abtötungen, wieder auf, und erst da geschah es, zum ersten Mal, seit er über dem großen Mysterium der Liebe gegrübelt hatte, daß er in seinem Innern eine warme Bewegung wie von neu geborenem Leben oder Tugend der Seele spürte. Der Gestus der Verzückung in heiliger Kunst, die erhobenen und geöffneten Hände, die geöffneten Lippen und Augen wie bei einem, dem die Sinne schwinden wollen, wurde für ihn zu einem Bild der Seele im Gebet, gedemütigt und ohnmächtig vor ihrem Schöpfer.

Doch er war vor den Gefahren geistiger Exaltation gewarnt worden und verstattete sich nicht, auch nur die geringste oder niederste Übung zu vernachlässigen, wobei er gleichzeitig durch unablässige Abtötung lieber die sündige Vergangenheit rückgängig zu machen sich bestrebte als eine Fährlichkeiten ausgesetzte Heiligkeit zu erringen. Jeden seiner Sinne unterzog er unerbittlicher Disziplin. Um den Gesichtssinn abzutöten, machte er es sich zur Regel, auf der Straße mit niedergeschlagenen Augen zu gehen, weder rechts noch links zu blicken und niemals hinter sich. Seine Augen mieden jede Begegnung mit den Augen von Frauen. Von Zeit zu Zeit blockierte er sie auch durch eine plötzliche Willensanstrengung, so wenn er sie plötzlich in der Mitte eines nicht beendeten Satzes hob und das Buch schloß. Um sein Gehör abzutöten, hütete er seine Stimme nicht, die eben im Stimmbruch war, sang nicht, pfiff nicht und machte keinen Versuch, die Geräusche zu fliehen, die seinen Nerven schmerzhaft zusetzten, etwa das Wetzen von Messern auf dem Messerbrett, das Zusammenscharren der Asche auf der Feuerschaufel und das Teppichbürsten. Seinen Geruch abzutöten war schwieriger, da er keinen instinktiven Widerwillen gegen schlechte Gerüche an sich feststellte, ob es sich dabei nun um die Gerüche der äußeren Welt handelte wie die von Mist oder Teer oder die Gerüche seiner eigenen Person, mit denen er viele merkwürdige Vergleiche und Experimente angestellt hatte. Er fand am Ende, daß der einzige Geruch, der seinen Geruchssinn anwiderte, ein bestimmter schaler fischartiger Gestank war, wie nach lange abgestandenem Urin: und wann immer es möglich war, setzte er sich diesem unangenehmen Geruch aus. Um den Geschmack abzutöten, beobachtete er strikte Tischsitten, erfüllte auf den Buchstaben genau alle Fastenvorschriften der Kirche und suchte durch Zerstreuung seinen Sinn von der Schmackhaftigkeit der Speisen abzulenken. Aber es war die Abtötung des Gefühls, der er sich mit der beharrlichsten Ingeniosität seiner Erfindungsgabe widmete. Er veränderte seine Lage im Bett nie absichtlich, saß in den unbequemsten Stellungen, ertrug geduldig jeden Juckreiz und Schmerz, hielt sich dem Feuer fern, blieb während der ganzen Messe, außer bei den Evangelien, auf den Knien, ließ Teile von Hals und Gesicht unabgetrocknet, damit die Luft sie stäche, und hatte seine Arme, wenn er nicht gerade den Rosenkranz sagte, strack an der Seite und nie in den Taschen oder hinter sich verschränkt.

Er kam in keine Versuchungen, die Todsünde zu begehen. Es überraschte ihn jedoch, daß er am Ende seines Pensums ausgeklügelter Frömmigkeit und Selbstbeherrschung so leicht der Gnade kindischer und unwürdiger Unvollkommenheiten ausgeliefert war. Seine Gebete und Fasten fruchteten ihm wenig bei der Unterdrückung des Zorns, wenn er seine Mutter niesen hörte oder bei seinen Übungen gestört wurde. Es bedurfte einer enormen Willensanstrengung, des Impulses Herr zu werden, der solchem Ärger Luft machen wollte. Bilder unerheblicher Zornausbrüche, die er oft an seinen Lehrern bemerkt hatte, ihre zuckenden Münder, verkniffenen Lippen und geröteten Backen, kamen ihm wieder ins Gedächtnis und entmutigten ihn, bei all seinem Demutstraining, im Vergleich. Sein Leben mit der allgemeinen Drift anderen Lebens zu verschmelzen war für ihn schwerer als alles Fasten oder Beten, und sein ständiges Versagen, dies zu seiner eigenen Zufriedenheit zu tun, löste in seiner Seele schließlich ein Gefühl spiritueller Trockenheit aus, zusammen mit einem Anwachsen von Zweifeln und Skrupeln. Seine Seele durchlief eine Periode der Trostlosigkeit, während der die Sakramente selber sich in ausgetrocknete Quellen verwandelt zu haben schienen. Seine Beichte wurde zu einem Kanal, auf dem die skrupulösen und nicht bereuten Unvollkommenheiten entweichen konnten. Die eigentliche Empfängnis der Eucharistie gab ihm nicht die selben zerschmelzenden Augenblicke jungfräulicher Hingabe wie jene geistigen Kommunionen, deren er gelegentlich am Ende eines Besuchs beim Heiligen Sakrament teilhaftig wurde. Das Buch, das er bei diesen Besuchen benutzte, war ein alter vernachlässigter Band des Heiligen Alfons Liguori, mit verbleichenden Buchstaben und vergilbten stockfleckigen Seiten. Eine verblichene Welt glühender Liebe und jungfräulichen Respondierens schien sich vor seiner Seele aufzutun, wenn er diese Seiten las, in denen die Metaphorik des Lieds der Lieder mit den Gebeten des Kommunikanten verwoben war. Eine unhörbare Stimme schien die Seele zu liebkosen, ihr Namen zu geben, Herrlichkeiten zu nennen, sie aufzustehen heißen wie zur

Hochzeit und mitzukommen, sie zu schauen heißen, eine Braut, von der Höhe Amana und von den Bergen der Leoparden; und die Seele schien mit derselben unhörbaren Stimme zu antworten und sich hinzugeben: *Inter ubera mea commorabitur.*

Der Gedanke der Hingabe hatte für seinen Geist eine gefährliche Anziehungskraft, wo er nun spürte, daß seine Seele doch wieder von den nachdrücklichen Stimmen des Fleisches bedrängt war, die während seiner Gebete und Meditationen wieder auf ihn einzumurmeln begannen. Es verschaffte ihm ein intensives Machtgefühl, zu denken, daß er durch einen einzigen Akt des Einverständnisses, im Gedanken eines Augenblicks, alles, was er vollbracht hatte, zunichte machen könnte. Es schien ihm, als nähere sich eine Flut langsam seinen nackten Füßen und als warte er nur darauf, daß das erste schwache schüchterne geräuschlose Wellchen seine fiebernde Haut berühre. Dann, fast im Augenblick dieser Berührung, fast am äußersten Rand sündigen Einverständnisses, fand er sich weit ab von der Flut auf trockenem Strand stehen, gerettet durch einen jähen Willensakt oder ein jähes Stoßgebet: und da er sah, daß der Silbersaum der Flut weit ab war und sich langsam wieder seinen Füßen zu nähern begann, erschütterte ein neuer Schauer von Macht und Befriedigung seine Seele, zu wissen, daß er nicht nachgegeben, noch alles zunichte gemacht hatte.

Als er sich der Flut der Versuchung viele Male auf diese Weise entzogen hatte, wurde er beunruhigt und fragte sich, ob die Gnade, die zu verlieren er sich geweigert hatte, ihm nicht Stück um Stück entwunden würde. Die klare Sicherheit von seiner eigenen Immunität trübte sich ein, und an ihre Stelle trat eine unbestimmte Angst, daß seine Seele in Wirklichkeit unversehens schon gefallen war. Nur mit Schwierigkeit gewann er das alte Bewußtsein seines Gnadenstandes zurück, indem er sich sagte, daß er bei jeder Versuchung zu Gott gebetet hätte und daß die Gnade, um die er gebetet hatte, ihm gewährt worden sein müßte, insofern als Gott nämlich dazu genötigt wäre. Gerade die Häufigkeit und Heftigkeit der Versuchungen zeigten ihm schließlich die Wahrheit dessen, was er über die Anfechtungen der Heiligen gehört hatte. Häufige und heftige Versuchungen waren ein Beweis, daß die Zitadelle der Seele nicht gefallen war und daß der Teufel wüte, sie zu Fall zu bringen.

Oft, wenn er seine Zweifel und Skrupel gebeichtet hatte, eine momentane Unaufmerksamkeit beim Gebet, eine unerhebliche Regung von Zorn in seiner Seele oder flüchtige Mutwilligkeit in Wort oder Tat, hieß ihn sein Beichtiger, irgendeine Sünde aus seinem vergangenen Leben zu nennen, bevor die Absolution ihm erteilt wurde. Er nannte sie mit Demut und Scham und bereute sie noch einmal. Es demütigte und beschämte ihn, wenn er dachte, daß er niemals ganz von ihr befreit sein würde, wie fromm er auch lebte oder welche Tugenden und Vollkommenheiten er auch erwerbe. Ein rastloses Gefühl von Schuld würde immer in ihm da sein: er würde beichten und bereuen und absolviert werden, beichten und wieder bereuen und wieder absolviert werden, fruchtlos. Vielleicht war diese erste hastige Beichte, die die Höllenangst ihm abgerungen hatte, nicht gut gewesen? Vielleicht, da er nur an seine unmittelbar drohende Verdammnis dachte, hatte ihm seine Sünde nicht aufrichtig leid getan? Aber das sicherste Zeichen, daß seine Beichte gut gewesen war und daß seine Sünde ihm aufrichtig leid getan hatte, war, das wußte er, die Besserung seines Lebens.

– Ich *habe* mein Leben gebessert, oder? fragte er sich.

* * *

Der Direktor stand in der Fensternische, den Rücken zum Licht, lehnte einen Ellbogen an das braune Querrouleau und schlenkerte, während er sprach und lächelte, langsam mit dem Kordel des anderen Rouleaus, das er in Schlingen legte. Stephen stand vor ihm und folgte einen Augenblick mit seinen Augen dem Schwinden des langen Sommertageslichts über den Dächern oder den langsamen bestimmten Bewegungen der priesterlichen Finger. Das Gesicht des Priesters war ganz im

Schatten, aber das schwindende Tageslicht von hinter ihm berührte die tief eingegrabenen Schläfen und die Wölbungen des Schädels. Stephen folgte auch mit seinen Ohren den Betonungen und Intervallen in der Stimme des Priesters, wie er feierlich und herzlich von gleichgültigen Dingen redete, den Ferien, die gerade zu Ende gegangen waren, den Ordensschulen im Ausland, der Versetzung von Lehrern. Die feierliche und herzliche Stimme fuhr ungezwungen mit ihrer Geschichte fort, und in den Pausen fühlte Stephen sich genötigt, sie durch respektvolle Fragen wieder in Gang zu bringen. Er wußte, daß die Geschichte ein Präludium war, und wartete auf die Fortsetzung. Seit der Ruf des Direktors an ihn gegangen war, hatte er sich den Kopf zerbrochen, um den Sinn dieses Rufes herauszubekommen; und während der langen rastlosen Zeit, die er im Sprechzimmer des College gesessen und gewartet hatte, daß der Direktor erscheine, waren seine Augen von einem nüchternen Bild zum andern die Wände entlang gewandert und sein Kopf von einer Mutmaßung zur anderen, bis ihm der Sinn der Zitation beinah klar geworden war. Da, als er eben wünschte, ein unvorhergesehener Grund könnte den Direktor am Kommen hindern, hatte er den Türgriff sich drehen und das Rauschen der Soutane gehört.

Der Direktor hatte zuerst vom Dominikaner- und Franziskanerorden gesprochen und von der Freundschaft zwischen dem heiligen Thomas und dem heiligen Bonaventura. Die Kapuzinertracht, fand er, war ein bißchen zu ...

Stephens Gesicht gab das nachsichtige Lächeln des Priesters zurück, und da ihm nicht unbedingt daran lag, seine Meinung hierzu abzugeben, machte er eine leicht zweifelnde Bewegung mit den Lippen.

– Ich glaube, fuhr der Direktor fort, daß es bei den Kapuzinern jetzt selbst im Gespräch ist, sie abzuschaffen und dem Beispiel der anderen Franziskaner zu folgen.

– Sie würden sie aber doch wohl im Kloster beibehalten, sagte Stephen.

– O gewiß, sagte der Direktor. Im Kloster geht sie durchaus,

aber für die Straße meine ich wirklich wäre es besser sie abzuschaffen. Meinst du nicht?
– Sie muß lästig sein, denk ich mir.
– Natürlich ist sie das, natürlich. Denk nur, als ich in Belgien war, hab ich sie bei jedem Wetter mit diesem Ding um die Knie radfahren sehn! Es war wirklich lächerlich. *Les jupes,* nennt man die in Belgien.
Der Vokal war so umgelautet, daß er unverständlich wurde.
– Wie nennen sie die?
– *Les jupes.*
– Ach so.
Stephen lächelte wieder als Antwort auf das Lächeln, das er auf dem verschatteten Gesicht des Priesters nicht sehen konnte, dessen Bild oder auch nur Geist ihm aber durch den Kopf huschte, als die vorsichtig-leise Aussprache sein Ohr traf. Er schaute gelassen vor sich hin auf den schwindenden Himmel, froh über die Abendkühle und den schwach-gelben Schein, der das winzige Feuer, das sich auf seiner Backe entfachte, verbarg.
Die Namen von Kleidungsstücken, die Frauen trugen, oder von bestimmten sanften und delikaten Stoffen, aus denen man sie machte, brachten ihm immer ein delikates und sündiges Parfüm in den Sinn. Als Junge hatte er sich die Zügel, in denen die Pferde stecken, als schmale Seidenbänder vorgestellt, und es schockte ihn, in Stradbrook das fettige Leder des Geschirrs zu fühlen. Es hatte ihn ebenfalls so geschockt, als er zum ersten Mal unter seinen zitternden Fingern das spröde Geweb eines Frauenstrumpfs fühlte, denn da er von allem was er las nichts behielt als das, was ihm als Echo oder Prophezeiung seiner eigenen Verfassung erschien, war es nur unter sanft gesetzten Worten oder in rosensanften Stoffen, daß er sich die Seele oder den Leib einer Frau, in der zartes Leben webte, zu denken wagte.
Doch das Wort auf den Lippen des Priesters war hintersinnig, denn er wußte, daß ein Priester nicht leichtfertig über dieses Thema sprechen sollte. Das Wort war mit Absicht leichtfertig

hingesagt worden und er spürte, daß sein Gesicht von den Augen im Schatten geprüft wurde. Was er je von der List der Jesuiten gehört oder gelesen hatte, hatte er rückhaltlos beiseite geschoben, da es seiner eigenen Erfahrung nicht entsprach. Seine Lehrer, auch wenn er sich nicht zu ihnen hingezogen fühlte, waren ihm immer als intelligente und ernste Priester, sportliche und unternehmende Präfekten erschienen. Er stellte sie sich als Männer vor, die ihre Körper deftig mit kaltem Wasser wuschen und reines kaltes Linnen trugen. Während all der Jahre, die er in Clongowes und in Belvedere unter ihnen verbracht hatte, hatte er nur zweimal Schläge bezogen, und obwohl er die zu Unrecht bekommen hatte, wußte er, daß er der Strafe oft genug entgangen war. Während all jener Jahre hatte er von keinem seiner Lehrer je ein frivoles Wort gehört: sie waren es, die ihn in der christlichen Lehre unterwiesen hatten und in ihn gedrungen waren, ein gutes Leben zu führen, und wenn er in schwere Sünde verstrickt war, waren sie es, die ihn in die Gnade zurückgeführt hatten. Ihre Gegenwart hatte sein Selbstbewußtsein gedämpft, als er ein Tolpatsch in Clongowes war, und sie hatte es ebenfalls gedämpft, als er seine zweideutige Stellung in Belvedere inne hatte. Dies Gefühl war ihm immer geblieben, bis hoch ins letzte Jahr seiner Schulzeit. Er war nicht einmal ungehorsam gewesen, noch hatte er sich durch turbulente Gefährten von dem ihm gewohnten stillschweigenden Gehorsam abbringen lassen: und selbst wenn er die und die Behauptung eines Lehrers bezweifelte, hatte er sich nie erdreistet, offen zu zweifeln. In letzter Zeit hatten manche ihrer Urteile ein wenig kindisch in seinen Ohren geklungen und in ihm Schmerz und Bedauern ausgelöst, als ziehe er langsam aus einer vertrauten Welt dahin und höre ihre Sprache zum letzten Mal. Als einmal ein paar Jungen um einen Priester unter der Remise bei der Kapelle standen, hatte er den Priester sagen hören:

– Ich glaube, Lord Macaulay war ein Mann, der vermutlich niemals in seinem Leben eine Todsünde begangen hat, das heißt, mit Absicht eine Todsünde.

Ein paar Jungen hatten den Priester dann gefragt, ob Victor Hugo nicht der größte französische Schriftsteller wäre. Der Priester hatte geantwortet, Victor Hugo hätte nie mehr halb so gut geschrieben, seit er sich gegen die Kirche gestellt habe, wie als er noch Katholik war.

– Aber es gibt viele namhafte französische Kritiker, sagte der Priester, die der Meinung sind, daß selbst Victor Hugo, so groß er gewiß auch war, keinen so reinen französischen Stil schrieb wie Louis Veuillot.

Die winzige Flamme, die die Anspielung des Priesters auf Stephens Backe entfacht hatte, war wieder erloschen, aber seine Augen waren noch immer auf den farblosen Himmel geheftet. Doch ein rastloser Zweifel flog hierhin und dahin vor seinem Geist. Maskierte Erinnerungen zogen rasch vor ihm hin: er erkannte Szenen und Personen wieder, war sich jedoch bewußt, daß es ihm nicht gelungen war, etwas Wesentliches an ihnen zu entdecken. Er sah sich, wie er in Clongowes über die Felder ging, den Spielen zusah und Spannenlangen Hansel aus seiner Cricketmütze aß. Ein paar Jesuiten gingen auf der Radbahn in Begleitung von Damen. Die Echos bestimmter in Clongowes benützter Ausdrücke schallten in hinteren Kammern seines Hirns.

In der Stille des Sprechzimmers lauschten seine Ohren diesen fernen Echos, bis er gewahr wurde, daß der Priester in anderem Ton zu ihm sprach.

– Ich habe dich heute kommen lassen, Stephen, weil ich mit dir über ein sehr wichtiges Thema sprechen wollte.

– Ja, Sir.

– Hast du je eine Berufung in dir verspürt?

Stephen öffnete seine Lippen, um ja zu sagen, unterdrückte dann aber plötzlich das Wort. Der Priester wartete auf die Antwort und fügte hinzu:

– Ich meine, hast du je in deinem Innersten, in deiner Seele, den Wunsch verspürt, dem Orden beizutreten? Denk nach.

– Ich habe manchmal daran gedacht, sagte Stephen.

Der Priester ließ die Rouleaukordel fahren, legte die Hände

zusammen, um feierlich sein Kinn darauf zu stützen, und kommunizierte mit sich selber.

– In einem College wie diesem, sagte er schließlich, gibt es einen Jungen oder vielleicht auch zwei oder drei, die Gott zum religiösen Leben beruft. Ein solcher Junge unterscheidet sich von seinen Kameraden durch seine Frömmigkeit, durch das gute Beispiel mit dem er anderen vorangeht. Es wird zu ihm aufgeschaut; er wird vielleicht von seinen Mitbrüdern der Sodalität zum Präfekten gewählt. Und du, Stephen, bist in diesem College solch ein Junge gewesen, Präfekt der Sodalität Unserer Lieben Frau. Vielleicht bist du in diesem College der Junge, den Gott nach seinem Ratschluß zu Sich berufen will.

Ein starker Beiklang von Stolz, der die Feierlichkeit der Stimme des Priesters noch unterstrich, ließ Stephens Herz zur Antwort schneller schlagen.

– Diesen Ruf zu empfangen, Stephen, sagte der Priester, ist die größte Ehre, die Gott der Allmächtige einem Menschen erweisen kann. Kein König oder Kaiser auf dieser Erde besitzt die Gewalt des Priesters Gottes. Kein Engel oder Erzengel im Himmel, kein Heiliger, nicht einmal die Seligste Jungfrau selbst besitzt die Gewalt eines Priesters Gottes: die Schlüsselgewalt, die Gewalt, zu binden und zu lösen von der Sünde, die Gewalt des Exorzierens, die Gewalt, aus den Geschöpfen Gottes die bösen Geister auszutreiben, die Gewalt über sie haben, die Gewalt, die Autorität, den großen Gott des Himmels auf den Altar herniedersteigen und die Gestalt von Brot und Wein annehmen zu lassen. Was für eine furchtbare Macht und Gewalt, Stephen!

Eine Flamme begann wieder auf Stephens Backe zu flackern, da er in dieser stolzen Anrede ein Echo seines eigenen stolzen Sinnierens hörte. Wie oft hatte er sich als Priester gesehen, der gelassen und demütig die furchtbare Gewalt ausübte, vor der Engel und Heilige in Ehrfurcht standen! Seine Seele hatte im geheimen mit Vorliebe über diesen Wunsch sinniert. Er hatte sich gesehen, einen jungen und verschwiegenen Priester, wie er bebend einen Beichtstuhl betrat, die Altarstufen erstieg, räucherte, die Knie beugte, die vagen Handlungen des Priesteramtes wahrnahm, die ihn wegen ihrer Ähnlichkeit mit der Realität und gleichzeitig ihrer Distanz zu ihr entzückten. In diesem nebulosen Leben, das er bei seinem Sinnieren durchlebt, hatte er sich die Stimmen und Gesten zugelegt, die ihm bei verschiedenen Priestern aufgefallen waren. Er hatte sein Knie seitwärts gebeugt wie dieser, er hatte das Rauchfaß nur leicht geschwenkt wie jener, sein Kasel hatte sich aufgeklappt wie bei einem Dritten, als er sich wieder zum Altar wandte, nachdem er das Volk gesegnet hatte. Und über allem hatte es ihm gefallen, den zweiten Platz in diesen nebulosen Szenen seiner Vorstellung einzunehmen. Er schreckte vor der Würde des Zelebranten zurück, weil ihm die Vorstellung mißfiel, daß all der vage Pomp in seiner eigenen Person kulminieren sollte oder daß der Ritus ihm ein so klares und endgültiges Amt anvertrauen könnte. Er sehnte sich nach den minderen heiligen Ämtern, wollte in die Tunizella des Subdiakons beim Hochamt gekleidet sein, abseits vom Altar stehen, vergessen vom Volk, die Achseln mit dem Schultervelum bedeckt, in dessen Falten er die Patene hielt, oder, wenn die Opferhandlung vollbracht war, als Diakon in einer Dalmatik aus Goldstoff auf der Stufe unter dem Zelebranten stehen, die Hände gefaltet und das Gesicht dem Volk zugekehrt, und feierlich singen *Ite, missa est.* Hatte er sich je selbst als Zelebranten gesehen, so war das in den Bildern von der Messe in seinem Kindermeßbuch, in einer Kirche ohne Gläubige, ausgenommen den Engel des Opfers, an kahlem Altar und von einem Akolythen unterstützt, der kaum jungenhafter als er selber war. Allein in unbestimmten sakrifiziellen und sakramentalen Handlungen fühlte sein Wille sich hingezogen, die Wirklichkeit zu suchen: und es war zum Teil das Fehlen eines festgesetzten Rituells, das ihn stets zur Untätigkeit genötigt hatte, ob er nun Schweigen sich auf seinen Zorn oder Stolz hatte senken lassen oder sich umarmen nur ließ, wo es ihn verlangte, selbst zu umarmen.

In ehrfürchtigem Schweigen lauschte er jetzt dem Anruf des

Priesters und durch die Worte hindurch hörte er, noch deutlicher sogar, eine Stimme, die ihn näherzutreten hieß und ihm geheimes Wissen und geheime Macht und Gewalt bot. Er würde dann wissen, welches die Sünde des Simon Magus war und welches die Sünde wider den Heiligen Geist, für die es keine Vergebung gab. Er würde um obskure Dinge wissen, die vor andern verborgen waren, vor denen, die als Kinder des Zorns empfangen und geboren waren. Er würde die Sünden wissen, die sündigen Sehnsüchte und sündigen Gedanken und sündigen Taten, von anderen, hören, wie sie ihm in die Ohren gemurmelt wurden im Beichtstuhl in der Scham einer dunkel gewordenen Kapelle von den Lippen von Frauen und Mädchen: doch auf geheimnisvolle Weise immun gemacht bei seiner Ordination durch das Auflegen der Hände, würde seine Seele wieder unbefleckt zum weißen Frieden des Altares ziehen. Kein Anhauch von Sünde säumte auf den Händen, mit denen er die Hostie höbe und bräche; kein Anhauch von Sünde säumte auf seinen Lippen im Gebet, um ihn sich selber zum Gericht essen und trinken zu lassen, indem daß er nicht unterscheide den Leib des Herrn. Er würde sein geheimes Wissen und seine geheime Macht und Gewalt halten, sündlos wie die Unschuldigen: und er wäre ein Priester in Ewigkeit nach der Ordnung Melchisedeks.

– Ich werde meine Messe morgen früh dafür lesen, sagte der Direktor, daß Gott der Allmächtige dir Seinen heiligen Willen offenbare. Und du, Stephen, sollst eine Novene an deinen heiligen Schutzpatron richten, den ersten Märtyrer, der sehr mächtig ist bei Gott, daß Gott deinen Geist erleuchte. Aber du mußt ganz sicher sein, Stephen, daß du eine Berufung hast, denn es wäre schrecklich, wenn du hinterher fändest, daß du keine gehabt hast. Einmal Priester, immer Priester, denk daran. Dein Katechismus sagt dir, daß das Sakrament der Priesterweihe eines derjenigen ist, die man nur einmal empfangen kann, weil es der Seele ein unauslöschliches spirituelles Merkmal einprägt, das niemals ausgewischt werden kann. Vorher mußt du abwägen, nicht hinterher. Es ist eine schwerwiegende Frage, Stephen, weil von ihr das Heil deiner ewigen Seele abhängen kann. Aber wir wollen zusammen zu Gott beten.

Er hielt die schwere Haustür auf und gab ihm die Hand, wie einem, der sein Gefährte schon war im geistlichen Leben. Stephen trat hinaus auf den weiten Vorplatz über den Stufen und empfand zärtlich die milde Abendluft. Auf der Höhe von Findlater's Church stolzierte ein Quartett junger Männer mit untergehakten Armen, sie schwangen ihre Köpfe hin und her und schritten zur flinken Melodie der Konzertina ihres Anführers. Die Musik rauschte in einem Augenblick, wie die ersten Takte jäher Musik es stets taten, über die phantastischen Gespinste seines Geistes und löste sie schmerzlos und geräuschlos auf, wie eine jähe Welle die in Sand gebauten Türmchen von Kindern auflöst. Mit einem Lächeln über die banale Weise hob er die Augen zum Gesicht des Priesters, und da er in ihm eine freudlose Spiegelung des versunkenen Tages sah, machte er seine Hand langsam los, die in dieser begütigenden Gesellschaft leise zur Ruhe gekommen war.

Als er die Stufen hinabstieg, wurde sein beunruhigtes Kommunizieren mit sich selbst ausgelöscht durch das Bild einer freudlosen Maske, die von der Schwelle des College einen versunkenen Tag widerspiegelte. Dann zog der Schatten des Collegelebens ernst und feierlich durch sein Bewußtsein. Es war ein ernstes und geordnetes und leidenschaftsloses Leben, das ihn erwartete, ein Leben ohne materielle Sorgen. Er fragte sich, wie er die erste Nacht im Noviziat verbringen und mit welcher Bestürzung er am ersten Morgen im Dormitorium aufwachen würde. Der beunruhigende Geruch der langen Korridore von Clongowes kam ihm wieder in den Sinn und er hörte das gedämpfte Gemurmel der brennenden Gasflammen. Sogleich begann jeder Teil seines Wesens Unrast auszustrahlen. Ein fiebriges Schnellerwerden seines Pulses folgte und ein Durcheinander sinnloser Wörter stieß seine wohlüberlegten Gedanken konfus hierhin und dahin. Seine Lungen blähten sich und schrumpften, als zöge er warme feuchte ungesunde

Luft ein, und er roch wieder die warme feuchte Luft, die im Bad in Clongowes über dem trägen torffarbenen Wasser hing.

Irgendein Instinkt, der bei diesen Erinnerungen erwachte, stärker als Erziehung oder Frömmigkeit, pulsierte bei jeder Näherung an dieses Leben heftig in ihm, ein listiger feindseliger Instinkt, und wappnete ihn gegen Begütigung. Die Frostigkeit und Ordnung dieses Lebens stießen ihn ab. Er sah sich in der Morgenkälte aufstehen und mit den andern zur Frühmette defilieren und ohnmächtig versuchen, mit seinen Gebeten gegen die leise Übelkeit seines Magens anzukämpfen. Er sah sich mit der Gemeinschaft eines College beim Essen sitzen. Was also war aus seiner tiefeingewurzelten Schüchternheit geworden, die ihn gehemmt hatte, unter fremdem Dach zu essen oder trinken? Was war aus dem Stolz seines Geistes geworden, der ihn sich selbst stets als ein Wesen hatte begreifen lassen, das keiner Ordnung einzupassen war?

Der Reverend Stephen Dedalus, S. J.

Sein Name in diesem neuen Leben stand jäh in Lettern vor seinen Augen und auf das folgte die Empfindung eines nicht bestimmten Gesichts oder der Farbe eines Gesichts. Die Farbe schwand und wurde intensiv wie der changierende Schein von fahlem Ziegelrot. War das der rauhe rötliche Schein, den er so oft an Wintermorgenden auf den rasierten Kinnladen der Priester gesehen hatte? Das Gesicht war augenlos und säuerlich und devot, von rosa Tönungen erstickten Zorns durchsetzt. War das nicht, in seinem Kopf, der Geist von dem Gesicht eines Jesuiten, einem, den manche Jungen Laternenkinn und andere Campbell-den-Fuchs nannten?

Er ging in dem Moment am Jesuitenhaus in der Gardiner Street vorüber und fragte sich vag-verwundert, welches Fenster seines wäre, wenn er je dem Orden beiträte. Dann wunderte er sich über die Vagheit seines Sich-Wunderns, über die Ferne seiner Seele von dem, was er bis dahin für ihr Sanktuarium gehalten hatte, über den schwanken Griff, in dem ihn so viele Jahre der Ordnung und des Gehorsams hielten, wenn eine einzige entschiedene und unwiderrufliche Handlung seinerseits für immer, in Zeit und Ewigkeit, seine Freiheit zu beenden drohte. Die Stimme des Direktors, die ihm die stolzen Ansprüche der Kirche und das Geheimnis und die Gewalt des Priesteramts aufredete, wiederholte sich leer in seinem Gedächtnis. Seine Seele war nicht da, das zu hören und zu grüßen, und er wußte jetzt, daß die Beschwörung, der er gelauscht hatte, bereits in ein leeres formales Prosastück zerfallen war. Er würde niemals das Rauchfaß vor dem Tabernakel als Priester schwingen. Seine Bestimmung war, sozialen oder religiösen Ordnungen auszuweichen. Die Weisheit des priesterlichen Anrufs traf ihn nicht ins Mark. Ihm war bestimmt, seine eigene Weisheit fern von anderen zu erfahren oder die Weisheit anderer selber zu erfahren als Wanderer in den Stricken der Welt.

Die Stricke der Welt waren ihre Wege der Sünde. Er würde fallen. Er war noch nicht gefallen, aber er würde fallen, still, in einem Augenblick. Nicht zu fallen war zu schwer, zu schwer: und er fühlte den stillen Sturz seiner Seele, der eines kommenden Augenblicks geschähe, wie sie fiel, fiel doch nicht gefallen war, noch ungefallen doch am Fallen.

Er überquerte die Brücke über die Tolka und richtete seine Augen einen Augenblick kalt auf den verblichenen blauen Schrein der Seligsten Jungfrau, der hühnerartig auf einer Stange inmitten eines schinkenförmigen Feldlagers armer Hütten stand. Dann wandte er sich nach links und ging den Weg, der zu seinem Haus hinaufführte. Der schwache saure Gestank von verfaultem Kohl kam ihm von den Küchgärten auf dem ansteigenden Grund überm Fluß entgegen. Er lächelte bei dem Gedanken, daß es diese Unordnung war, die Mißwirtschaft und das Durcheinander im Haus seines Vaters und die Stockung des vegetabilischen Lebens, was den Sieg in seiner Seele davontragen sollte. Dann kam kurzes Lachen von seinen Lippen, als er an diesen einsamen Landarbeiter in den Küchgärten hinter ihrem Haus dachte, dem sie den Spitznamen Der-Mann-mit-dem-Hut gegeben hatten. Ein zweites Lachen, das nach einer Pause das erste fortführte, kam unfreiwillig aus ihm, als er daran dachte, wie Der-Mann-mit-dem-Hut arbeitete, wie er der Reihe nach die vier Himmelsrichtungen prüfte und dann, bedauernd, seinen Spaten in die Erde grub.

Er stieß die Haustür, die kein Schnappschloß hatte, auf und ging durch den nackten Flur in die Küche. Seine Brüder und Schwestern saßen in einer Gruppe um den Tisch. Die Teezeit war fast vorbei, und nur der Rest des zweiten Teeaufgusses stand am Grund der kleinen Glaskrüge und Marmeladentöpfe, die als Teetassen herhalten mußten. Weggeworfene Krusten und Brocken gezuckerten Brots, die von dem Tee, den man über sie gegossen hatte, braun geworden waren, lagen auf dem Tisch verstreut. Kleine Teelachen standen hier und da auf dem Holz und ein Messer mit zerbrochenem Elfenbeingriff steckte im Bauch eines ramponierten Auflaufs.

Der traurig-ruhige graublaue Schein des sterbenden Tags kam durch das Fenster und die offene Tür, er deckte die jähe Reueanwandlung in Stephens Herzen beschwichtigend zu. Alles, was ihnen versagt war, war ihm, dem Ältesten, einschränkungslos gegeben worden: aber der ruhige Schein des Abends zeigte ihm in ihren Gesichtern kein Zeichen von Erbitterung.

Er setzte sich neben sie an den Tisch und fragte, wo Vater und Mutter wären. Jemand antwortete:

– Wegsen umsen einsen Haussen ansen zusen kucksen ensen.

Wieder ein Umzug! Ein Junge in Belvedere namens Fallon hatte ihn oft mit dümmlichem Lachen gefragt, warum sie so oft umzögen. Ein höhnischer Zug verdunkelte kurz seine Stirn, als er wieder das dümmliche Lachen des Fragers hörte.

Er fragte:

– Warum ziehen wir denn schon wieder um, wenn man mal fragen darf?

Die selbe Schwester antwortete:

– Weilsen dersen Wirtsen unssen ansen diesen Luftsen setztsen.

Die Stimme seines jüngsten Bruders, an der anderen Seite des Kamins, begann die Weise *Oft in der stillen Nacht* zu singen.

Eins nach dem andern fielen die übrigen ein, bis ein voller Stimmenchor sang. So würden sie stundenlang singen, Melodie um Melodie, Lied um Lied, bis das letzte bleiche Licht am Horizont erstarb, bis die ersten dunklen Nachtwolken herauskamen und Nacht sich senkte.

Er wartete einige Augenblicke und hörte zu, bevor er in die Weise einfiel. Mit schmerzendem Bewußtsein hörte er auf den Beiklang von Müdigkeit hinter ihren zerbrechlichen frischen unschuldigen Stimmen. Bevor sie sich noch auf die Lebensreise machten, schienen sie des Wegs schon müd zu sein.

Er hörte den Chor der Stimmen in der Küche vervielfacht widerklingen in einem endlosen Echo der Chöre endloser Generationen von Kindern: und hörte in all den Echos ein Echo zugleich des wiederkehrenden Tons von Müdigkeit und Schmerz. Alle schienen lebensmüd, noch bevor sie zu leben begannen. Und er erinnerte sich, daß Newman diesen Ton auch in den gebrochenen Zeilen Virgils gehört hatte, *die wie die Stimme der Natur selber jenem Schmerz und jener Müdigkeit und doch auch jener Hoffnung auf Besseres Ausdruck geben, die zu allen Zeiten von ihren Kindern erfahren werden.*

* * *

Er konnte nicht länger warten.

Von der Tür des Byronschen Wirtshauses zum Tor der Clontarf Chapel, vom Tor der Clontarf Chapel zur Tür des Byronschen Wirtshauses und dann wieder zur Chapel und dann wieder zum Wirtshaus war er zuerst langsam gependelt, hatte seine Schritte peinlich genau in die Felder der Platten auf dem Gehsteig gesetzt, dann ihren Rhythmus im Rhythmus von Versen taktiert. Eine volle Stunde war vergangen, seit sein Vater mit Dan Crosby, dem Tutor, hineingegangen war, um sich für ihn wegen der Universität zu erkundigen. Eine volle Stunde war er wartend hin und hergependelt: aber er konnte nicht länger warten.

Jäh setzte er sich in Richtung Bull in Bewegung und ging ge-

schwind, damit der schrille Pfiff seines Vaters ihn nicht noch zurückrufen könnte; und in wenigen Augenblicken hatte er die Kurve an der Polizeikaserne hinter sich gebracht und war sicher.
Ja, seine Mutter war der Idee feindlich gesonnen, das hatte er an ihrem teilnahmslosen Schweigen ablesen können. Doch ihr Mißtrauen reizte ihn schärfer als seines Vaters Stolz und er dachte kalt daran, wie er den Glauben, der in seiner Seele schwand, in ihren Augen hatte älter und stärker werden sehen. Ein undeutlicher Antagonismus braute sich in ihm zusammen und verfinsterte wie eine Wolke seinen Geist gegen ihre Abkehr: und als das vorüber war, wolkenartig, und sein Geist wieder heiter und respektvoll ihr gegenüber wurde, empfand er undeutlich und ohne Bedauern den ersten lautlosen Riß, der durch ihrer beider Leben ging.
Die Universität! So war er über den Anruf der Wächter denn hinaus, die die Hüter seiner Knabenzeit gewesen waren und getrachtet hatten, ihn bei sich zu behalten, auf daß er ihnen untertan wäre und ihren Zielen diene. Stolz, auf Befriedigung folgend, hob ihn hoch wie lange langsame Wellen. Das Ziel, dem zu dienen er geboren war, ohne es doch schon zu sehen, hatte ihn auf ungesehnem Pfad geführt, um zu entkommen: und jetzt machte es ihm noch einmal Zeichen und ein neues Abenteuer sollte sich vor ihm auftun. Ihm war, als höre er die Klänge einer eigensinnigen Musik, die hüpfte einen Ton aufwärts und abwärts eine verminderte Quart, aufwärts einen Ton und abwärts eine große Terz, wie dreifach sich verzweigende Flammen, die eigensinnig hüpften, Flamme um Flamme, aus mitternächtigem Wald. Es war ein Elfenpräludium, endlos und formlos; und wie es wilder und schneller wurde, die Flammen aus dem Takt hüpften, war ihm, als höre er unter den Ästen und Gräsern hervor wilde Geschöpfe rasen, und ihre Füße pladderten wie Regen auf Blätter. Ihre Füße strichen in pladderndem Aufruhr über sein Bewußtsein, die Füße von Hasen und Kaninchen, die Füße von Hirschen und Hindinnen und Antilopen, bis er sie nicht mehr hörte und sich

nur einer stolzen Kadenz von Newman erinnerte: *Deren Füße wie die Füße von Hirschen sind und unter den immerwährenden Armen.*
Das Stolze dieses undeutlichen Bildes brachte ihm wieder die Würde des Amtes ins Gedächtnis, das er verschmäht hatte. Während seiner ganzen Knabenzeit hatte er dem nachgesonnen, was er so oft für seine Bestimmung gehalten hatte, und als der Moment für ihn gekommen war, dem Ruf zu gehorchen, hatte er sich abgewandt und einem launischen Instinkt gehorcht. Jetzt lag eine Zeit dazwischen: die Öle der Priesterweihe würden seinen Leib niemals salben. Er hatte verschmäht. Warum?
Er wandte sich zum Meer, von der Straße in Dollymount weg, und wie er auf der dünnen Holzbrücke war, spürte er, daß die Planken vom Getrampel schwer beschuhter Füße erschüttert wurden. Eine Schwadron Christian Brothers war auf dem Heimweg vom Bull und hatte begonnen, die Brücke, zwei und zwei, zu überqueren. Bald zitterte und hallte die ganze Brükke. Die ungeschlachten Gesichter gingen, zwei und zwei, an ihm vorüber, fleckig gelb oder rot oder bläulich vom Meer, und wie er sie so leichthin und gleichgültig mustern wollte, stieg ihm ein schwacher Flecken Scham über sich selbst und Mitleid ins eigene Gesicht. Zornig über sich, versuchte er sein Gesicht vor ihren Augen zu verbergen, indem er seitlich hinunter ins seichte strudelnde Wasser unter der Brücke blickte, aber darin sah er dann die Spiegelung ihrer kopflastigen Seidenhüte und demütigen streifenartigen Kragen und lose hängenden klerikalen Kleider.
– Bruder Hickey.
Bruder Quaid.
Bruder MacArdle.
Bruder Keogh.
Ihre Frömmigkeit entspräche ihren Namen, ihren Gesichtern, ihren Kleidern, und es war leeres Gerede, daß er sich sagte, ihre demütigen und bußfertigen Herzen zollten, das könnte wohl sein, einen weit reicheren Tribut der Andacht als seiner

es je war, eine zehnmal wohlgefälligere Gabe als seine ausgeklügelte Adoration. Es war leeres Gerede, daß er sich dazu antrieb, hochherzig gegen sie zu sein, daß er sich sagte, käme er je an ihre Pforten, seines Stolzes beraubt, geschlagen und in Bettlerlumpen, daß sie dann hochherzig gegen ihn wären und ihn liebten wie sich selbst. Müßig und erbitternd, schließlich, gegen seine eigene leidenschaftslose Gewißheit zu räsonnieren, daß das Gebot der Liebe uns nicht befahl, unsern Nachbarn mit der selben Fülle und Stärke von Liebe zu lieben wie uns selbst, sondern ihn mit der selben Art von Liebe zu lieben wie uns selbst.

Er holte einen Satz aus seinem Schatzbehalter und sprach ihn leise vor sich hin:

– *Ein Tag gescheckter meergetragner Wolken.*

Der Satz und der Tag und die Szenerie harmonierten in einem Akkord. Wörter. Waren es ihre Farben? Er ließ sie aufscheinen und wieder verblassen, Ton um Ton: das Gold des Sonnenaufgangs, das Rostbraun und Grün der Apfelgärten, Azur der Wellen, das graugesäumte Vlies der Wolken. Nein, es waren nicht ihre Farben: es war das Ebenmaß und die Balance der Periode selbst. Liebte er also die rhythmischen Hebungen und Senkungen von Wörtern mehr als ihre Assoziationen zu Legende oder Farbe? Oder war es, weil seine Augen so schwach waren wie sein Geist schüchtern, daß er darum weniger Vergnügen an der Reflektion der sichtbar aufscheinenden Sinnenwelt im Prisma vielfarbener und üppig verwobener Sprache hatte als an der Betrachtung einer inneren Welt privater Emotionen, die sich in klarer schmiegsamer periodischer Prosa perfekt spiegelten?

Er ging von der zitternden Brücke wieder hinunter auf festes Land. In diesem Augenblick, so schien ihm, war in der Luft ein Frösteln, und wie er schräg zum Wasser blickte, sah er eine fliegende Bö jäh die Flut kräuseln und verdunkeln. Ein schwaches Klicken in der Herzgegend, ein schwaches Klopfen in der Kehle sagten ihm ein weiteres Mal, wie sein Fleisch den kalten vormenschlichen Geruch des Meeres fürchtete: doch schlug er sich nicht nach links über die Dünen, sondern hielt sich gradaus auf dem Felskamm, der gegen die Flußmündung wies.

Verschleiertes Sonnenlicht erhellte schwach die graue Wasserfläche, die den Fluß einbuchtete. In der Ferne längs des Laufs der langsamfließenden Liffey sprenkelten schlanke Masten den Himmel und, noch ferner, lag das trübe Gespinst der Stadt hingestreckt im Dunst. Wie eine Szene auf einem verblaßten Gobelin, alt wie des Menschen Müdigkeit, zeigte sich ihm das Bild der Siebenten Stadt der Christenheit jenseits der zeitlosen Luft, nicht älter noch müder noch der Unterwerfung gegenüber weniger geduldig als in den Tagen des Things.

Entmutigt hob er die Augen zu den langsam treibenden Wolken, gescheckt und meergetragen. Sie reisten durch die Wüste des Himmels, eine Heerschar Nomaden auf dem Marsch, reisten hoch über Irland, West voraus. Das Europa, aus dem sie gekommen, lag da draußen hinter der Irischen See, das Europa fremder Zungen und tälerdurchzogen und wäldergesäumt und zitadelliert und in Schützengräben verschanzter und mobilisierter Völker. Er hörte in seinem Innern eine verworrene Musik wie von Erinnerungen und Namen, deren er sich fast bewußt war und die er doch nicht, auch nur einen Augenblick, fassen konnte; dann schien die Musik zu verebben, verebben, verebben: und aus jedem verebbenden Zug der nebelhaften Musik klang stets *ein* langgezogener rufender Ton, der wie ein Stern das Dämmerschweigen durchstach. Wieder! Wieder! Wieder! Es rief eine Stimme von jenseits der Welt.

– Hallo, Stephanos!

– Hier kommt Der Dedalus!

– Ao! ... Hej, laß das sein, Dwyer, ich sags dir im guten oder ich hau dir eins in die Fresse ... Ao!

– Brav, Towser! Tauch ihn!

– Komm her, Dedalus! Bous Stephanoumenos! Bous Stephaneforos!

– Tauch ihn! Laß ihn saufen, Towser!

– Hilfe! Hilfe! ... Ao!

Er erkannte sie alle an ihrer Sprache, bevor er ihre Gesichter unterschied. Beim bloßen Anblick dieses Durcheinanders nasser Nacktheit fröstelte es ihn bis in die Knochen. Ihre Körper, leichenweiß oder durchflutet von einem fahlen goldnen Licht oder roh gebräunt von den Sonnen, schimmerten vom Naß des Meeres. Ihr Sprungstein, der auf seinen primitiven Stützen im Gleichgewicht gehalten wurde und bei ihrem Absprung ruckte, und die grobbehauenen Steine des abschüssigen Dammes, über den sie bei ihrem Unfug krochen, schimmerten in kaltem nassem Glanz. Die Handtücher, mit denen sie ihre Körper klapsten, waren schwer von kaltem Meerwasser: und durchnäßt von kaltem Salz war ihr verfilztes Haar.
Er blieb mit Rücksicht auf ihre Rufe stehen und parierte ihr Geneck mit zwanglosen Worten. Wie charakterlos sie aussahen: Shuley ohne seinen weiten unzugeknöpften Kragen, Ennis ohne seinen scharlachroten Gürtel mit der Schlangenschnalle und Connolly ohne seinen Norfolk-Rock mit den klappenlosen Seitentaschen! Es war eine Pein sie zu sehen und eine Pein wie von Schwertern, die Zeichen der Adoleszenz an ihnen zu sehen, die ihre erbärmliche Nacktheit abstoßend machten. Vielleicht hatten sie in Lärm und Menge Zuflucht vor der geheimen Furcht in ihrer Seele gesucht. Doch er, abseits von ihnen und schweigend, erinnerte sich, in welcher Furcht er vor dem Geheimnis seines eigenen Leibes stand.
– Stephanos Dedalos! Bous Stephanoumenos! Bous Stephaneforos!
Ihr Geneck war ihm nicht neu und jetzt schmeichelte es seiner milden stolzen Souveränität. Jetzt, wie nie zuvor, erschien ihm sein sonderbar-fremder Name als eine Prophezeiung. So zeitlos schien die graue warme Luft, so fluid und entpersönlicht seine eigne Stimmung, daß alle Zeitalter vor ihm wie eines waren. Einen Augenblick zuvor hatte der Geist des alten Königreichs der Dänen durch die Gewandung der dunstumhüllten Stadt geschaut. Jetzt, bei dem Namen des fabulösen Artifex, schien er das Brausen düsterer Wellen zu hören und eine geflügelte Gestalt über den Wellen fliegen und langsam

die Luft erklimmen zu sehen. Was bedeutete das? War es eine wundersame Devise oben auf der Seite eines mittelalterlichen Buches mit Prophezeiungen und Symbolen, ein falkengleicher Mann, der sonnwärts flog übers Meer, eine Prophezeiung des Zieles, dem zu dienen er geboren war und dem er durch die Nebel der Kindheit und der Knabenzeit gefolgt war, ein Symbol des Künstlers, der in seiner Werkstatt von neuem aus dem trägen Stoff der Erde ein neues hoch sich aufschwingendes ungreifbares unvergängliches Wesen schmiedet?
Sein Herz zitterte; sein Atem ging rascher und ein wilder Geist fuhr ihm über die Glieder, als schwinge er sich hoch auf, sonnenwärts. Sein Herz zitterte in einer Ekstase der Angst und seine Seele war im Flug. Seine Seele schwang sich hoch auf in einer Luft jenseits der Welt und der Leib, den er kannte, wurde in einem Atemzug geläutert und seiner Ungewißheit entbunden und strahlend gemacht und mit dem Element des Geistes vermischt. Flugekstase machte seine Augen strahlend und wild seinen Atem und zittrig und wild und strahlend seine windgepeitschten Glieder.
– Eins! Zwei! . . . Achtung!
– Jesses, ich versauf!
– Eins! Zwei! Drei und ab!
– Ich jetzt! Ich jetzt!
– Eins! . . . Uch!
– Stephaneforos!
Seine Kehle tat weh vor Verlangen laut zu schreien, den Schrei des Falken oder Adlers hoch droben auszustoßen, seine Entbindung, seine Befreiung durchdringend in die Winde zu schreien. Das war der Ruf des Lebens an seine Seele, nicht die stumpfe grobe Stimme der Welt der Pflichten und Verzweiflung, nicht die inhumane Stimme, die ihn zu dem bleichen Dienst am Altar gerufen hatte. Ein Augenblick wilden Flugs hatte ihn befreit und der Triumphschrei, den seine Lippen zurückhielten, zerhieb ihm das Hirn.
– Stephaneforos!
Was waren sie jetzt anderes als Bahrtücher, abgeschüttelt vom

Leib des Todes – die Angst, in der er Tag und Nacht sich bewegt, die Ungewißheit, die ihn eingekreist, die Scham, die ihn innerlich und äußerlich erniedrigt hatte – Bahrtücher, die Linnen des Grabs?
Seine Seele war auferstanden aus dem Grab der Knabenzeit und schleuderte ihre Grabtücher von sich. Ja! Ja! Ja! Schaffen würde er, stolz, aus der Freiheit und Macht seiner Seele heraus, wie der große Artifex dessen Namen er trug, ein Lebendiges, das hoch sich aufschwang und neu war und schön, ungreifbar, unvergänglich.
Nervös brach er auf von dem Steinblock, denn er konnte die Flamme in seinem Blut nicht länger löschen. Er spürte wie seine Backen flammten und in seiner Kehle Lieder zuckten. Eine Lust auszuziehen war in seinen Füßen, die darauf brannten, sich aufzumachen ans Ende der Welt. Weiter! Weiter! schien sein Herz zu schreien. Abend würde sich übers Meer breiten, Nacht sich auf die Ebenen senken, Dämmerung vor dem Wanderer glänzen und ihm fremde Gefilde und Hügel und Gesichter zeigen. Wohin?
Er schaute nach Norden zum Howth. Das Meer war unter die Linie aus Algen an der seichten Seite des Damms gesunken und schon floß die Flut rasch zurück längs dem Gestade. Schon lag eine lange ovale Sandbank warm und trocken inmitten kleiner Wellen. Hier und da schimmerten warme Sandinseln über der seichten Flut, und an den Inseln und um die lange Bank und inmitten der seichten Strömungen am Strand waren leichtbekleidete lustigbekleidete Gestalten, die wateten und gruben.
In wenigen Augenblicken war er barfuß, die Strümpfe steckten zusammengelegt in seinen Taschen und die Leinenschuhe baumelten ihm an den verknoteten Riemen von den Schultern: da griff er sich noch einen spitzen salzzerfressenen Stekken aus dem Strandgut zwischen den Felsen und kletterte die Schrägung des Dammes hinunter.
An der Küste gab es einen langen Priel: und wie er langsam den Lauf hochwatete, staunte er über den Seetang, der da end-

los in ihm trieb. Smaragd und schwarz und rostbraun und oliv bewegte der sich unter der Strömung, schwankte und wandt sich. Das Wasser des Priels war dunkel von dem, was endlos in ihm trieb, und spiegelte die hoch oben treibenden Wolken. Die Wolken trieben still über ihn und still trieb der Tang unter ihm; und die graue warme Luft war ruhig: und ein neues wildes Leben sang in seinen Adern.

Wo war jetzt seine Knabenzeit? Wo war die Seele, die vor ihrer Bestimmung gezaudert hatte, um allein über die Scham ihrer Wunden zu brüten und in ihrem Haus der Dürftigkeit und Ausflucht ebendiese zur Königin zu krönen, in verblichenen Bahrtüchern und mit Kränzen, die welkten, wenn man sie anrührte? Oder wo war er?

Er war allein. Er war unbeobachtet, glücklich und dem wilden Herzen des Lebens nah. Er war allein und jung und mutwillig und wildbeherzt, allein inmitten einer Wüste wilder Luft und brackiger Wasser und der Meerlese aus Muscheln und Tang und verschleierten grauen Sonnenlichts und lustigbekleideter leichtbekleideter Gestalten, von Kindern und Mädchen und Stimmen, kindlich und mädchenhaft, in der Luft.

Ein Mädchen stand vor ihm in der Strömung, allein und still, schaute aufs Meer hinaus. Sie schien wie jemand, dem Zauberei das Aussehn eines sonderbar-fremden und schönen Seevogels verliehen hat. Ihre langen schlanken bloßen Beine waren grazil wie die eines Kranichs und rein außer dort, wo ein smaragdener Streif Seetang sich als ein Zeichen auf das Fleisch drapiert hatte. Ihre Schenkel, voller und zartgetönt wie Elfenbein, waren fast bis zu den Hüften entblößt, wo die weißen Spitzen ihrer Hosen wie Gefieder zarter weißer Daunen wirkten. Ihre schieferblauen Röcke waren kühn über der Taille geschürzt und hingen hinten schwalbenschwänzig herab. Ihre Brust war wie die eines Vogels zart und schmal, schmal und zart wie die Brust einer dunkelgefiederten Taube. Aber ihr langes helles Haar war mädchenhaft: und mädchenhaft, und vom Wunder sterblicher Schönheit angerührt, ihr Gesicht.

Sie war allein und still, schaute aufs Meer hinaus: und als sie seine Gegenwart spürte und die Anbetung seiner Augen – ihre Augen wandten sich da ihm zu und duldeten ruhig seinen Blick, ohne Scham oder Lüsternheit. Lange, lange duldete sie seinen Blick und löste dann ruhig ihre Augen aus seinen und senkte sie auf die Strömung, sanft mit ihrem Fuß im Wasser rührend, hierhin und dahin. Das erste leise Geräusch sanft sich bewegenden Wassers brach die Stille, schwach und leise und flüsternd, leise wie die Glocken des Schlafs; hierhin und dahin, hierhin und dahin: und eine leise Flamme zitterte auf ihrer Wange.

– Himmlischer Gott! schrie Stephens Seele in einem Ausbruch profaner Freude.

Er wandte sich plötzlich von ihr weg und zog los über den Strand. Ihm flammten die Wangen; glühte der Körper; zitterten die Glieder. Weiter und weiter und weiter und weiter streifte er, weit hinaus über den Sand, und sang wild dem Meer zu und rief seinen Gruß dem Advent des Lebens zu, das ihm gerufen hatte.

Ihr Bild war in seine Seele gedrungen, für immer, und kein Wort hatte das heilige Schweigen seiner Ekstase gebrochen. Ihre Augen hatten ihn gerufen und seine Seele war bei dem Anruf gehüpft. Lieben, irren, fallen, triumphieren, Leben aus Leben neu erschaffen! Ein wilder Engel war ihm erschienen, der Engel sterblicher Jugend und Schönheit, ein Gesandter von den lieblichen Residenzen des Lebens, um vor ihm in einem Augenblick der Ekstase die Tore zu allen Straßen des Irrtums und der Herrlichkeit aufzureißen. Weiter und weiter und weiter und weiter!

Er blieb plötzlich stehen und hörte sein Herz in der Stille. Wie weit war er gegangen? Welche Stunde war es?

Keine menschliche Gestalt war in seiner Nähe noch trug ihm die Luft irgendeinen Laut zu. Doch die Flut kehrte gleich zurück und der Tag ging schon zur Neige. Er kehrte sich zum Land und rannte aufs Ufer zu, und wie er den abschüssigen Strand hochrannte, ohne sich um den spitzen Kies zu kümmern, fand er in einem Ring büscheliger Sandkuppen ein sandiges Schlupfloch und legte sich dort hin, damit der Friede und das Schweigen des Abends den Tumult seines Blutes stillten.

Er fühlte über sich die weite gleichgültige Kuppel und den geruhsamen Gang der Himmelskörper; und die Erde unter sich, die Erde, die ihn getragen, ihn an ihre Brust gezogen hatte.

Er schloß die Augen in der Sehnsucht nach Schlaf. Seine Lider zitterten, als spürten sie den weiten Kreislauf der Erde und derer, die sie beobachteten, zitterten, als spürten sie das sonderbar-fremde Licht einer neuen Welt. Seine Seele sank ohnmächtig in eine neue Welt, phantastisch, trüb, unstet wie unter dem Meer, von wolkigen Formen und Wesen durchquert. Eine Welt, ein Schimmer, oder eine Blume? Schimmernd und zitternd, zitternd und sich entfaltend, ein anbrechendes Licht, eine sich öffnende Blume, breitete sich das in endloser Folge des Immergleichen, brach auf in vollem Karmesin und entfaltete sich und verblich zu blassestem Rosenrot, Blatt um Blatt und Lichtwelle um Lichtwelle, überflutete die Himmel mit seinen sanften Gluten, und jede Glut war dunkler als die andere.

Der Abend war hereingebrochen, als er erwachte, und der Sand und die dürren Gräser seine Bettes glühten nicht länger. Er stand langsam auf und bei der Erinnerung an die Verzükkung seines Schlafs seufzte er über soviel Freude.

Er stieg auf den Kamm der Düne und schaute um sich. Der Abend war hereingebrochen. Ein Rand des jungen Monds spaltete die bleiche Himmelswüste wie der Rand eines in grauen Sand gegrabenen Silberreifens; und die Flut floß rasch herein zum Land, mit leisem Flüstern ihrer Wellen, und machte Inseln aus ein paar letzten Gestalten in fernen Lachen.

V

Er spülte seine dritte Tasse wässrigen Tees herunter, bis zum Satz, und machte sich daran, die um ihn her verstreuten Krusten Röstbrot zu kauen, wobei er in die dunkle Lache der Kanne stierte. Die gelbe Lorke war wie aus einem Moorloch abgeschöpft worden und die Lache darunter erinnerte ihn an das dunkle torffarbene Wasser des Bades in Clongowes. Die Schachtel Pfandscheine an seinem Ellbogen war grade durchstöbert worden und müßig nahm er nacheinander in seine Fettfinger die blauweißen Abschnitte, die bekritzelt und besandelt und zerknittert waren und die Namen der Verleiher, etwa Daly oder MacEvoy, trugen.

1 Paar Schnürstiefel

1 d. Rock.

3 Div. und Umschl. weiß.

1 Herrenhose.

Dann schob er sie weg und schaute nachdenklich auf den von Läusespuren gesprenkelten Deckel der Schachtel und fragte obenhin:

– Wieviel geht die Uhr jetzt vor?

Seine Mutter stellte den zerbeulten Wecker, der mitten auf dem Küchenkaminsims auf der Seite lag, gerade, bis das Zifferblatt ein Viertel vor Zwölf zeigte, und dann legte sie ihn wieder auf die Seite.

– Eine Stunde und fünfundzwanzig Minuten, sagte sie. In Wirklichkeit ist es jetzt zwanzig nach zehn. Weiß der Kuckuck, du könntest wirklich versuchen, pünktlich in deinen Vorlesungen zu sein.

– Stellt mir das Waschzeug hin, sagte Stephen.

– Katey, stell Stephen das Waschzeug hin.

– Boody, stell Stephen das Waschzeug hin.

– Ich kann nicht, ich geh Wäscheblau holen. Stell dus hin, Maggie.

Als die Emailleschüssel in die Senke des Spülsteins gepaßt und

der alte Waschhandschuh daneben gepfeffert war, ließ er sich von seiner Mutter den Hals schrubben und in die Rillen der Ohren und in die Winkel an den Nasenflügeln graben.
– Es ist wirklich schon arg, sagte sie, wenn ein Student von der Universität so dreckig ist, daß seine Mutter ihn waschen muß.
– Aber es macht dir Vergnügen, sagte Stephen ruhig.
Ein ohrenzerreißender Pfiff war vom Obergeschoß zu hören und seine Mutter stieß ihm einen feuchten Kittel in die Hände, wobei sie sagte:
– Trocken dich ab und mach dich um Himmelswillen auf die Beine.
Ein zweiter schriller, zornig ausgehaltener Pfiff brachte eins der Mädchen an den Fuß der Treppe.
– Ja, Vater?
– Ist deine faule Sau von Bruder endlich weg?
– Ja, Vater.
– Bestimmt?
– Ja, Vater.
– Hm!
Das Mädchen kam zurück und machte ihm Zeichen, sich zu beeilen und leise hinten hinaus zu gehen. Stephen lachte und sagte:
– Er hat eine merkwürdige Vorstellung von den Genera, wenn er Sau für männlich hält.
– Ach, es ist ein Skandal und eine Schande für dich, Stephen, sagte seine Mutter, und du wirst einmal den Tag noch verwünschen, an dem du deinen Fuß dort rein gesetzt hast. Ich weiß, wie es dich verändert hat.
– Guten Morgen allerseits, sagte Stephen, lächelnd und zum Abschied seine Fingerspitzen küssend.
Der Weg hinter der Terrace war überschwemmt und als er ihn langsam hinabging, genau aufpaßte, wo er zwischen den Haufen nassen Unrats hintrat, hörte er eine verrückte Nonne in dem Irrenhaus für Nonnen hinter der Mauer gellend schreien.

– Jesus! O Jesus! Jesus!
Mit einem zornigen Schnicken des Kopfes schüttelte er sich den Ton aus den Ohren und eilte durch den schimmelnden Abfall stolpernd weiter, im Herzen schon den wehen Stich von Ekel und Bitterkeit. Seines Vaters Pfiff, das Gemurr seiner Mutter, der gellende Schrei einer ungesehenen Wahnsinnigen waren für ihn jetzt wie Stimmen, die den Stolz seiner Jugend beleidigten und zu demütigen drohten. Er trieb ihr Echo sogar mit einer Verwünschung aus seinem Herzen: aber als er die Allee hinunterging und um sich her das graue Morgenlicht durch die tropfenden Bäume fallen spürte und den sonderbaren wilden Geruch der nassen Blätter und der Rinde roch, löste sich seine Seele aus ihrem Jammer.
Die regenschweren Bäume der Allee weckten in ihm, wie stets, Erinnerungen an die Mädchen und Frauen in den Stücken Gerhart Hauptmanns; und die Erinnerung an ihr bleiches Leid und das Arom, das von den nassen Zweigen fiel, verschmolzen in einer Stimmung leiser Freude. Sein Morgengang quer durch die Stadt hatte begonnen und er wußte voraus, wenn er am Bruchland von Fairview vorbeikam, würde er an die klösterliche silberadrige Prosa Newmans denken, wenn er die North Strand Road entlangging und sein leerer Blick die Fenster der Lebensmittelläden streifte, würde er sich an den schweren Mut des Guido Cavalcanti erinnern und lächeln, wenn er an Bairds Steinmetzwerkstatt an Talbot Place vorüberkam, würde der Geist Ibsens wie ein scharfer Wind durch ihn hindurchfahren, ein Geist widerspenstiger jungenhafter Schönheit, und wenn er an einem verräucherten Schiffstandler vorbeiging, würde er sich das Lied von Ben Jonson aufsagen, das so anfängt:

Nicht müder war ich da ich lag.

Wenn sein Geist es müde war, nach der Essenz der Schönheit in den Geisterworten des Aristoteles oder des Aquinaten zu suchen, zog es ihn oft zu seinem Vergnügen zu den zierlichen Liedern der Elisabethaner hin. Sein Geist, im Habit eines zweiflerischen Mönchs, stand oft im Schatten unter den Fenstern jenes Zeitalters, um die feierliche und spöttische Musik der Lautenisten zu hören oder das lose Gelächter der Koketten, bis eine zu gemeine Lache, ein von der Zeit getrübtes Wort von Abstöbern und falscher Ehre seinem mönchischen Stolz einen Stich gab und ihn heraustrieb aus seinem Schlupfwinkel.

Der Wissensschatz, über dem man ihn seine Tage grübelnd verbringen glaubte, so daß er ihn der Gesellschaft der Jugend entrückt hatte, war nur ein Schatzbehalter schlanker Sätze aus Poetik und Psychologie des Aristoteles und eine *Synopsis Philosophiae Scholasticae ad mentem divi Thomae.* Sein Denken war ein Dämmer aus Zweifel und Mißtrauen gegen sich selbst, momentweise aufgehellt von den Blitzen der Intuition, aber Blitzen von einem so klaren Glanz, daß in diesen Momenten die Welt zu seinen Füßen unterging, als hätte Feuer sie verzehrt: und hiernach wurde seine Zunge schwer und er begegnete den Augen anderer mit Augen ohne Antwort, denn er spürte, daß der Geist der Schönheit ihn wie ein Mantel umhüllt hielt und daß er im Träumen wenigstens erkannt hatte, was Adel war. Als aber dieser kurze Stolz des Schweigens ihn nicht länger trug, war er froh, sich immer noch mitten im gewöhnlichen Leben zu finden und ging weiter seinen Weg in dem Schmutz und Lärm und der Dürftigkeit und Trägheit der Stadt, furchtlos und leichten Herzens.

Bei den Bretterzäunen am Kanal traf er den Schwindsüchtigen mit dem Puppengesicht und dem krempenlosen Hut, der kam mit kleinen Schritten die Schrägung der Brücke herunter auf ihn zu, fest in seinen schokoladebraunen Mantel geknöpft, und hielt seinen eingerollten Schirm eine Spanne etwa von sich weg wie eine Wünschelrute. Es müßte elf sein, dachte er, und schaute in ein Milchgeschäft wegen der Zeit. Die Uhr im Milchgeschäft sagte ihm, daß es fünf Minuten vor fünf war, aber als er sich weiterwandte, hörte er eine Uhr irgendwo in der Nähe, ohne sie zu sehen, mit geschwinder Präzision elf Schläge schlagen. Er lachte, als er das hörte, denn es ließ ihn an MacCann denken, und er sah seine gedrungene Figur in Jagdjackett und Breeches und mit blondem Ziegenbärtchen im Wind an der Ecke von Hopkins stehen und hörte ihn sagen:

– Dedalus, du bist ein asozialer Mensch, verkriechst dich in dich selbst. Ich nicht. Ich bin Demokrat: und ich werde für die soziale Freiheit und Gleichheit aller Klassen und Geschlechter in den künftigen Vereinigten Staaten von Europa leben und arbeiten.

Elf! Dann war er für diese Vorlesung also auch zu spät. Welcher Wochentag war es? Er blieb vor einem Zeitungskiosk stehen, um die Schlagzeile einer Anzeigetafel zu lesen. Donnerstag. Zehn bis elf, Englisch; elf bis zwölf, Französisch; zwölf bis eins, Physik. Er stellte sich die Englischvorlesung vor und fühlte sich, selbst auf die Entfernung, rastlos und hilflos. Er sah die Köpfe seiner Mitstudenten sanftmütig gebeugt, wie sie in ihre Hefte die Stichpunkte schrieben, die zu notieren man sie hieß, Nominaldefinitionen, Essentialdefinitionen mit Beispielen oder Geburts- und Todesdaten, Hauptwerke, eine positive kritische Darstellung und eine negative Seit an Seite. Sein eigner Kopf war nicht gebeugt, denn seine Gedanken schweiften ab, und ob er nun herumschaute in der kleinen Klasse von Studenten oder aus dem Fenster über die desolaten Anlagen von Stephen's Green, es befiel ihn ein Geruch von freudloser Kellerfeuchte und Verwesung. Noch ein anderer Kopf, direkt vor ihm in den ersten Bänken, hielt sich eckig über seinen niedergebeugten Kollegen in der Schwebe wie der Kopf eines Priesters, der ohne Demut das Tabernakel für die demütigen Gläubigen um sich her anruft. Warum konnte er nie, wenn er an Cranly dachte, sich das vollständige Bild seines Körpers vorstellen, sondern immer nur das Bild von Kopf und Gesicht? Selbst jetzt, gegen den grauen Vorhang des Morgens, sah er es vor sich wie das Phantom eines Traums, das Gesicht eines abgeschlagenen Hauptes oder eine Totenmaske, bekrönt an der Stirn von seinem widerborstigen schwarzen in die Höhe stehenden Haar wie von einer Eisenkrone. Es war

ein priesterliches Gesicht, priesterlich in seiner Fahlheit, den weitgeschwungenen Nasenflügeln, den Schatten unter den Augen und an den Kinnladen, priesterlich mit den Lippen, die lang und blutleer waren und schwach lächelten: und Stephen, der sich rasch daran erinnerte, wie er Cranly von all dem Aufruhr und der Unrast und den Sehnsüchten in seiner Seele erzählt hatte, Tag um Tag und Nacht um Nacht, und zur Antwort nur das lauschende Schweigen seines Freundes bekommen hatte, hätte gesagt, daß es das Gesicht eines schuldigen Priesters war, der die Beichten jener hörte, die zu absolvieren er nicht die Gewalt hatte, wenn er nicht wieder in der Erinnerung den Blick seiner dunklen Frauenaugen gespürt hätte.
Durch dieses Bild hindurch schimmerte eine sonderbare dunkle Höhle der Spekulation vor ihm auf, aber er wandte sich sofort von ihr weg, da er fühlte, daß es noch nicht die Stunde war, sie zu betreten. Doch der Nachtschatten der Teilnahmslosigkeit seines Freundes schien in der Luft um ihn her eine hauchfeine und tödliche Ausdünstung zu verströmen und er merkte, wie er von einem zufälligen Wort zum andern zu seiner Rechten oder Linken blickte, dumpf sich wundernd, daß sie so heimlich ihres automatischen Sinnes entleert worden waren, bis jedes gemeine Ladenschild seinen Geist wie die Worte einer Beschwörungsformel bannte und seine Seele schrumpfte, seufzend vor lauter Vergreisung, während er weiterging in einer Gasse zwischen Bergen toter Sprache. Sein eignes Sprachbewußtsein ebbte hinaus aus seinem Hirn und sickerte in die Wörter selber, die sich auf einmal in eigensinnigen Rhythmen zusammenfanden und trennten:

Der Efeu wimmert auf der Mauer
Und wimmert flimmernd auf der Mauer
Der Efeu wimmert auf der Mauer
Der gelbe Efeu an der Mauer
Efeu, Efeu ob der Mauer.

Hatte man schon jemals solchen Blödsinn gehört? Allmächtiger Herrgott! Wer hatte jemals von Efeu gehört, der auf

einer Mauer wimmert? Gelber Efeu: das mochte gehn. Auch gelbes Elfenbein. Und wie wäre Elfenbein-Efeu?
Das Wort leuchtete jetzt in seinem Hirn, klarer und heller als jegliches von den fleckigen Stoßzähnen der Elefanten gesägte Elfenbein. *Elfenbein, ivory, ivoire, avorio, ebur.* Einer der ersten Beispielsätze, den er in Latein gelernt hatte, lautete: *India mittit ebur;* und es fiel ihm das gewitzte nördliche Gesicht des Rektors ein, der ihn gelehrt hatte, die Metamorphosen von Ovid in höfischem Englisch zu konstruieren, das durch die Erwähnung von Spanferkeln und Scherben und Speckseiten schrullig klang. Das wenige, was er von den Gesetzen des lateinischen Verses wußte, hatte er aus einem zerlesenen Buch gelernt, das ein portugiesischer Priester geschrieben hatte.

Contrahit orator, variant in carmine vates.

Die Krisen und Siege und Sezessionen der römischen Geschichte wurden mit den nichtssagenden Wörtern *in tanto discrimine* an ihn weitergereicht und er hatte versucht, in das soziale Leben der Stadt der Städte durch die Worte *implere ollam denariorum* einen Blick tun zu können, die der Rektor sonor mit das Vollmachen eines Topfes mit Denaren wiedergegeben hatte. Die Seiten seines abgegriffenen Horaz fühlten sich nie kalt an, selbst wenn seine eigenen Finger kalt waren: es waren Menschenseiten: und vor fünfzig Jahren waren sie von den Menschenfingern eines John Duncan Inverarity und von seinem Bruder William Malcolm Inverarity umgedreht worden. Ja, das waren edle Namen auf dem dämmrigen Vorsatzblatt, und selbst für einen so bescheidenen Lateiner wie ihn waren die dämmrigen Verse so duftig, als hätten sie all die Jahre in Myrte und Lavendel und Verbene gelegen; und doch schmerzte ihn der Gedanke, daß er nur ein scheuer Gast beim Festmahl der Kultur der Welt sein werde und daß die mönchische Gelehrsamkeit, in deren Termini er eine ästhetische Philosophie zu schmieden sich bemühte, bei der Zeit, in der er lebte, in keinem höhern Ansehn stand als die subtilen und merkwürdigen Fachsprachen der Heraldik und Falknerei.

Der graue Block von Trinity zu seiner Linken, wuchtig in die Ignoranz der Stadt gesetzt wie ein großer trüber Stein in einen klotzigen Ring, zog seinen Geist wieder auf den Boden; und während er sich auf diese und jene Art bemühte, seine Füße aus den Fesseln des reformierten Gewissens zu befreien, kam er an das putzige Denkmal des irischen Nationaldichters.

Er schaute es ohne Groll an: denn obschon Trägheit des Leibes und der Seele über es krochen wie unsichtbares Gewürm, über die schlurfenden Füße und die Falten des Umhangs hoch und herum um den servilen Kopf, schien es sich seiner Schmach demütig bewußt zu sein. Es war ein Firbolg im geborgten Umhang eines Milesiers; und er dachte an seinen Freund Davin, den Bauernstudenten. Das war ein Spitzname zwischen ihnen beiden, aber der junge Bauer faßte ihn nicht bös auf, sagte vielmehr:

– Mach nur, Stevie, ich hab ein dickes Fell, wie du immer sagst. Nenn mich wie du willst.

Die trauliche Form seines Vornamens auf den Lippen seines Freundes hatte Stephen angenehm berührt, als er sie zum erstenmal hörte, denn er war im Gespräch mit anderen ebenso formell wie diese mit ihm. Oft, wenn er in Davins Zimmern in der Grantham Street saß, über die gutgearbeiteten Stiefel seines Freundes staunte, die Paar um Paar die Wand flankierten, und dem einfältigen Ohr seines Freundes die Verse und Rhythmen anderer hersagte, die die Schleier seiner eignen Sehnsucht und Niedergeschlagenheit waren, hatte der grobschlächtige Firbolg-Geist des Zuhörers seinen eigenen Geist angezogen und dann wieder weggestoßen, hatte ihn durch eine gelassene angeborene Höflichkeit des Aufmerkens angezogen oder durch eine wundersame Wendung in altem Englisch oder durch die Mächtigkeit seines Entzückens an grobschlächtigem Körpergeschick – denn Davin hatte Michael Cusack, dem Gälen, zu Füßen gesessen –, hatte ihn jäh und sehr rasch durch eine Schwerfälligkeit seines Denkens abgestoßen oder eine Gefühlsstumpfheit oder einen dumpfen Ausdruck von

Terror in den Augen, dem Seelenterror eines verhungernden irischen Dorfes, in dem das Vesperläuten allabendlich noch Angst verbreitet.

Parallel zu der Erinnerung an die Heldentaten seines Onkels Mat Davin, des Turners, vergötterte der junge Bauer die schmerzensreiche Sagenwelt Irlands. Der Klatsch seiner Mitstudenten, bemüht, um jeden Preis, das einförmige Collegeleben bedeutsam erscheinen zu lassen, liebte es, in ihm einen jungen Fenier zu sehen. Seine Amme hatte ihn Irisch gelehrt und seine grobschlächtige Imagination durch die gebrochenen Lichter irischer Mythe geformt. Diesem Mythos gegenüber, aus dem noch kein einziges Hirn je eine Zeile Schönheit geschlagen hatte, und seinen kruden Mären, die sich verzweigten, wie sie Zyklus um Zyklus durchliefen, hatte er die selbe Einstellung wie gegenüber der römisch-katholischen Religion, die Einstellung eines schwachköpfigen treuergebenen Knechts. Gegen alles, was an Gedanken oder Gefühlen aus England oder durch englische Kultur vermittelt an ihn drang, hatte sein Geist sich gewappnet, einem Losungswort verschworen: und von der Welt, die jenseits von England lag, kannte er nur die Fremdenlegion Frankreichs, in der er einmal dienen wollte.

Wegen dieser Ambition, in Verbindung mit dem Temperament des jungen Mannes, hatte Stephen ihn oft eine von den *zahmen* Gänsen genannt: und in dem Namen lag sogar eine gereizte Spitze, die sich gegen eben jene Unbeweglichkeit seines Freundes in Rede und Handlung richtete, die so oft zwischen Stephens spekulationssüchtigem Kopf und den verborgenen Pfaden irischen Lebens zu stehen schien.

Einmal abends hatte der junge Bauer, dem die heftige und schwelgerische Sprache, zu der Stephen vor dem kalten Schweigen der intellektuellen Revolte seine Zuflucht nahm, einen Stich versetzt hatte, in Stephen eine sonderbare Vision heraufbeschworen. Die beiden gingen langsam durch die dunklen engen Straßen der ärmeren Juden in Richtung auf Davins Zimmer.

– Mir ist da was passiert, Stevie, letzten Herbst, gegen Winter, und ich habs keiner Menschenseele erzählt und du bist der erste jetzt dem ichs erzähle. Ich hab drauf vergessen, obs im Oktober oder November war. Es war im Oktober, denns war bevor ich hierher gekommen bin zur Immatrikulationsklasse.

Stephen hatte seine lächelnden Augen dem Gesicht seines Freundes zugewandt, geschmeichelt durch sein Vertrauen und zur Sympathie überredet von der einfachen Redeweise des Sprechers.

– Ich war den ganzen Tag weg von daheim, drüben in Buttevant – ich weiß nicht ob du weißt wo das ist – bei einem Hurlingmatch zwischen den Own Boys aus Croke und den Fearless aus Thurles und lieber Himmel, Stevie, das war ein harter Kampf. Meinem Vetter Fonsy Davin haben sie da die Kleider bis auf die Knochen vom Leib gerissen, der hats Tor gehütet für die Limericks, ist aber draußen gewesen mit den Stürmern die meiste Zeit und hat gebrüllt wie verrückt. Ich werd den Tag nie vergessen. Einmal hat von den Crokes einer mit seinem Camann ihm einen Furchtbaren übergezogen und um ein Haar, bei Gott, ich schwörs, hätts ihn an der Schläfe erwischt. Wahr- und wahrhaftig, wenn die Kelle ihn erwischt hätte, wär er weggewesen.

– Es freut mich, daß er davongekommen ist, hatte Stephen lachend gesagt, aber das ist doch sicher nicht die sonderbare Geschichte, die dir passiert ist?

– Na ja, das interessiert dich ja wohl nicht, aber immerhin, da war ein solcher Zinnober nach dem Match, daß ich meinen Zug nach Haus verpaßt hab und ich hab kein Gespann auftreiben gekonnt, das mich mitgenommen hätte, denn wie das Schicksal so spielt war den selben Tag eine Massenveranstaltung in Castletownroche und alle Wagen aus der Gegend waren da. Es war also nichts zu machen außer die Nacht über dableiben oder zu Fuß losziehn. Da bin ich dann gegangen und gelaufen und gelaufen und es war schon bald Nacht, als ich in die Berge von Ballyhoura kam; das ist gute zehn Meilen von Kilmallock und dahinter kommt eine lange mutterwindverlassene Chaussee. Nicht die Spur von einem Haus eines Christenmenschen an der Chaussee noch ein Geräusch. Es war so gut wie pechfinster. Ein- oder zweimal bin ich stehngeblieben am Weg bei einem Gesträuch und hab meine Pfeife zum Glühn gebracht und wenn der Tau nicht so dick gelegen wäre, hätt ich mich da hingestreckt und geschlafen. Endlich, nach einer Kurve, seh ich eine kleine Hütte mit einem Licht im Fenster. Ich geh hin und klopf an die Tür. Eine Stimme fragt, wer ist da, und ich sage, ich wäre bei dem Match in Buttevant gewesen und ging zu Fuß nach Haus und daß ich dankbar wär für ein Glas Wasser. Nach einer Weile macht eine junge Frau die Tür auf und bringt mir einen großen Becher Milch raus. Sie war halb ausgezogen als hätte sie grad ins Bett gehen wollen als ich geklopft hab, und ihr Haar war offen; und wegen ihrer Figur und wegen irgendwas in ihrem Blick hab ich gedacht, sie trägt ein Kind im Leib. Sie hat ganz lang an der Tür mit mir gesprochen und mir ist das sonderbar vorgekommen, weil ihre Brust und ihre Schultern bloß gewesen sind. Sie hat mich gefragt, ob ich müde bin und ob ich nicht die Nacht da bleiben möchte. Sie hat gesagt, sie ist ganz allein in dem Haus und daß ihr Mann den Morgen nach Queenstown ist mit seiner Schwester, um ihr noch das Geleit zu geben. Und die ganze Zeit die sie redet, Stevie, schaut sie mir mit ihren Augen ganz fest ins Gesicht und so dicht bei mir ist sie gestanden, daß ich sie atmen hören gekonnt hab. Als ich ihr endlich den Becher zurückgebe, faßt sie mich bei der Hand und will mich hineinziehn über die Schwelle und sagt: *Komm herein und bleib die Nacht hier. Du mußt dich nicht ängstigen. Es gibt keinen als uns beide ...* Ich bin nicht reingegangen, Stevie. Ich hab mich bei ihr bedankt und mich wieder auf den Weg gemacht, ganz fiebrig wie ich war. Bei der ersten Kurve hab ich mich umgeschaut und da stand sie noch an der Tür.

Die letzten Worte von Davins Geschichte sangen in seiner Erinnerung und die Frau in der Geschichte nahm Gestalt an, sie spiegelte sich wider in den Gestalten der andern Bauersfraun, die er in Clane in den Türen hatte stehen sehn, wie die

College-Wagen vorüberfuhren, als eine Verkörperung ihres Volkes und seines eigenen, eine Fledermausseele, die in Dunkelheit und Heimlichkeit und Einsamkeit zum Bewußtsein ihrer selbst erwacht und, durch die Augen und die Stimme und Gebärde einer Frau ohne Arg, den Fremdling an ihr Bett ruft.

Eine Hand legte sich auf seinen Arm und eine junge Stimme rief:

– Hier, Herr, Euer Mädchen, Herr! Das ist mein erster Handel heute, Herr. Kauft doch das hübsche Sträußchen. Wollt Ihrs, Herr?

Die blauen Blumen, die sie vor ihm hochhielt, und ihre jungen blauen Augen erschienen ihm in diesem Augenblick wie Bilder der Arglosigkeit; und er blieb stehen, bis das Bild verschwunden war und er nur noch ihr zerlumptes Kleid sah und das verklebte struppige Haar und bäurisch-kecke Gesicht.

– Kommt doch, Herr! Vergeßt Euer Mädchen nicht, Herr!

– Ich habe kein Geld, sagte Stephen.

– Kauft doch die hübschen Blümchen hier, Herr. Ja? Nur einen Penny.

– Hast du nicht gehört, was ich gesagt habe? fragte Stephen, und beugte sich zu ihr. Ich hab dir gesagt, ich habe kein Geld. Ich sags dir noch einmal.

– Aber bestimmt, eines Tages habt Ihr welches, Herr, das walte Gott, antwortete das Mädchen nach einem Augenblick.

– Möglich, sagte Stephen, aber eher unwahrscheinlich.

Er ging rasch weiter, weil er fürchtete, aus ihrer Vertraulichkeit könnten Sticheleien werden, und weil er aus dem Weg sein wollte, bevor sie ihre Ware einem andern anbot, einem Touristen aus England oder einem Studenten von Trinity. Grafton Street, die er hochging, verlängerte diesen Moment decouragierter Armut. In den Fahrdamm am oberen Ende der Straße war ein Denkmalsgrundstein für Wolfe Tone eingelassen, und er erinnerte sich, daß er mit seinem Vater dabeigewesen war, als er gelegt wurde. Er erinnerte sich dieser Szene billigen Tributs mit Bitterkeit. Vier französische Delegierte saßen in einem Break und einer, ein dicklicher grinsender junger Mann, hielt, auf einen Stock gekeilt, einen Pappendeckel, auf dem die Worte standen: *Vive l'Irlande!*

Aber um die Bäume in Stephen's Green war das Arom von Regen und die regendurchweichte Erde strömte ihren tödlichen Duft aus, einen schwachen Weihrauch, der aus vielen Herzen aufstieg durch die Humusfäule. Die Seele dieser ritterlichen feilen Stadt, von der seine Altvordern ihm gesprochen, war mit der Zeit zu einem schwachen tödlichen Duft geschrumpft, und er wußte, wenn er das düstere College beträte, wäre er sich augenblicklich einer anderen Verderbnis bewußt als der von Buck Egan und Burnchapel Whaley.

Es war zu spät, noch zur Französisch-Vorlesung hochzugehen. Er durchquerte die Vorhalle und bog links in den Korridor, der zum Physiksaal führte. Der Korridor war dunkel und still aber nicht augenlos. Warum hatte er das Gefühl, daß der Gang nicht augenlos war? Weil er gehört hatte, daß es zu Buck Whaleys Zeiten dort eine Geheimtreppe gab? Oder war das Jesuitenhaus exterritorial und ging er unter Ausländern? Das Irland von Tone und von Parnell schien geradezu räumlich entrückt zu sein.

Er öffnete die Tür des Physiksaals und blieb in dem frösteligen grauen Licht stehen, das sich durch die staubigen Fenster mühte. Eine Gestalt kauerte vor dem großen Rost und an ihrer Magerkeit und Grauheit erkannte er den Studiendekan, der das Feuer anzündete. Stephen schloß leise die Tür und ging auf den Kamin zu.

– Guten Morgen, Sir! Kann ich Ihnen helfen?

Der Priester blickte rasch auf und sagte:

– Nur einen Moment, Mr. Dedalus, und dann können Sie mal sehen. Feueranzünden das ist eine Kunst. Wir haben die freien Künste und wir haben die praktischen Künste. Das hier ist eine von den praktischen Künsten.

– Ich werde mich bemühn, sie zu erlernen.

– Nicht zu viel Kohle, sagte der Dekan und arbeitete energisch fort, das ist eins der Geheimnisse.

Er zog vier Kerzenstümpfchen aus den Seitentaschen seiner Soutane und stellte sie entschieden zwischen die Kohlen und das zerknüllte Papier. Stephen sah im schweigend zu. Wie er so auf den Fliesen kniete, um das Feuer anzustecken und mit der Anordnung seiner Fidibusse und Kerzenstümpfchen beschäftigt war, kam er ihm mehr denn je wie ein demütiger Diener vor, der in einem leeren Tempel die Opferstätte bereitet, ein Levit des Herrn. Wie ein Levitengewand aus einfachem Linnen drapierte die verschossene abgewetzte Soutane die kniende Gestalt eines, dem die Meßgewänder oder der schellengesäumte Ephod nur lästig und beschwerlich wären. Sein Leib, ja, war alt geworden im niedern Dienst des Herrn – überm Hüten des Feuers auf dem Altar, dem Übermitteln heimlicher Botschaften, Weltkindern Aufwarten, rasch Zuschlagen, wenn mans ihn hieß – und dennoch nicht begnadet worden durch einen Anhauch von Heiligen- oder Prälatenschönheit. Ja, seine Seele sogar war alt geworden in diesem Dienst, ohne dem Licht und der Schönheit entgegenzuwachsen oder den süßen Duft ihrer Heiligkeit zu verströmen – ein abgetöteter Wille, der für den Schauer des Gehorchens nicht mehr empfindlicher war als für den Schauer von Liebe oder Kampf sein alternder Leib, mager und sehnig, übergraut von silberspitzem Flaum.

Der Dekan richtete sich halb auf und hockte auf den Hinterbacken, um zu beobachten, wie die Scheite Feuer fingen. Stephen, um das Schweigen auszufüllen, sagte:

– Ich könnte bestimmt kein Feuer anzünden.

– Sie sind doch Künstler, oder, Mr. Dedalus? sagte der Dekan, schaute auf und blinzelte mit seinen blassen Augen. Das Ziel des Künstlers ist die Erschaffung des Schönen. Was das Schöne ist, ist eine andere Frage.

Er rieb langsam und trocken seine Hände vor dieser Schwierigkeit.

– Können Sie nun diese Frage lösen? fragte er.

– Der Aquinate, antwortete Stephen, sagt *Pulcra sunt quae visa placent*.

– Das Feuer vor uns, sagte der Dekan, wird dem Auge wohlgefällig sein. Wird es darum aber auch schön sein?
– Sofern es vom Gesichtssinn wahrgenommen wird, der hier meines Erachtens ästhetische Intellektion bedeutet, wird es schön sein. Doch der Aquinate sagt auch *Bonum est in quod tendit appetitus.* Sofern es das animalische Bedürfnis nach Wärme befriedigt, ist Feuer ein Gutes. In der Hölle aber ist es ein Übel.
– Genau, sagte der Dekan, Sie haben wirklich den Nagel auf den Kopf getroffen.
Er stand gelenkig auf und ging zur Tür, machte sie einen Spalt auf und sagte:
– In diesen Dingen soll ein Zug von Nutzen sein.
Als er zurück zum Feuer kam, leicht hinkend aber mit energischem Schritt, sah Stephen, daß die schweigsame Jesuitenseele ihn aus blassen lieblosen Augen ansah. Wie Ignatius war er lahm, doch in seinen Augen brannte kein Funke der ignatischen Begeisterung. Sogar die sprichwörtliche Schläue der Gesellschaft, eine feingesponnenere, eine heimlichere Schläue, als sie in ihren legendären Büchern heimlicher und feingesponnener Weisheit sich fand, hatte seine Seele nicht zu apostolischem Feuer entflammt. Es schien, als brauche er die Schliche und Übereinkünfte und Listen der Welt, wie mans ihn hieß, zum größeren Ruhme Gottes, ohne Freude an ihrer Handhabung oder Haß gegen das, was böse an ihnen war, sondern indem er sie, mit dem festen Griff des Gehorsams, zurückverwies auf sich selber: und trotz all dieses schweigsamen Dienstes schien es, als liebe er überhaupt nicht den Herrn und wenig, wenn überhaupt, die Zwecke denen er diente. *Similiter atque senis baculus,* war er, wie der Gründer ihn hätte haben wollen, wie ein Stab in eines Greisen Hand, den man in einer Ecke vergißt, auf den man sich stützt auf der Straße bei Einbruch der Nacht oder in der Unbill des Wetters, der neben dem Sträußchen einer Dame auf einem Gartenstuhl liegt, den man drohend erhebt.
Der Dekan kam zum Feuer zurück und begann, sich das Kinn zu streichen.

– Wann dürfen wir denn von Ihnen etwas in Sachen Ästhetik erwarten?
– Von mir! sagte Stephen erstaunt. Ich stolpere alle zwei Wochen mal über eine Idee, wenn ich Glück habe.
– Diese Fragen sind sehr profund, Mr. Dedalus, sagte der Dekan. Es ist, wie wenn man von den Klippen von Moher hinab in die Tiefe schaut. Viele gehn hinab in die Tiefe und kommen nie wieder hoch. Nur der geübte Taucher kann hinab in diese Tiefen gehn und sie ausforschen und wieder nach oben kommen.
– Falls Sie die Spekulation meinen, Sir, sagte Stephen, so bin ich fürder sicher, daß es so etwas wie freies Denken überhaupt nicht gibt, insofern als alles Denken durch seine eigenen Gesetze notwendigerweise gebunden ist.
– Ha!
– Für meine Zwecke reicht es im Augenblick, im Licht von ein oder zwei Ideen des Aristoteles und des Aquinaten zu arbeiten.
– Ich verstehe. Ich sehe, worauf Sie hinauswollen.
– Ich brauche sie nur als Hilfestütz und Anleitung, bis ich in ihrem Licht etwas für mich herausbekommen habe. Wenn die Lampe raucht oder riecht, werde ich versuchen sie zu putzen. Wenn sie nicht genug Licht gibt, werde ich sie verkaufen und mir eine andere anschaffen.
– Epiktet hatte auch eine Lampe, sagte der Dekan, die nach seinem Tod zu einem phantastischen Preis verkauft wurde. Es war die Lampe, bei der er seine philosophischen Abhandlungen schrieb. Sie kennen Epiktet?
– Ein alter Herr, sagte Stephen grob, der gesagt hat, daß die Seele sehr einem Eimer Wasser gleicht.
– Er erzählt uns in seiner biderben Art, fuhr der Dekan fort, daß er einmal eine eiserne Lampe vor das Standbild eines Gottes gestellt habe und daß ein Dieb die Lampe stahl. Was tat der Philosoph? Er bedachte, daß es im Wesen eines Diebes lag, zu stehlen, und beschloß, am nächsten Tag eine irdene Lampe zu kaufen anstatt der eisernen.

Ein Geruch nach geschmolzenem Talg stieg von den Kerzenstümpfchen des Dekans auf und vermischte sich in Stephens Bewußtsein mit dem Wortgeklingel Eimer und Lampe und Lampe und Eimer. Auch die Stimme des Priesters hatte einen harten klingelnden Ton. Stephens Geist stockte instinktiv, angehalten durch den sonderbaren Ton und das Bild und durch das Gesicht des Priesters, das wie eine nicht angesteckte Lampe aussah oder wie ein Reflektor, der in falschem Fokus hängt. Was lag dahinter oder in ihm drin? Trübe Apathie der Seele oder die Trübheit der Donnerwolke, aufgeladen mit Intellektion und die Düsternis Gottes erfassend?

– Ich habe eine andere Art Lampe gemeint, Sir, sagte Stephen.

– Zweifelsohne, sagte der Dekan.

– Eine Schwierigkeit, sagte Stephen, beim ästhetischen Disput ist, daß man wissen muß, ob die Wörter in der literarischen Tradition oder ob sie in der Tradition des Marktplatzes gebraucht sind. Ich erinnere mich an einen Satz von Newman, in dem er von der Heiligen Jungfrau sagt, sie werde aufgehalten in der vollzähligen Gemeinschaft der Heiligen. Der Gebrauch des Wortes auf dem Marktplatz ist völlig verschieden. *Hoffentlich halte ich Sie nicht auf.*

– Nicht im geringsten, sagte der Dekan höflich.

– Nein, nein, sagte Stephen lächelnd, ich meinte ...

– Ja, ja: ich verstehe, sagte der Dekan rasch, ich sehe durchaus, worauf Sie hinauswollen: *aufhalten.*

Er schob seinen Unterkiefer vor und gab ein kurzes trockenes Hüsteln von sich.

– Um wieder auf die Lampe zu kommen, sagte er, auch ihr Auffüllen gibt einem ein hübsches Problem auf. Man muß reines Öl wählen und man muß achtgeben beim Eingießen, daß es nicht überfließt, darf nicht mehr eingießen, als der Trichter fassen kann.

– Was für ein Trichter? fragte Stephen.

– Der Trichter, durch den Sie das Öl in Ihre Lampe gießen.

– Das? sagte Stephen. Nennt man das Trichter? Ist das nicht ein Seiger?

– Was ist ein Seiger?
– Das. Der ... der Trichter.
– Nennt man das in Irland Seiger? fragte der Dekan. Ich habe das Wort mein Lebtag noch nicht gehört.
– Man nennt ihn Seiger in Lower Drumcondra, sagte Stephen lachend, wo man die feinste Sprache spricht.
– Seiger, sagte der Dekan nachdenklich. Das ist ein höchst interessantes Wort. Ich muß das Wort einmal nachschlagen. Mein Wort darauf, ich tue es bestimmt.
Seine Verbindlichkeit klang ein wenig unecht, und Stephen sah den englischen Konvertiten mit denselben Augen an, mit denen der ältere Bruder in der Parabel auf den verlorenen Sohn geblickt haben mochte. Ein demütiger Nachfolger im Kielwasser lautstarker Konversionen, ein armer Engländer in Irland, schien er auf der Bühne der Jesuitengeschichte zu einem Zeitpunkt aufgetreten zu sein, da das sonderbare Spiel von Intrige und Leid und Neid und Kampf und Schmach so gut wie ausagiert war – ein Spätkömmling, ein saumseliger Geist. Von wo aus hatte er angefangen? Vielleicht war er unter ernsten Dissentern geboren und groß geworden, die das Heil einzig in Jesus sahen und den eitlen Pomp des Establishment verabscheuten. Hatte er das Bedürfnis nach inwendigem Glauben verspürt, in all dem Wirrwarr des Sektierertums und dem Jargon stürmischer Schismen, von Sechs-Punktlern, Eigentumsvolk, Samen- und Schlangenbaptisten, supralapsarischen Dogmatikern? Hatte er die wahre Kirche ganz plötzlich gefunden, da er, wie Baumwolle auf eine Haspel, irgendeinen feingesponnenen Gedankenfaden über Insufflation oder das Auflegen der Hände oder die Abkommenschaft des Heiligen Geistes bis zu Ende aufspulte? Oder hatte der Herre Christ ihn angerührt und ihm die Nachfolge anbefohlen, wie jenem Jünger, der am Zollhaus gesessen hatte, als er an der Tür so einer wellblechgedeckten Kapelle saß, gähnte und seine Kirchenpfennige nachzählte?
Der Dekan wiederholte das Wort noch ein weiteres Mal.
– Seiger! Wahrhaftig, das ist interessant!

– Die Frage, die Sie mir vorhin stellten, scheint mir interessanter. Was ist diese Schönheit, deren Ausdruck der Künstler Erdklumpen abzuringen sich bemüht, sagte Stephen kalt.
Das kleine Wort schien die Rapierspitze seiner Sensibilität auf diesen verbindlichen und wachsamen Widersacher gerichtet zu haben. Er spürte, niedergeschlagen und verletzt, daß der Mann, mit dem er sprach, ein Landsmann von Ben Jonson war. Er dachte:
– Die Sprache in der wir sprechen ist seine, ehe sie die meine ist. Wie verschieden sind die Wörter *home, Christ, ale, master* auf seinen Lippen und auf meinen! Ich kann diese Wörter nicht sagen oder schreiben ohne Unrast im Geist. Seine Sprache, so vertraut und so fremdländisch, wird für mich immer eine angelernte Sprache sein. Ich habe ihre Wörter nicht gemacht und nicht akzeptiert. Meine Stimme hält sie auf Distanz. Meine Seele zerfrißt sich im Schatten seiner Sprache.
– Und zu unterscheiden zwischen dem Schönen und dem Erhabenen, fügte der Dekan hinzu. Zu unterscheiden zwischen moralischer Schönheit und stofflicher Schönheit. Und zu untersuchen, welche Art von Schönheit jeder der verschiedenen Künste angemessen ist. Dies sind einige interessante Fragestellungen, auf die wir zurückkommen sollten.
Stephen, auf einmal entmutigt durch den festen trockenen Ton des Dekans, war still. Auch der Dekan war still: und durch die Stille kam das ferne Geräusch vieler Stiefel und wirrer Stimmen die Treppe herauf.
– Wenn man sich auf diese Spekulationen einläßt, sagte der Dekan abschließend, besteht allerdings die Gefahr, daß man vor Erschöpfung zugrunde geht. Zuerst müssen Sie mal Examen machen. Nehmen Sie sich das als erstes Ziel vor. Dann werden Sie, Schritt für Schritt, Ihren Weg vor sich sehen. Ich meine in jeder Hinsicht, Ihren Weg im Leben und im Denken. Zuerst geht es vielleicht bergan und Sie müssen sich abstrampeln. Nehmen Sie Mr. Moonan. Er hat lange gebraucht, bis er oben war. Aber er *ist* oben.
– Mir geht vielleicht seine Begabung ab, sagte Stephen ruhig.

– Das kann man nie wissen, sagte der Dekan strahlend. Wir können nie sagen, was in uns steckt. Ich würde mich ganz gewiß nicht entmutigen lassen. *Per aspera ad astra.*
Er kehrte dem Kamin rasch den Rücken und lief zum Treppenabsatz, um die Ankunft der Artes-Eins-Studenten zu beaufsichtigen.
An den Kamin gelehnt hörte ihn Stephen jeden Studenten drahtig und in gleichem Ton grüßen und konnte das kesse Lächeln der ungehobelteren Studenten förmlich sehen. Trostloses Mitleid begann wie ein Tau auf sein schnell erbittertes Herz zu fallen, Mitleid mit diesem treuergebenen Dienstmann des ritterlichen Loyola, mit diesem Halbbruder der Geistlichkeit, der feiler in der Rede war als sie, doch standhafter als sie in der Seele, jemand, den er seinen geistlichen Vater niemals nennen würde: und er dachte, wie denn dieser Mann und seine Gefährten sich den Namen Weltlinge verdient hätten, und zwar nicht nur von den Unweltlichen allein, sondern von den Weltlichen gleichermaßen, dafür daß sie sich, während ihrer ganzen Geschichte, vor den Schranken des göttlichen Gerichts für die Seelen der Laxen und der Lauen und der Klugen verwendet hatten.
Das Erscheinen des Professors wurde durch ein wiederholtes Getrampel mit den Stiefeln von jenen Studenten signalisiert, die in der obersten Reihe des düsteren Physiksaals unter den grauen spinnwebverklebten Fenstern saßen. Die Anwesenheitsliste wurde verlesen und die Antworten auf die Namen wurden in allen Tonlagen gegeben, bis der Name von Peter Byrne aufgerufen wurde.
– Hier!
Ein tiefer Baßton kam als Antwort aus der oberen Reihe, gefolgt von protestierendem Gehüstel in den anderen Bänken.
Der Professor unterbrach sich einen Augenblick und rief dann den nächsten Namen auf:
– Cranly!
Keine Antwort.
– Mr. Cranly!

Ein Lächeln huschte über Stephens Gesicht, als er an die Studien seines Freundes dachte.
– Versuchen Sies mal in Leopardstown! sagte eine Stimme aus der Bank dahinter.
Stephen blickte rasch nach oben, aber Moynihans Rüsselsgesicht, das sich gegen das graue Licht abhob, war undurchdringlich. Es wurde eine Formel angegeben. In dem Rascheln der Hefte drehte Stephen sich noch einmal um und sagte:
– Gib mir um Himmelswillen Papier.
– Bist du so übel dran? fragte Moynihan mit breitem Grinsen.
Er riß ein Blatt aus seinem Schmierheft und reichte es hinunter, wobei er flüsterte:
– Im Fall der Not kann jeder Laie oder eine Frau es tun.
Die Formel, die er gehorsam auf das Blatt Papier schrieb, die sich verwirrenden und wieder entwirrenden Rechnungen des Professors, die geisterhaften Symbole für Kraft und Geschwindigkeit, faszinierten und erschöpften Stephens Geist. Er hatte reden hören, der alte Professor wäre ein atheistischer Freimaurer. O dieser graue öde Tag! Er schien ein Limbus schmerzloser geduldiger Bewußtheit zu sein, durch den die Seelen von Mathematikern zogen und lange schlanke Strukturen von Ebene zu Ebene immer schwächeren und bleicheren Zwielichts projizierten, rasche Strudel an die letzten Grenzen eines Universums strahlend, das immer weiter wurde, ferner und immer ungreifbarer.
– Wir müssen also unterscheiden zwischen elliptisch und ellipsoid. Vielleicht sind einige der Herren mit den Werken W. S. Gilberts vertraut. In einem seiner Lieder spricht er von dem Billardschwindler, der dazu verdammt wird, zu spielen:

Auf verspanntem Tuch
Mit verdrehtem Queue
Und elliptischen Billardbällen.

– Er meint einen Ball, der die Form eines Ellipsoids der Hauptachsen hat, von denen ich gerade gesprochen habe.

Moynihan beugte sich hinunter zu Stephens Ohr und murmelte:
– Wer steht auf ellipsoiden Eierbällen! Hascht mich, Ladies, ich bin von der Kavallerie!
Der rüde Humor seines Kommilitonen fuhr wie ein Sturmwind durch den Kreuzgang von Stephens Geist, rüttelte schlaffe Priestergewänder, die an den Wänden hingen, zu lustigem Leben, schüttelte sie, daß sie schwangen und kapriolten in einem Hexensabbath. Die Gestalten der Gemeinschaft wuchsen aus den sturmgepeitschten Gewändern heraus, der Studiendekan, der behäbige rosige Quästor mit seiner Mütze aus grauem Haar, der Präsident, der kleine Priester mit dem Federhaar der Erbauungsverse schrieb, die gedrungene Bauerngestalt des Ökonomieprofessors, die lange Gestalt des jungen Professors der Moralphilosophie der am Treppenaufgang ein Gewissensproblem mit seiner Klasse diskutierte, wie eine Giraffe die in einer Herde Antilopen hohes Laub abweidet, der ernste bekümmerte Präfekt der Sodalität, der dicke rundschädelige Italienischprofessor mit den Spitzbubenaugen. Sie kamen angeschwänzelt und getänzelt, geschlüpft und gehüpft, lüpften die Gewänder zum Bocksprung, vertraten einander den Weg, von tiefem raschem Gelächter geschüttelt, klatschten einander aufs Hinterteil und lachten über ihre rüde Boshaftigkeit, riefen sich mit vertraulichen Spitznamen, wehrten sich mit plötzlicher Würde gegen irgendeine Rauhbeinigkeit, flüsterten zu zwei und zwei hinter vorgehaltenen Händen.
Der Professor war an die Glasvitrinen an der Seitenwand getreten, nahm einen Satz Wicklungen aus einem Fach herunter, blies an vielen Stellen den Staub weg, und indem er sie vorsichtig zum Tisch trug, hielt er einen Finger darauf, während er in seiner Vorlesung fortfuhr. Er erklärte, daß die Drähte in modernen Wicklungen aus einer Platinoid genannten Legierung bestünden, die jüngst von F. W. Martino entdeckt worden sei.
Er sprach Initialen und Nachnamen des Entdeckers deutlich aus. Moynihan flüsterte von hinten:
– Der liebe gute Fließ-Wasser Martin!

– Frag ihn, flüsterte Stephen mit müdem Humor zurück, ob er ein Opfer für Elektrokution braucht. Ich steh gerne zur Verfügung.
Als Moynihan den Professor sich über die Wicklungen beugen sah, stand er in seiner Bank auf, schnippste geräuschlos mit den Fingern seiner rechten Hand und rief mit der Stimme eines sabbernden Bengels:
– Bitte, Herr Lehrer! Bitte, Herr Lehrer! Der Junge hier hat ein unanständiges Wort gesagt, Herr Lehrer.
– Platinoid, sagte der Professor feierlich, wird Argentan vorgezogen, weil es einen niedrigeren Koeffizienten der Widerstandsvariation bei Temperaturschwankungen hat. Der Platinoid-Draht wird isoliert und der Seidenstreifen, der ihn isoliert, wird um die Ebonitspulen gewickelt, genau hier, wo mein Finger ist. Würde er nur einfach gewickelt, würde ein Extrastrom in die Wicklungen induziert werden. Die Spulen werden in heißem Paraffinwachs gesättigt . . .
Eine scharfe Ulsteraner Stimme sagte aus der Bank unter Stephen:
– Ist es sehr wahrscheinlich, daß wir auch Fragen aus der angewandten Wissenschaft kriegen?
Der Professor begann ernst und gesetzt mit den Begriffen angewandte und reine Wissenschaft zu jonglieren. Ein schwergebauter Student mit Goldbrille starrte mit einiger Verwunderung auf den Frager. Moynihan murmelte von hinten mit seiner normalen Stimme:
– Ist der MacAlister nicht ein Teufel, wenn er sein Pfund Fleisch haben will?
Stephen schaute kalt hinab auf den rechteckigen Schädel unter ihm, der von struppigem wergfarbenem Haar überwachsen war. Die Stimme, der Akzent, die Denkungsart des Fragers beleidigten ihn, und von der Beleidigung ließ er sich zu mutwilliger Unfreundlichkeit weitertreiben, hieß seinen Geist denken, der Vater des Studenten hätte besser daran getan, seinen Sohn zum Studieren nach Belfast zu schicken, und hätte außerdem dabei noch Fahrgeld gespart.

Der rechteckige Schädel drunten drehte sich nicht um, diesem Gedankenpfeil sich zu stellen, und doch kam der Pfeil zurück zu seiner Sehne: denn augenblicklich sah er das molkebleiche Gesicht des Studenten.

– Der Gedanke stammt nicht von mir, sagte er sich schnell. Er ist von dem komischen Iren in der Hinterbank gekommen. Geduld. Kannst du denn mit Sicherheit sagen, wer die Seele deines Volkes verschachert und seine Auserwählten verraten hat – der Frager oder der Spötter? Geduld. Denk an Epiktet. Es liegt wahrscheinlich in seinem Wesen, eine solche Frage in einem solchen Augenblick in einem solchen Ton zu stellen und das Wort *science*, Wissenschaft, monosyllabisch auszusprechen.

Die leiernde Stimme des Professors fuhr fort, sich langsam um die Wicklungen, von denen sie sprach, herum und herum zu spulen, wobei sie ihre einschläfernde Wirkung verdoppelte, verdreifachte, vervierfachte, in dem selben Verhältnis wie die Wicklung ihre Ohme des Widerstands vervielfachte.

Moynihans Stimme spielte von hinten das Echo auf eine ferne Glocke:

– Sperrstunde, meine Herrschaften!

Die Eingangshalle wimmelte und war laut vom Geschwatz. Auf einem Tisch an der Tür standen zwei gerahmte Photographien und zwischen ihnen lag eine lange Papierrolle mit einem unregelmäßig gezackten Schweif von Unterschriften. MacCann ging drahtig zwischen den Studenten hin und her, redete überstürzt, stand Weigerungen Antwort und führte einen nach dem anderen zum Tisch. In der inneren Halle stand der Studiendekan und redete auf einen jungen Professor ein, strich sich dabei bedächtig das Kinn und nickte mit dem Kopf.

Stephen, den das Gewimmel an der Tür bremste, blieb unschlüssig stehen. Unter der breiten heruntergeklappten Krempe eines weichen Hutes hervor beobachteten ihn Cranlys dunkle Augen.

– Hast du unterschrieben? fragte Stephen.

Cranly schloß seinen langen dünnlippigen Mund, kommunizierte einen Moment mit sich selber und antwortete:
– *Ego habeo.*
– Wofür ist das?
– *Quod?*
– Wofür ist das?
Cranly wandte sein bleiches Gesicht Stephen zu und sagte milde und bitter:
– *Per pax universalis.*
Stephen wies auf die Photographie des Zaren und sagte:
– Er hat das Gesicht eines verblödeten Christus.
Der Hohn und der Zorn in seiner Stimme holte Cranlys Augen zurück von ihrer geruhsamen Betrachtung der Wände der Halle.
– Hast du dich geärgert? fragte er.
– Nein, antwortete Stephen.
– Hast du schlechte Laune?
– Nein.
– *Credo ut vos excrementalis mendax estis,* sagte Cranly, *quia facies vostra monstrat ut vos damnus malus editus estis.*
Moynihan, auf seinem Weg zum Tisch, sagte Stephen ins Ohr:
– MacCann ist toll in Fahrt. Gibt seinen letzten Blutstropfen. Funkelnagelneue Welt. Keine Stimulantien und Stimmrecht für das Weibergeschmeiß.
Stephen lächelte über diese Art Vertraulichkeit, und als Moynihan weitergegangen war, traf er wieder Cranlys Blick.
– Vielleicht kannst du mir erklären, sagte er, warum der mir so freigebig seine Seele in die Ohren gießt. Hm?
Dumpfe Runzeln zeigten sich auf Cranlys Stirn. Er schaute zu dem Tisch, über den Moynihan sich gebeugt hatte, um seinen Namen in die Rolle einzutragen, und sagte dann in breitem Dubliner Dialekt:
– Ein Armleuchter!
– *Quis est damnus malus editus,* sagte Stephen, *ego aut vos?*
Cranly reagierte auf den Spott nicht. Er bebrütete säuerlich

seinen Urteilsspruch und wiederholte mit derselben breiten Eindringlichkeit:
– Ein elender scheißiger Armleuchter, das ist er.
Dies war sein Grabspruch für alle gestorbenen Freundschaften, und Stephen überlegte, ob er wohl je im selben Ton zu seinem Angedenken gesagt werden würde. Der klumpenschwere Ausdruck versank langsam aus dem Hörbereich wie ein Stein in einem Sumpf. Stephen sah ihn sinken wie viele andere zuvor und spürte, wie seine Schwere ihm das Herz bedrückte. Cranlys Redeweise, anders als die Davins, kannte weder seltene Ausdrücke aus dem elisabethanischen Englisch noch kurios gewendete Versionen irischer Idiome. Ihr schleifendes Ziehen war ein Echo der Dubliner Quays, das ein tristes absterbendes Hafenstädtchen zurückwarf, ihr Nachdruck ein Echo der heiligen Dubliner Eloquenz, das eine Kanzel in Wicklow in breitem Dialekt zurückwarf.
Die dicken Runzeln schwanden aus Cranlys Gesicht, als MacCann von der anderen Seite der Halle drahtig auf sie zumarschiert kam.
– Da bist du! sagte MacCann fröhlich.
– Da bin ich! sagte Stephen.
– Zu spät wie immer. Kannst du die progressiven Tendenzen nicht mit einem Sinn für Pünktlichkeit verbinden?
– Die Frage steht nicht zur Debatte, sagte Stephen. Nächster Punkt.
Seine lächelnden Augen fixierten ein in Silberpapier gewickeltes Täfelchen Milchschokolade, das aus der Brusttasche des Propagandisten guckte. Ein kleiner Kreis von Zuhörern schloß sich um sie herum, um das Scharmützel der Scharfsinnigen mitanzuhören. Ein magerer Student mit Olivenhaut und schütterem schwarzem Haar steckte sein Gesicht zwischen die beiden, schaute bei jedem Satz von einem zum andern und schien jeden hin- oder herfliegenden Satz mit seinem offenen feuchten Mund auffangen zu wollen. Cranly holte einen kleinen grauen Handball aus seiner Tasche und prüfte ihn sorgfältig, wobei er ihn um und um drehte.

– Nächster Punkt? sagte MacCann. Aha!
Er brach in eine laute hustende Lache aus, lächelte breit und zerrte sich zweimal an dem strohblonden Ziegenbärtchen, das an seinem stumpfen Kinn hing.
– Der nächste Punkt ist, die Resolution zu unterschreiben.
– Was zahlst du mir, wenn ich unterschreibe? fragte Stephen.
– Ich dachte, du wärst ein Idealist? sagte MacCann.
Der zigeunerhafte Student schaute in die Runde und wandte sich mit einer undeutlichen Blökstimme an die Zuschauer.
– Teufel, das ist eine komische Idee. Ich halte diese Idee für eine merkantile Idee.
Seine Stimme löste sich in Schweigen auf. Seinen Worten schenkte niemand Aufmerksamkeit. Er wandte sein olives Pferdegesicht Stephen zu, als fordere er ihn auf, wieder etwas zu sagen.
MacCann begann flüssig und mit Nachdruck von dem Reskript des Zaren zu sprechen, von Stead, von allgemeiner Abrüstung, Schiedsgericht in Fällen internationaler Zwistigkeiten, von den Zeichen der Zeit, von der neuen Menschheit und dem neuen Evangelium des Lebens, das die Gemeinschaft vor die Aufgabe stellt, der größtmöglichen Zahl von Menschen das größtmögliche Glück so billig wie möglich zu sichern.
Der Zigeunerstudent respondierte auf das Ende der Periode mit dem Ruf:
– Ein dreifaches Hurra auf die Brüderlichkeit in aller Welt!
– Nur weiter, Temple, sagte ein untersetzter rosiger Student neben ihm. Ich geb dir auch nachher einen aus.
– Ich glaube an die Brüderlichkeit in aller Welt, sagte Temple und schaute aus seinen dunklen ovalen Augen in die Runde. Der Marx ist nichts weiter als ein scheißiger Hanswurst.
Cranly umklammerte fest seinen Arm, damit er aufhöre, lächelte unruhig und sagte wiederholt:
– Ruhig, ruhig, ruhig!
Temple versuchte seinen Arm freizukämpfen, redete aber weiter, wobei dünner Schaum seinen Mund fleckte:

– Der Sozialismus wurde von einem Iren begründet, und der erste Mann in Europa, der die Freiheit des Denkens predigte, war Collins. Vor zweihundert Jahren. Er hat die Pfaffenlist angeprangert, der Philosoph aus Middlesex. Ein dreifaches Hurra auf John Anthony Collins!
Ein dünnes Stimmchen replizierte am äußersten Ende des Kreises:
– Piep! Piep!
Moynihan murmelte an Stephens Ohr:
– Was war doch mit der armen kleinen Schwester von John Anthony:

Lottie Collins, diese Lose
Hat verloren ihre Hose.
Drum sei ein Kavalier
Und pump die deine ihr.

Stephen lachte und Moynihan, befriedigt über das Ergebnis, murmelte wieder:
– Setzen wir fünf Schilling sowohl als auch auf John Anthony Collins.
– Ich warte auf deine Antwort, sagte MacCann kurz.
– Die Geschichte interessiert mich nicht im geringsten, sagte Stephen müde. Das weißt du ganz genau. Warum machst du das ganze Theater?
– Gut! sagte MacCann und schmatzte mit den Lippen. Du bist also reaktionär?
– Denkst du, du machst mir Eindruck, fragte Stephen, wenn du mit deinem Holzsäbel fuchtelst?
– Metaphern! sagte MacCann barsch. Komm zu Fakten.
Stephen wurde rot und wandte sich ab. MacCann blieb hartnäckig und sagte mit feindseligem Unterton:
– Mindere Poeten sind wahrscheinlich über derlei triviale Fragen wie die Weltfriedensfrage erhaben.
Cranly hob den Kopf und hielt den Handball wie ein Friedensopfer zwischen die beiden Studenten, wobei er sagte:
– *Pax super totum excrementalem globum.*

Stephen schob die Umstehenden beiseite, ruckte ärgerlich die Schultern in Richtung des Zarenbildes und sagte:
– Behalte deine Ikone. Wenn wir schon einen Jesus haben müssen, wollen wir einen legitimen haben.
– Teufel, das ist ein guter! sagte der Zigeunerstudent zu denen neben ihm. Das ist ein schöner Satz. Mir gefällt dieser Satz ungemein.
Er schluckte den Speichel in seiner Kehle runter, als schlucke er die Wörter runter und wandte sich, den Schirm seiner Tweed-Mütze befummelnd, zu Stephen, wobei er sagte:
– Verzeihung, Sir, was meinen Sie mit dem Satz, den Sie grade eben von sich gegeben haben?
Da er merkte, wie die Studenten neben ihm ihn pufften, sagte er zu ihnen:
– Ich bin neugierig, was er mit dem Satz gemeint hat.
Er wandte sich wieder an Stephen und sagte wispernd:
– Glaubst du an Jesus? Ich glaube an den Menschen. Natürlich, ich weiß nicht, ob du an den Menschen glaubst. Ich bewundere Sie, Sir. Ich bewundere den Geist eines Menschen, der unabhängig ist von jeder Religion. Ist das deine Meinung vom Geist Jesu?
– Nur weiter, Temple, sagte der untersetzte rosige Student und resortierte, wie es seine Gepflogenheit war, auf seine frühere Idee, mein Angebot steht noch.
– Er hält mich für einen Trottel, erklärte Temple Stephen, weil ich an die Macht des Geistes glaube.
Cranly hängte sich in die Arme Stephens und seines Bewunderers und sagte:
– *Nos manum ballum jocabimus.*
Als Stephen eben weggeführt werden sollte, erblickte er MacCanns hochrotes grobes Gesicht.
– Auf meine Unterschrift kommt es doch gar nicht an, sagte er höflich. Du hast recht, deinen Weg zu gehen. Aber laß mich meinen gehen.
– Dedalus, sagte MacCann spröd, ich glaub durchaus, daß du ein anständiger Kerl bist, aber die Würde des Altruismus und

das Verantwortlichsein eines jeden Einzelnen mußt du erst noch lernen.
Eine Stimme sagte:
– Spinnerte Intellektuelle schaden der Bewegung mehr als sie nützen.
Stephen erkannte an dem schroffen Ton die Stimme MacAlisters, wandte sich aber nicht in ihre Richtung. Cranly stieß sich feierlich durch den Auflauf der Studenten, wobei er Stephen und Temple an sich hängen hatte wie ein Zelebrant seine Meßdiener auf dem Weg zum Altar.
Temple beugte sich eilfertig vor Cranlys Brust und sagte:
– Hast du MacAlister gehört, was der gesagt hat? Der Bube ist auf dich eifersüchtig. Hast du das gesehn? Ich wette, Cranly hats nicht gesehn. Teufel, ich hab das gleich gesehn.
Als sie die innere Halle durchquerten, machte der Studiendekan gerade den Versuch, dem Studenten zu entkommen, mit dem er konversiert hatte. Er stand am Fuß der Treppe, einen Fuß auf der untersten Stufe, und hatte mit weibischer Penibilität seine fadenscheinige Soutane für den Aufstieg gerefft, wobei er oft mit dem Kopf nickte und wiederholt sagte:
– Ganz zweifelsohne, Mr. Hackett! Sehr gut! Ganz zweifelsohne!
In der Mitte der Halle sprach der Präfekt der Sodalität des College ernsthaft, mit leiser Quengelstimme, auf einen Internen ein. Beim Sprechen runzelte er ein wenig seine sommersprossige Stirn und kaute, zwischen den Sätzen, an einem winzigen beinernen Stift.
– Ich hoffe, daß die Leute aus der Immatrikulationsklasse alle kommen. Die Artes-Eins-Leute sind ziemlich sicher. Artes-Zwei ebenfalls. Um die Neuen müssen wir uns kümmern.
Temple beugte sich wieder vor Cranly, als sie gerade durch die Tür gingen, und sagte eilig wispernd:
– Weißt du, daß der verheiratet ist? Er war verheiratet, bevor er konvertiert ist. Er hat irgendwo Frau und Kinder. Teufel, ich glaub das ist die komischste Idee, die ich jemals gehört hab! Hm?

Das Wispern löste sich in hinterhältig-gackerndem Gelächter. In dem Augenblick, als sie durch die Tür waren, packte Cranly ihn rüd beim Hals, schüttelte ihn und sagte:
– Du elender ekelhafter Esel! Bei meiner Letzten Ölung, ich schwörs, es gibt keinen größeren, keinen scheißigeren Trottel als dich, das kannst du glauben, auf der ganzen elenden scheißigen Welt!
Temple wand sich in seinem Griff und lachte immer noch mit hinterhältiger Zufriedenheit, während Cranly bei jedem rüden Schütteln breit wiederholte:
– Ein elender enormer scheißiger Idiot!
Sie gingen zusammen durch den unkrautstrotzenden Garten. Der Präsident, in einen schweren weiten Umhang gehüllt, kam auf einem der Wege auf sie zugegangen und las sein Brevier. Am Ende des Wegs blieb er stehen, bevor er kehrt machte, und hob die Augen. Die Studenten grüßten, wobei Temple wie zuvor den Schirm seiner Mütze befummelte. Sie gingen schweigend weiter. Als sie sich der Spielbahn näherten, konnte Stephen die dumpfen Schläge der Hände der Spieler hören und das nasse Klatschen des Balles und Davins Stimme, die bei jedem Schlag erregt aufschrie.
Die drei Studenten blieben um die Kiste herum stehen, auf der Davin saß und das Spiel verfolgte. Temple wieselte nach ein paar Augenblicken zu Stephen hinüber und sagte:
– Entschuldige, ich wollte dich fragen, glaubst du, daß Jean Jacques Rousseau ein aufrichtiger Mann war?
Stephen platzte heraus. Cranly hob aus dem Gras zu seinen Füßen eine zerbrochene Faßdaube auf, drehte sich rasch um und sagte streng:
– Temple, ich schwöre bei Gott dem Allmächtigen, wenn du noch *ein* Wort sagst, zu irgend jemand, egal über was, das kannst du glauben, dann kill ich dich *ad locum stellemque.*
– Ich stell mir vor, er war wie du, sagte Stephen, eher emotional.
– Der soll dich doch kreuzweise! sagte Cranly. Red doch überhaupt nicht mit dem. Da kannst du genausogut mit einem

elenden Nachttopf reden, das kannst du glauben, wie mit Temple. Geh heim, Temple. Du lieber Himmel, geh heim.
– Du bist mir doch völlig schnurz, Cranly, antwortete Temple, begab sich aus der Reichweite der erhobenen Daube und wies auf Stephen. Er ist der einzige, den ich in diesem Institut kenne, der einen eigenen Kopf hat.
– Institut! Eigenen Kopf! rief Cranly. Geh heim, verdammt noch mal, du bist ein hoffnungsloser Scheißkerl.
– Ich bin eher emotional, sagte Temple. Das ist ganz richtig formuliert. Und ich bin stolz, daß ich emotional bin.
Er wieselte aus der Spielbahn und lächelte hinterhältig. Cranly beobachtete ihn mit leerem ausdruckslosem Gesicht.
– Guck dir den an! sagte er. Hast du so einen Kriecher schon mal gesehn?
Sein Ausspruch wurde von dem sonderbaren Lachen eines Studenten quittiert, der gegen die Mauer lümmelte, die Schirmmütze tief über den Augen. Das Lachen, im Diskant zwar, doch aus einem derart muskulösen Körper stammend, war wie das Trompeten eines Elefanten. Der ganze Leib des Studenten schüttelte sich und er rieb, seine Heiterkeit abzuleiten, entzückt beide Hände über der Leistengegend.
– Lynch ist erwacht, sagte Cranly.
Als Antwort richtete Lynch sich auf und schob seine Brust vor.
– Lynch streckt die Brust raus, sagte Stephen, im Sinne einer Kritik am Dasein.
Lynch schlug sich sonor auf die Brust und sagte:
– Wer wagt es, sich zu meinem Umfang zu äußern?
Cranly nahm ihn bei dem Wort und die beiden begannen zu ringen. Als ihre Gesichter rot waren vom Kampf, ließen sie, japsend, voneinander ab. Stephen beugte sich zu Davin hinunter, der, aufs Spiel konzentriert, nicht zugehört hatte, was die andern sprachen.
– Und wie gehts meinem zahmen Gänschen? fragte er. Hat es auch unterschrieben?
Davin nickte und sagte:
– Und du, Stevie?

Stephen schüttelte den Kopf.
– Du bist schrecklich, Stevie, sagte Davin und nahm die kurze Pfeife aus dem Mund. Immer allein.
– Wo du jetzt die Petition für den Weltfrieden unterschrieben hast, sagte Stephen, wirst du wohl das kleine Heftchen verbrennen, das ich in deinem Zimmer gesehen habe.
Da Davin nicht antwortete, begann Stephen zu zitieren:
– Im Laufschritt, Fianna! Rechts um, Fianna! Fianna, durchzählen, und Gruß, eins, zwei!
– Das ist etwas anderes, sagte Davin. Zu allererst bin ich ein irischer Nationalist. Aber das ist typisch für dich. Du bist der geborene Spötter, Stevie.
– Wenn ihr mit euren Hurlingschlägern euren nächsten Aufstand macht, sagte Stephen, und euren Denunzianten vom Dienst braucht, laß es mich wissen. Ich kann euch hier in dem College ein paar auftreiben.
– Ich versteh dich wirklich nicht, sagte Davin. Einmal redest du gegen die englische Literatur. Jetzt redest du gegen die irischen Denunzianten. Mit deinem Namen und deinen Ideen ... Bist du überhaupt ein Ire?
– Geh mit mir aufs Heroldsamt und ich zeig dir den Stammbaum meiner Familie, sagte Stephen.
– Dann sei doch auch einer von uns, sagte Davin. Warum lernst du kein Irisch? Warum bist du nach der ersten Stunde nicht mehr in den Ligakurs gekommen?
– Einen Grund kennst du doch, antwortete Stephen.
Davin schnickte mit dem Kopf und lachte.
– Na, nun komm aber, sagte er. Wegen einer gewissen jungen Dame und Pater Moran? Aber das bildest du dir alles nur ein, Stevie. Die haben doch nur miteinander geredet und gelacht.
Stephen sprach nicht gleich, sondern legte eine freundschaftliche Hand auf Davins Schulter.
– Erinnerst du dich, sagte er, als wir uns zum erstenmal sahen? An dem Morgen, als wir uns kennenlernten, hast du mich gefragt, wo es zur Immatrikulationsklasse ginge, und dabei die erste Silbe sehr stark betont. Erinnerst du dich? Und dann

hast du die Jesuiten mit Pater angeredet, erinnerst du dich? Ich frage mich, was dich betrifft: *Ist er so unschuldig, wie er redet?*

– Ich bin ein simpler Mensch, sagte Davin. Das weißt du. Als du mir an dem Abend da in Harcourt Street diese Geschichten aus deinem Privatleben erzählt hast, lieber Gott, ich schwörs, Stevie, da hab ich mein Essen nicht runterkriegen können. Mir ist ganz schlecht gewesen. Ich bin die Nacht ganz lange wachgelegen. Warum hast du mir die Geschichten erzählt?

– Danke, sagte Stephen. Du willst sagen, daß ich ein Ungeheuer bin.

– Nein, sagte Davin, aber ich wünschte, du hättsts mir nicht erzählt.

Unter der ruhigen Oberfläche von Stephens Freundschaftlichkeit begann eine Drift aufzuwallen.

– Dieses Volk und dieses Land und dieses Leben haben mich hervorgebracht, sagte er. Ich werde mich so ausdrücken wie ich bin.

– Versuch doch, einer von uns zu sein, wiederholte Davin. In deinem Herzen bist du ja ein Ire, nur dein Stolz ist zu mächtig.

– Meine Vorfahren haben ihre Sprache von sich geworfen und eine andere angenommen, sagte Stephen. Sie haben sich von einer Handvoll Fremder unterwerfen lassen. Bildest du dir ein, ich zahle mit meinem eigenen Leben und meiner Person Schulden, die sie gemacht haben? Wozu?

– Für unsre Freiheit, sagte Davin.

– Nie hat ein ehrlicher und aufrichtiger Mann, sagte Stephen, euch sein Leben hingegeben und seine Jugend und seine Liebe, von den Tagen Wolf Tones bis zu denen Parnells, ohne daß ihr ihn nicht an den Feind verkauft oder im Stich gelassen in der Not oder gelästert und um eines andern willen verlassen habt. Und du forderst mich auf, einer von euch zu sein. Da will ich euch erst alle zur Hölle fahren sehn.

– Sie sind für ihre Ideale gestorben, Stevie, sagte Davin. Unser Tag wird kommen, glaub mir.

Stephen, der seinen eigenen Gedanken nachging, war einen Moment still.

– Die Seele wird erst in jenen Augenblicken geboren, sagte er obenhin, von denen ich dir erzählt habe. Diese Geburt ist langsam und dunkel, geheimnisvoller als die Geburt des Leibs. Wenn die Seele eines Menschen in diesem Land geboren wird, werden ihr Netze übergeworfen, um sie am Fliegen zu hindern. Du sprichst mir von Nationalität, Sprache, Religion. Ich werde versuchen, an diesen Netzen vorüberzufliegen.

Davin klopfte die Asche aus seiner Pfeife.

– Mir zu tiefsinnig, Stevie, sagte er. Aber das eigene Land kommt doch zuerst. Zuerst Irland, Stevie. Dichter oder Mystiker kannst du hinterher immer noch sein.

– Weißt du, was Irland ist? fragte Stephen mit kalter Heftigkeit. Irland ist die alte Sau, die ihre eigenen Ferkel frißt.

Davin stand von der Kiste auf und ging, traurig den Kopf schüttelnd, zu den Spielern. Doch in einem Augenblick verlor sich seine Traurigkeit und er disputierte hitzig mit Cranly und den beiden Spielern, die ihr Spiel beendet hatten. Man beschloß ein Match zu viert, wobei Cranly jedoch darauf bestand, daß sein Ball genommen werde. Er ließ ihn zwei-, dreimal aufspringen, schmetterte ihn dann fest und schnell unten an die Mauer der Spielbahn, und quittierte den dumpfen Aufschlag mit dem Ruf:

– Zugenäht!

Stephen stand mit Lynch dabei, bis die Punktzahl zu steigen begann. Dann zupfte er ihn am Ärmel, damit er mit wegginge. Lynch gehorchte und sagte:

– Gehn wir hintan, um Cranly zu zitieren.

Stephen lächelte über diesen Seitenhieb. Sie gingen zurück durch den Garten und hinaus durch die Halle, wo der tattrige Portier gerade eine Bekanntmachung in den Rahmen pinnte. Am Fuß der Treppe blieben sie stehen und Stephen nahm ein Päckchen Zigaretten aus der Tasche und hielt es seinem Gefährten hin.

– Ich weiß, daß du arm bist, sagte er.

– Zur Hölle mit deiner verflachsten Unverschämtheit, antwortete Lynch.

Bei diesem zweiten Beweis von Lynchs Kultiviertheit mußte Stephen wieder lächeln.

– Es war ein großer Tag für die europäische Kultur, sagte er, als du dich dazu durchgerungen hast, beim Flachs zu fluchen.

Sie steckten ihre Zigaretten an und wandten sich nach rechts. Nach einer Pause begann Stephen:

– Aristoteles hat Mitleid und Furcht nicht definiert. Aber ich. Ich sage ...

Lynch blieb stehen und sagte barsch:

– Hör auf! Ich hör nicht zu! Mir ist schlecht. Ich hab gestern nacht so eine verflachste Sauftour gemacht mit Horan und Goggins.

Stephen fuhr fort:

– Mitleid ist das Gefühl, das den Geist angesichts alles dessen gefangennimmt, was schwer und konstant ist am menschlichen Leid, und ihn mit dem leidenden Menschen eins werden läßt. Furcht ist das Gefühl, das den Geist angesichts alles dessen gefangen nimmt, was schwer und konstant ist am menschlichen Leid, und ihn mit der verborgenen Ursache eins werden läßt.

– Sag das nochmal, sagte Lynch.

Stephen sagte die Definitionen langsam noch einmal.

– Ein Mädchen ist vor ein paar Tagen in einen Hansom gestiegen, fuhr er fort, in London. Sie war auf dem Weg zu ihrer Mutter, die sie seit vielen Jahren nicht gesehen hatte. An einer Straßenecke fuhr eine Wagendeichsel in das Fenster des Hansom und zersplitterte es sternförmig. Eine lange dünne Nadel des zersplitterten Glases stach in ihr Herz. Sie war im Augenblick tot. Der Reporter nannte das einen tragischen Tod. Das ist er nicht. Er hat, nach den Setzungen meiner Definitionen, mit Furcht und Mitleid überhaupt nichts zu tun.

– Die tragische Empfindung ist faktisch ein Gesicht, das in zwei Richtungen schaut, zur Furcht hin und zum Mitleid, die beides Aspekte von ihr sind. Du siehst, ich benutze das Wort *gefangennehmen.* Ich meine damit, daß die tragische Empfindung statisch ist. Oder vielmehr, die dramatische Empfindung ist es. Die Gefühle, die durch uneigentliche Kunst erregt werden, sind kinetisch, Verlangen oder Abscheu. Verlangen drängt uns, zu besitzen, zu etwas hinzugehen; Abscheu drängt uns, aufzugeben, von etwas fortzugehen. Dies sind kinetische Empfindungen. Die Künste, die solche erregen, pornographische oder didaktische, sind darum uneigentliche Künste. Die ästhetische Empfindung (ich benutze den allgemeinen Begriff) ist darum statisch. Der Geist wird gefangengenommen und über Verlangen und Abscheu erhoben.

– Du sagst, die Kunst darf nicht Verlangen erregen, sagte Lynch. Ich hab dir erzählt, daß ich einmal meinen Namen mit Bleistift auf den Hintern der Venus des Praxiteles im Museum geschrieben habe. War das nicht Verlangen?

– Ich spreche von normalen Naturen, sagte Stephen. Du hast mir auch erzählt, du hättest als Junge in dieser bezaubernden Karmeliterschule stückchenweise trockenen Kuhmist gegessen.

Lynch brach wieder in trompetendes Gelächter aus und rieb sich wieder beide Hände über der Leistengegend, ohne sie indessen aus den Taschen zu nehmen.

– Allerdings! rief er. Allerdings!

Stephen drehte sich zu seinem Gefährten und schaute ihm einen Augenblick kühn in die Augen. Lynch, der sich von seinem Gelächter erholte, erwiderte seinen Blick aus gedemütigten Augen. Der lange schmale flache Schädel unter der Mütze mit dem langen Schirm rief in Stephen das Bild eines behelmten Reptils hervor. Auch die Augen waren durch das Flimmernde und Fixierende in ihnen reptilienartig. Doch in diesem Augenblick, gedemütigt und wachsam in ihrem Blick, waren sie von einem winzigen menschlichen Funken erhellt, dem Fenster einer zusammengeschrumpften Seele, stechend und voll Erbitterung gegen sich selbst.

– Was das betrifft, sagte Stephen in höflicher Parenthese, sind wir alle Tiere. Auch ich bin ein Tier.

– Das bist du, sagte Lynch.
– Doch im Augenblick bewegen wir uns in einer geistigen Welt, fuhr Stephen fort. Verlangen und Abscheu, die durch unangemessene ästhetische Mittel erregt werden, sind in Wirklichkeit unästhetische Empfindungen, nicht nur, weil sie ihrem Wesen nach kinetisch, sondern auch, weil sie nicht mehr sind als nur physisch. Unser Fleisch zuckt zurück vor dem, was es fürchtet, und respondiert auf den Stimulus dessen, wonach es verlangt, durch eine reine Reflexhandlung des Nervensystems. Unser Augenlid schließt sich, bevor uns bewußt ist, daß die Fliege ins Auge fliegen will.
– Nicht immer, sagte Lynch kritisch.
– In derselben Weise, sagte Stephen, respondierte dein Fleisch auf den Stimulus einer nackten Statue, aber das war, sage ich, schlicht eine Reflexhandlung der Nerven. Die Schönheit, die der Künstler zum Ausdruck bringt, kann in uns keine Empfindung erwecken, die kinetisch, oder eine Sensation, die rein physisch ist. Sie erweckt, oder sollte erwecken, bewirkt, oder sollte bewirken, eine ästhetische Stasis, ideales Mitleid oder ideale Furcht, eine Stasis, die hervorgerufen, ausgedehnt und schließlich aufgelöst wird durch das, was ich den Rhythmus der Schönheit nenne.
– Was ist das exakt? fragte Lynch.
– Rhythmus, sagte Stephen, ist das erste formalästhetische Verhältnis der Teile zueinander in jeglichem ästhetischen Ganzen oder eines ästhetischen Ganzen zu seinem Teil oder seinen Teilen oder jedes Teils zum ästhetischen Ganzen, dessen Teil es ist.
– Wenn das Rhythmus ist, sagte Lynch, laß mich mal hören, was du Schönheit nennst: und vergiß bitte nicht, obwohl ich einmal einen Batzen Kuhmist gegessen habe, bewundere ich nur die Schönheit.
Stephen zog die Mütze wie zum Gruß. Dann, leicht errötend, legte er seine Hand auf Lynchs dicken Tweedärmel.
– Wir haben recht, sagte er, und die andern haben unrecht. Von diesen Dingen sprechen und ihre Natur zu verstehen ver-

suchen und, wenn wir sie verstanden haben, langsam und demütig und beharrlich versuchen, aus der rohen Erde oder dem was sie hervorbringt, aus Laut und Form und Farbe, die die Gefängnistore unsrer Seele sind, ein Bild der Schönheit, die wir verstehen gelernt haben, zu zwingen, herauszudrücken, auszudrücken – das ist Kunst.

Sie hatten die Kanalbrücke erreicht und gingen, von ihrem Weg abbiegend, bei den Bäumen weiter. Ungeschlachtes graues Licht, das sich in dem trägen Gewässer spiegelte, und der Geruch von nassen Ästen über ihren Häuptern schienen gegen Stephens Gedankengang anzugehen.

– Aber du hast meine Frage nicht beantwortet, sagte Lynch. Was ist Kunst? Was ist die Schönheit, die sie ausdrückt?

– Das war doch die erste Definition, die ich dir gegeben habe, du Schlafmütze, sagte Stephen, als ich erstmals versucht habe, die Geschichte selber zu durchdenken. Erinnerst du dich an den Abend? Cranly verlor die Geduld und fing an, von Wicklower Speck zu reden.

– Ich erinnere mich, sagte Lynch. Er hat uns von den elend fetten Säuen von Schweinen da erzählt.

– Kunst, sagte Stephen, ist das dem Menschen eigene Arrangement sensibler oder intelligibler Materie, auf einen ästhetischen Zweck hin ausgerichtet. An die Schweine erinnerst du dich und das vergißt du. Ihr seid schon ein jämmerliches Paar, du und Cranly.

Lynch zog dem rauhen grauen Himmel eine Grimasse und sagte:

– Wenn ich mir deine ästhetische Philosophie schon anhören soll, gib mir wenigstens noch ne Zigarette. Mir ist das sowieso egal. Mir sind sogar Frauen egal. Du scherst mich doch einen Dreck und alles andre genauso. Ich will einen Posten, der mir fünfhundert pro Jahr bringt. Den kannst du mir nicht beschaffen.

Stephen reichte ihm das Päckchen Zigaretten. Lynch nahm die letzte, die drin war, und sagte bloß:

– Fahr fort!

– Der Aquinate, sagte Stephen, sagt, schön ist das, dessen Wahrnehmung wohlgefällig ist.
Lynch nickte.
– Ich erinnere mich daran, sagte er. *Pulcra sunt quae visa placent.*
– Er benutzt das Wort *visa,* sagte Stephen, um jede Art ästhetischer Wahrnehmung damit zu decken, sei es nun übers Gesicht oder übers Gehör oder über irgendeinen anderen Wahrnehmungskanal. Dieses Wort, wie ungenau es immer ist, ist wenigstens insofern klar, als Gut und Böse, die Erreger von Verlangen und Abscheu, draußen bleiben. Es bedeutet mit Sicherheit eine Stasis und keine Kinesis. Wie stehts mit dem Wahren? Auch es erzeugt eine Stasis des Geistes. Du würdest deinen Namen nicht mit Bleistift über die Hypotenuse eines rechtwinkligen Dreiecks schreiben.
– Nein, sagte Lynch, gib mir die Hypotenuse der Venus des Praxiteles.
– Also statisch, sagte Stephen. Plato, glaube ich, sagte, die Schönheit sei der Glanz der Wahrheit. Ich denke nicht, daß das einen Sinn hat, aber das Wahre und das Schöne sind verwandt. Die Wahrheit schaut der Verstand, der sich nur durch die befriedigendesten Relationen des Verstandesmäßigen genügen läßt: die Schönheit schaut die Imagination, die sich nur durch die befriedigendesten Relationen des Sensiblen genügen läßt. Der erste Schritt in Richtung auf die Wahrheit ist, Umfang und Bereich des Verstandes selbst zu verstehen, den Akt der Verstandestätigkeit, der Intellektion selber, zu begreifen. Das gesamte philosophische System des Aristoteles basiert auf seiner Schrift zur Psychologie, und die, denke ich, basiert auf seinem Satz, daß das gleiche Attribut nicht gleichzeitig und in der gleichen Hinsicht dem gleichen Subjekt zukommen und nicht zukommen könne. Der erste Schritt in Richtung auf die Schönheit ist, Umfang und Bereich der Imagination zu verstehen, den Akt der ästhetischen Wahrnehmung selber zu begreifen. Ist das klar?
– Aber was ist Schönheit? fragte Lynch ungeduldig. Los, raus

mit einer neuen Definition. Etwas das wir sehen und mögen! Ist das alles, was dir und dem Aquinaten einfällt?

– Nehmen wir die Frau, sagte Stephen.

– Mit Vergnügen! sagte Lynch begeistert.

– Der Grieche, der Türke, der Chinese, der Kopte, der Hottentotte, sagte Stephen, alle bewundern sie einen verschiedenen Typ weiblicher Schönheit. Das scheint ein Labyrinth zu sein, dem wir nicht entkommen können. Ich sehe jedoch zwei Wege hinaus. Einer ist diese Hypothese: daß jede physische Qualität, die Männer in Frauen bewundern, in direktem Zusammenhang mit den vielfältigen Funktionen der Frauen zur Fortpflanzung der Art steht. Das kann gut sein. Die Welt ist, scheints, noch öder als selbst du, Lynch, dir vorgestellt hast. Mir persönlich mißfällt dieser Ausweg. Er führt eher zur Eugenik als zur Ästhetik. Er führt dich aus dem Labyrinth stracks in einen neuen protzigen Vorlesungssaal, wo MacCann, eine Hand auf dem *Ursprung der Arten* und die andere auf dem Neuen Testament, dir erzählt, du hättest das breite Becken der Venus deshalb bewundert, weil du fühltest, sie würde dir stämmige Nachkommen austragen, und hättest ihre breiten Brüste deshalb bewundert, weil du fühltest, sie würde ihren Kindern und deinen fette Milch liefern.

– Dann ist MacCann eine ganze Spindel voll von einem verflachsten Lügner, sagte Lynch mit Nachdruck.

– Es bleibt noch ein anderer Ausweg, sagte Stephen lachend.

– Als da ist? sagte Lynch.

– Diese Hypothese, begann Stephen.

Ein langer, mit altem Eisen beladener Karren kam am Sir Patrick Dun's Hospital um die Ecke und überlagerte den Rest von Stephens Rede mit dem mißtönigen Geröhr klappernden und rasselnden Metalls. Lynch hielt sich die Ohren zu und gab einen Fluch nach dem andern von sich, bis der Karren vorüber war. Dann drehte er sich rüd auf dem Absatz um. Stephen drehte sich auch um und wartete einige Augenblicke, bis seines Gefährten üble Laune sich genügend Luft gemacht hatte.

– Diese Hypothese, wiederholte Stephen, ist der andere Ausweg: daß, obschon ein und derselbe Gegenstand nicht allen Menschen schön erscheinen mag, dennoch alle Menschen, die einen schönen Gegenstand bewundern, in ihm bestimmte Relationen finden, die befriedigen und mit den verschiedenen Stadien jeglicher ästhetischer Wahrnehmung selber zusammenfallen. Diese Relationen des Sensiblen, die für dich in *der* Form und für mich in *der* sichtbar sind, müssen darum die notwendigen Eigenschaften der Schönheit sein. Nun, wir können wieder auf unseren alten Freund, den heiligen Thomas, zurückkommen und uns noch eine Prise Weisheit holen.

Lynch lachte.

– Es amüsiert mich ungeheuer, sagte er, wenn ich dich den ein ums andre Mal zitieren höre, wie einen lustigen behäbigen Klosterbruder. Lachst du dir dabei heimlich ins Fäustchen?

– MacAlister, antwortete Stephen, würde meine ästhetische Theorie angewandten Thomas von Aquin nennen. Soweit diese Seite der ästhetischen Philosophie reicht, genügt mir der Aquinate durchaus. Wenn wir zu den Phänomenen der künstlerischen Konzeption kommen, der künstlerischen Gestation und der künstlerischen Reproduktion, brauche ich eine neue Terminologie und eine neue persönliche Erfahrung.

– Natürlich, sagte Lynch. Schließlich war der Aquinate, trotz seines Verstandes, exactement ein lieber guter behäbiger Klosterbruder. Aber du wirst mir von der neuen persönlichen Erfahrung und der neuen Terminologie ein andermal erzählen. Jetzt beeil dich und bring den ersten Teil zu Ende.

– Wer weiß? sagte Stephen lächelnd. Vielleicht würde der Aquinate mich besser verstehen als du. Er war selbst ein Dichter. Er hat einen Hymnus für Gründonnerstag geschrieben. Er beginnt mit den Worten *Pange lingua gloriosi.* Er soll die höchste Herrlichkeit des Hymnars sein. Es ist ein kompliziert gebauter und tröstlicher Hymnus. Ich mag ihn: aber es gibt keinen Hymnus, den man mit diesem trauervollen und majestätischen Prozessionslied, dem *Vexilla Regis* des Venantius Fortunatus, auch nur vergleichen könnte.

Lynch begann leise und feierlich in tiefem Baß zu singen:

Impleta sunt quae concinit
David fideli carmine
Dicendo nationibus
Regnavit a ligno Deus.

– Das ist ganz groß! sagte er tief befriedigt. Große Musik!
Sie bogen in die Lower Mount Street. Ein paar Schritte nach der Ecke grüßte sie ein dicker junger Mann in seidenem Halstuch und blieb stehen.
– Habt ihr die Ergebnisse der Examen gehört? fragte er. Griffin ist durchgerasselt. Halpin und O'Flynn haben für den Staatsdienst im Reich bestanden. Moonan ist fünfter für Indien geworden. O'Shaughnessy vierzehnter. Die irischen Brüder von Clarke haben sie gestern abend groß durchgefüttert. Sie haben alle einen Curry gegessen.
Sein fahles gedunsenes Gesicht drückte benevolente Boshaftigkeit aus, und als er seine Erfolgsmeldungen hinter sich gebracht hatte, verschwanden seine kleinen speckumrandeten Augen aus dem Gesichtsfeld und seine schwache schnaufende Stimme außer Hörweite.
Um eine Frage Stephens zu beantworten, kamen Augen und Stimme wieder aus ihren Schlupflöchern hervor.
– Ja, MacCullagh und ich, sagte er. Er nimmt reine Mathematik und ich Verfassungsgeschichte. Es sind zwanzig Themen. Ich nehme noch Botanik. Ihr wißt doch, daß ich Mitglied im Naturkundeklub bin.
Er trat pompös von den beiden andern weg und legte sich eine feiste wollbehandschuhte Hand auf die Brust, der sich auf der Stelle ein halb unterdrücktes schnaufendes Gelächter entrang.
– Bring uns das nächstemal wenn du rausgehst ein paar Steckrüben und Zwiebeln mit, sagte Stephen trocken, da können wir Stew machen.
Der dicke Student lachte nachsichtig und sagte:
– Wir sind alles hochangesehene Leute im Naturkundeklub. Letzten Samstag haben wir einen Ausflug nach Glenmalure gemacht, zu siebt.

– Mit Damen, Donovan? sagte Lynch.
Donovan legte sich wieder die Hand auf die Brust und sagte:
– Unser Ziel ist Wissenserwerb.
Dann sagte er rasch:
– Ich höre, du schreibst eine Abhandlung über Ästhetik.
Stephen machte eine vag verneinende Geste.
– Goethe und Lessing, sagte Donovan, haben einen Haufen über das Thema geschrieben, die klassische Schule und die romantische Schule und alles. Den *Laokoon* hab ich sehr interessant gefunden, als ich ihn las. Natürlich ist das idealistisch, deutsch, supertief.
Keiner der anderen sagte etwas. Donovan nahm urban von ihnen Urlaub.
– Ich muß gehen, sagte er sänftiglich und benevolent. Ich habe den starken Verdacht, der fast schon an Gewißheit grenzt, daß meine Schwester heute zum Essen Pfannkuchen für die Familie der Donovans zu machen gedenkt.
– Wiedersehn, rief Stephen hinter ihm her. Vergiß die Steckrüben nicht für mich und meinen Kumpel.
Lynch starrte ihm nach und Hohn kräuselte langsam seine Lippen, bis sein Gesicht einer Teufelsfratze glich:
– Wenn man denkt, daß dieses verflachste pfannkuchenfressende Exkrement einen guten Posten kriegen kann, sagte er schließlich, und ich muß billige Zigaretten rauchen!
Sie wandten ihre Gesichter in Richtung Merrion Square und gingen eine Weile schweigend weiter.
– Um zu Ende zu bringen, was ich über die Schönheit sagen wollte, sagte Stephen, so müssen also die befriedigendesten Relationen des Sensiblen den notwendigen Phasen der künstlerischen Wahrnehmung korrespondieren. Finde die, und du findest die Qualitäten der universalen Schönheit. Der Aquinate sagt: *ad pulcritudinem tria requiruntur, integritas, consonantia, claritas.* Ich übersetze das so: *Dreierlei ist der Schönheit wesentlich, Ganzheit, Harmonie und Ausstrahlung.* Korrespondieren diese den Phasen der Wahrnehmung? Kannst du folgen?

– Natürlich kann ich, sagte Lynch. Wenn du meinst, meine Intelligenz ist exkrementell, lauf doch Donovan nach und frag ihn, ob er dir zuhört.

Stephen zeigte auf einen Korb, den ein Metzgerjunge sich verkehrt herum auf den Kopf gesetzt hatte.

– Guck dir den Korb an, sagte er.

– Ich sehe ihn, sagte Lynch.

– Um diesen Korb zu sehen, sagte Stephen, trennt dein Geist allererst den Korb ab vom Rest des sichtbaren Universums, welches alles der Korb nicht ist. Die erste Phase der Wahrnehmung ist eine Grenzlinie, die um den wahrzunehmenden Gegenstand gezogen wird. Ein ästhetisches Bild stellt sich uns entweder im Raum oder in der Zeit dar. Hörbares stellt sich in der Zeit, Sichtbares stellt sich im Raum dar. Aber, ob zeitlich oder räumlich, das ästhetische Bild wird zuerst leuchtend wahrgenommen als etwas sich selbst Umgrenzendes, in sich selber Ruhendes vor dem unermeßlichen Hintergrund von Raum oder Zeit, welcher nicht *es* ist. Du nimmst es als *eins* wahr. Du siehst es als ein Ganzes. Du nimmst seine Ganzheit wahr. Das ist *integritas*.

– Ins Schwarze! sagte Lynch lachend. Weiter.

– Dann, sagte Stephen, gehst du weiter von Punkt zu Punkt, geführt von den Linien seiner Form; du nimmst es wahr als ausgewogenes Verhältnis seiner Teile zueinander innerhalb seiner Grenzen; du fühlst den Rhythmus seiner Struktur. Mit andern Worten, auf die Synthese der unmittelbaren Perzeption folgt die Analyse der Apperzeption. Was du zuerst als *ein* Ding empfunden hast, empfindest du jetzt als ein *Ding*. Du nimmst es wahr als Komplexes, Vielfaches, Teilbares, Trennbares, aus Teilen Zusammengesetztes, als das Ergebnis seiner Teile und deren Summe, als Harmonisches. Das ist *consonantia*.

– Wieder ins Schwarze! sagte Lynch geistreich. Sag mir noch, was *claritas* ist, und du kriegst einen Orden.

– Das Bedeutungsfeld des Wortes, sagte Stephen, ist recht vag. Der Aquinate benutzt einen Begriff, der unexakt zu sein scheint. Er hat mich lange genarrt. Man könnte glauben wollen, er habe Symbolismus oder Idealismus im Sinn gehabt, die höchste Qualität der Schönheit wäre ein Licht aus einer andern Welt, von deren Idee die Materie bloß der Schatten, von deren Realität dieselbe das Symbol bloß ist. Ich dachte, er könnte meinen, *claritas* sei die künstlerische Entdeckung und Darstellung des göttlichen Plans in allem oder eine verallgemeinernde Kraft, die das ästhetische Bild zu einem universalen macht, es seine eigentliche Bedingtheit überstrahlen läßt. Aber das ist Literatengeschwätz. Ich verstehe es so. Wenn du diesen Korb als *ein* Ding wahrgenommen und ihn dann entsprechend seiner Form analysiert und als ein *Ding* wahrgenommen hast, bildest du die einzige Synthese, die logisch und ästhetisch erlaubt ist. Du siehst, daß es das Ding ist, welches es ist, und kein anderes. Die Ausstrahlung, von der er spricht, ist die scholastische *quidditas,* die *Washeit* eines Dinges. Die höchste Qualität verspürt der Künstler, wenn das ästhetische Bild in seiner Imagination konzipiert wird. Den Geist in diesem geheimnisvollen Moment hat Shelley sehr schön mit einer verglimmenden Kohle verglichen. Der Moment, da diese höchste Qualität der Schönheit, die klare Ausstrahlung des ästhetischen Bildes, leuchtend wahrgenommen wird vom Geist, der von seiner Ganzheit gefangengenommen und von seiner Harmonie fasziniert worden ist, ist die leuchtend stumme Stasis des ästhetischen Wohlgefallens, ein geistiger Zustand, der jener Herzverfassung sehr ähnlich ist, die der italienische Physiolog Luigi Galvani, mit einem Ausdruck, der fast so schön ist wie der Shelleys, die Entrückung des Herzens genannt hat.

Stephen machte eine Pause und spürte, obschon sein Gefährte nichts sagte, daß seine Worte ein gedankenentrücktes Schweigen um sie herum gezogen hatten.

– Was ich gesagt habe, begann er wieder, bezieht sich auf Schönheit im weiteren Sinn des Wortes, in dem Sinn, den das Wort in der literarischen Tradition hat. Auf dem Marktplatz hat es einen anderen Sinn. Wenn wir von Schönheit in dem zweiten Sinn des Begriffs sprechen, wird unser Urteil zunächst von der Kunst selbst und von der Form dieser Kunst beeinflußt. Das Bild, das ist klar, ist zwischen dem Geist oder den Sinnen des Künstlers und dem Geist oder den Sinnen anderer anzusetzen. Wenn du das im Gedächtnis behältst, wirst du sehen, daß die Kunst sich notwendigerweise in drei Formen unterteilt, und zwar fortschreitend von einer zur anderen. Diese Formen sind: die lyrische Form, die Form, in der der Künstler sein Bild in unmittelbarer Beziehung zu sich selbst darstellt; die epische Form, die Form, in der er sein Bild in mittelbarer Beziehung zu sich selbst und zu anderen darstellt; die dramatische Form, die Form, in der er sein Bild in unmittelbarer Beziehung zu anderen darstellt.

– Das hast du mir schon neulich nacht erzählt, sagte Lynch, wo wir die berühmte Diskussion drüber gehabt haben.

– Ich hab ein Heft zu Hause, sagte Stephen, in dem ich Fragen aufgeschrieben habe, die amüsanter sind als es deine waren. Indem ich die Antworten dazu fand, fand ich die Theorie der Ästhetik, die ich dir zu erklären versuche. Das hier sind ein paar Fragen, die ich mir gestellt habe: *Ist ein schön gearbeiteter Stuhl tragisch oder komisch? Ist das Porträt der Mona Lisa gut, ein* bonum, *wenn es mich danach verlangt, es zu sehen? Ist die Büste von Sir Philip Crampton lyrisch, episch oder dramatisch? Kann Exkrement oder ein Kind oder eine Laus ein Kunstwerk sein? Wenn nicht, warum nicht?*

– Weiß Gott, warum nicht? sagte Lynch lachend.

– *Wenn ein Mann wütend auf einen Holzblock einhackt,* fuhr Stephen fort, *und dabei das Bild einer Kuh herauskommt, ist das Bild ein Kunstwerk? Wenn nicht, warum nicht?*

– Das ist eine besonders hübsche, sagte Lynch und lachte wieder. Die hat das wahre Scholastikerhautgout.

– Lessing, sagte Stephen, hätte sich keine Statuengruppe zum Thema nehmen dürfen. Diese Kunst, da sie inferior ist, stellt die Formen, von denen ich sprach, nicht klar voneinander unterschieden dar. Sogar in der Literatur, der höchsten und geistigsten Kunst, gehen die Formen oft durcheinander. Die lyrische Form ist die simpelste Worthülle für einen Empfindungsmoment, ein rhythmischer Schrei, wie er vor Jahrhunderten den Mann anfeuerte, der sich in die Riemen legte oder Steine einen Berg hochschleifte. Wer ihn ausstößt, ist sich des Empfindungsmoments bewußter als der Tatsache, daß er selbst es ist, der eine Empfindung verspürt. Die einfachste epische Form erwächst aus der lyrischen Literatur, wenn der Künstler sich in größeren Zusammenhang stellt und über sich reflektiert als die Mitte eines epischen Ereignisses, und diese Form entwickelt sich fortschreitend weiter, bis die Mitte der empfindungsmäßigen Schwerkraft vom Künstler und von anderen gleichweit entfernt ist. Was erzählt wird, ist nicht mehr rein persönlich. Die Persönlichkeit des Künstlers geht in das Erzählte selber ein und strömt um Personen und Handlung herum und wieder herum wie ein Meer, vital. Dieses Fortschreiten siehst du leicht in der alten englischen Ballade *Turpin der Held*, die in der ersten Person beginnt und in der dritten endet. Die dramatische Form ist erreicht, wenn dieses Vitale, das jede Person umströmt und umstrudelt hat, jede Person mit derart vitaler Kraft erfüllt, daß sie ein eigenständiges und unantastbares ästhetisches Leben annimmt. Die Persönlichkeit des Künstlers, erst ein Schrei oder eine Kadenz oder eine Stimmung und dann ein fluides und flackerndes Erzählen, sublimiert sich aus der Existenz hinaus, entpersönlicht sich gewissermaßen. Das ästhetische Bild in der dramatischen Form ist das Leben geläutert und reprojiziert von der menschlichen Imagination. Das Mysterium der ästhetischen Schöpfung ist vollbracht wie das der materiellen. Der Künstler, wie der Gott der Schöpfung, bleibt in oder hinter oder jenseits oder über dem Werk seiner Hände, unsichtbar, aus der Existenz hinaussublimiert, gleichgültig, und manikürt sich die Fingernägel.

– Und versucht auch die aus der Existenz hinauszusublimieren, sagte Lynch.

Ein feiner Regen begann von dem hohen verschleierten Himmel zu fallen und sie gingen quer über Duke's Lawn, um die Nationalbibliothek zu erreichen, bevor der Schauer niederging.

– Was hast du eigentlich vor, fragte Lynch grämlich, mit deinem Gequatsche über Schönheit und Imagination auf dieser jämmerlichen gottverlassnen Insel? Kein Wunder, daß der Künstler in oder hinter das Werk seiner Hände retiriert ist, nachdem er dieses Land hier verbrochen hatte.

Der Regen fiel rascher. Als sie durch die Passage an der Royal Irish Academy gingen, sahen sie viele Studenten, die unter den Arkaden der Bibliothek Schutz gesucht hatten. Cranly stocherte, an eine Säule gelehnt, mit einem gespitzten Streichholz in seinen Zähnen und hörte einigen Kameraden zu. Einige Mädchen standen beim Eingang. Lynch flüsterte Stephen zu:

– Dein Liebchen ist hier.

Stephen stellte sich schweigend auf die Stufe unter dem Grüppchen Studenten, unbekümmert um den Regen der schnell fiel, und schaute von Zeit zu Zeit zu ihr hinüber. Auch sie stand schweigend unter ihren Kameradinnen. Sie hat keinen Priester, mit dem sie flirten kann, dachte er mit gewollter Bitterkeit, da er sich daran erinnerte, wie er sie zuletzt gesehen hatte. Lynch hatte recht. Sein Geist, bar der Theorie und der Courage, versank wieder in einen teilnahmslosen Frieden.

Er hörte die Studenten miteinander reden. Sie sprachen von zwei Freunden, die das medizinische Schlußexamen bestanden hatten, von den Chancen, eine Stelle auf einem Ozeandampfer zu kriegen, von armen und reichen Praxen.

– Das ist doch alles Blech. Eine irische Landpraxis ist besser.

– Hynes ist zwei Jahre in Liverpool gewesen und der sagt dasselbe. Ein schauderhaftes Loch wär das gewesen, sagt er. Nur Geburtshilfefälle. Groschenfälle.

– Soll das heißen es wär besser hier auf dem Land was zu haben als in einer reichen Stadt wie der? Ich kenn einen ...

– Hynes versteht doch einen Dreck. Der hat doch alles mit dem Hintern gemacht, nur mit dem Hintern.

– Der kann einem wirklich egal sein. In einer großen Handelsstadt kann man immer einen Haufen Geld machen.

– Hängt von der Praxis ab.

– *Ego credo ut vita pauperum est simpliciter atrox, simpliciter excrementalis atrox, in Liverpoolio.*

Die Stimmen drangen wie von ferne, in intermittierenden Schwingungen, an seine Ohren. Sie und ihre Kameradinnen waren am Fortgehn.

Der rasche leichte Schauer hatte aufgehört, säumte nur noch in Trauben von Diamanten in den Büschen des Gevierts, wo er aus der schwarzgewordnen Erde dünstend atmete. Ihre schmucken Stiefel plapperten, wie sie da auf den Stufen der Kolonnade standen, still und heiter miteinander sprachen, zu den Wolken hochschauten, ihre Schirme neckisch gewinkelt gegen die wenigen letzten Regentropfen hielten, sie wieder zuklappten, die Röcke spröde refften.

Und wenn er sie zu schroff beurteilt hatte? Wenn ihr Leben ein einfacher Rosenkranz von Stunden wäre, ihr Leben einfach und seltsam wie ein Vogelleben, heiter am Morgen, rastlos den ganzen Tag, müde bei Sonnenuntergang? Ihr Herz einfach und mutwillig wie ein Vogelherz?

* * *

Im Morgengrauen wachte er auf. Welch süße Musik! Seine Seele war ganz naß von Tau. Über seine Glieder im Schlaf waren bleiche kühle Lichtwellen geglitten. Er lag still, als läge seine Seele in kühlen Wassern, leichter süßer Musik sich bewußt. Sein Inneres erwachte langsam zu zitterndem morgendlichem Wissen, morgendlicher Inspiration. Ein Geist erfüllte ihn, rein wie das reinste Wasser, süß wie Tau, bewegend wie Musik. Aber wie leicht atmete sich das in ihn hinein, wie leidenschaftslos, als rührten die Seraphim selber ihn an mit ihrem Atem! Seine Seele erwachte allmählich, fürchtete, ganz und gar aufzuwachen. Es war diese windstille Stunde des Morgengrauens, wenn der Wahnsinn erwacht und sonderbare Pflanzen sich dem Lichte öffnen und der Falter leise seine Bahnen zieht.

Eine Entrückung des Herzens! Die Nacht war entrückt gewesen. Im Traum oder einer Vision hatte er die Ekstase seraphischen Lebens erkannt. War das ein Augenblick der Ent-

rückung nur oder lange Stunden und Tage und Jahre und Jahrhunderte?
Der Augenblick der Inspiration schien jetzt von allen Seiten gleichzeitig widergespiegelt zu werden, von einer Vielzahl wolkenhafter Konstellation dessen, was geschehen war oder hätte geschehen sein können. Der Augenblick zog Blitze wie ein Lichtpunkt und jetzt, nach Wolke auf Wolke undeutlicher Konstellation, verschleierte verworrne Form ihre Nachglut sanft. O! Im jungfräulichen Schoß der Imagination ist das Wort Fleisch geworden. Gabriel der Seraph war an der Jungfrau Kammer gekommen. Nachglut verdichtete sich in seinem Geist, aus dem die weiße Flamme gewichen war, verdichtete sich zu rosenrotem und glühendem Licht. Dies rosenrote und glühende Licht war ihr sonderbar-fremdes mutwilliges Herze, sonderbar-fremd, daß kein Mann es erkannt hatte oder kennen würde, mutwillig schon vor Anbeginn der Welt: und angelockt von dieser glühenden rosengleichen Glut, stürzten die Chöre der Seraphim aus dem Himmel.

Bist du nicht müd das glühnde Fragen,
Das Locken der gefallnen Seraphim?
Sprich nicht mehr von entrückten Tagen.

Die Verse strömten aus seinem Innern auf seine Lippen, und während er sie murmelte, spürte er, daß die rhythmische Bewegung einer Villanelle sie durchströmte. Die rosengleiche Glut sandte Strahlen von Reimen aus; Fragen, Tagen, tragen, schlagen, klagen. Ihre Strahlen verbrannten die Welt, verzehrten die Herzen von Menschen und Engeln: die Strahlen der Rose, die ihr mutwilliges Herze war.

Dein Aug hat Brand in Menschenherz getragen,
Und was du wolltest tatest du an ihm.
Bist du nicht müd das glühnde Fragen?

Und dann? Der Rhythmus erstarb, hörte auf, begann sich wieder zu regen und zu schlagen. Und dann? Rauch, Weihrauch stieg auf von dem Altar der Welt.

Über der Flamme an den Meeren schlagen
Rauchopfer preisend himmelhin.
Sprich nicht mehr von entrückten Tagen.

Rauch stieg hoch von allüberall auf der Erde, von den dunstigen Meeren, Rauch zu ihrem Preis. Die Erde war wie ein schwingendes schaukelndes rauchendes Inzensorium, ein Ball aus Weihrauch, ein ellipsoider Ball. Der Rhythmus erstarb im Augenblick; der Schrei seines Herzens war abgerissen. Seine Lippen murmelten die ersten Verse wieder und wieder; stolperten sich dann fort durch halbe Verse, stammelnd und genarrt; hielten dann ein. Der Herzensschrei war abgerissen.

Die verschleierte windstille Stunde war vorüber und hinter den Scheiben des kahlen Fensters sammelte sich das Morgenlicht. Eine Glocke schlug schwach sehr weit weg. Ein Vogel zwitscherte; zwei Vögel, drei. Die Glocke und der Vogel hörten auf: und das trübe weiße Licht breitete sich nach Ost und nach West, überzog die Welt, überzog das Rosenlicht in seinem Herzen.

Aus Angst alles zu verlieren stützte er sich plötzlich auf den Ellbogen und hielt Ausschau nach Papier und Bleistift. Nichts von beiden war auf dem Tisch; nur der Suppenteller, aus dem er den Reis zum Abendessen gegessen hatte, und der Kerzenständer mit seinem Talggerank und der von der letzten Flamme versengten Papierfassung. Er streckte müd seinen Arm nach dem Fußende des Bettes aus und kramte mit der Hand in den Taschen des Rocks der dort hing. Seine Finger fanden einen Bleistift und dann eine Zigarettenschachtel. Er legte sich zurück, riß die Schachtel auf, legte die letzte Zigarette auf das Fensterbrett und begann die Stanzen der Villanelle in kleinen säuberlichen Buchstaben auf die rauhe Kartonfläche zu schreiben.

Als er sie geschrieben hatte, legte er sich wieder auf das wülstige Kissen und murmelte sie von neuem. Die Wülste verfitzten Federzeugs unter seinem Kopf erinnerten ihn an die Wülste verfitzten Roßhaars in dem Sofa ihres Salons, auf dem er

immer saß, lächelnd oder ernst, sich fragte warum er gekommen wäre, unzufrieden mit ihr und mit sich, bestürzt über den Druck des Herzens Jesu über der leerstehenden Kredenz. Er sah sie in einer Gesprächsflaute auf sich zukommen und ihn bitten, eins von seinen seltsamen Liedern zu singen. Dann sah er sich an dem alten Piano sitzen, sanft die Saiten von den fleckigen Tasten aus streichen und singen, inmitten der Gespräche, die im Zimmer wieder laut geworden waren, sie ansingen, die am Kaminsims lehnte, mit einem zierlichen Lied der Elisabethaner, einem traurigsüßen Scheiden-tut-weh, dem Siegessang von Azincourt, der glückseligen Melodie der Greensleeves. Während er sang und sie zuhörte, oder zuzuhören vorgab, war sein Herz in Ruh, doch wenn die wundersamen alten Lieder aufgehört hatten und er wieder die Stimmen im Zimmer hörte, erinnerte er sich an seinen eigenen Sarkasmus: das Haus, in dem junge Männer ein bißchen zu früh bei ihrem Vornamen angeredet werden.
Zu bestimmten Augenblicken schienen ihre Augen ihm zu vertrauen, aber er hatte vergeblich gewartet. Sie kam jetzt leichtfüßig durch seine Erinnerung getanzt wie damals an dem Karnevalsabend, das weiße Kleid ein wenig gerefft, und ein weißes Gezweig wippte in ihrem Haar. Leichtfüßig tanzte sie in die Runde. Sie tanzte jetzt auf ihn zu, und wie sie kam, waren ihre Augen ein wenig abgewandt und ihre Wangen glühten leicht. Bei der Unterbrechung in der Händekette hatte ihre Hand einen Augenblick in seiner gelegen, weiche sanfte Ware.
– Du bist jetzt ja richtig ein Fremder.
– Ja. Ich bin der geborene Mönch.
– Ich hab Angst, daß du ein Ketzer bist.
– Hast du große Angst?
Als Antwort war sie von ihm fortgetanzt, die Händekette entlang, hatte leichtfüßig getanzt und behutsam, niemandem sich gegeben. Das weiße Gezweig wippte zu ihrem Tanz, und wenn sie im Schatten war, glühten ihre Wangen dunkler.
Ein Mönch! Sein eigenes Bild zeigte einen Profanator des Klo-

sters, einen ketzerischen Franziskaner, bereit und nicht bereit zu dienen, der wie Gherardino da Borgo San Donnino ein feines Geweb der Sophisterei spann und ihr ins Ohr wisperte.

Nein, sein Bild war das nicht. Es war wie das Bild des jungen Priesters, in dessen Gesellschaft er sie zuletzt gesehen hatte, wie sie ihn ansah aus Taubenaugen und mit den Seiten ihres irischen Übungsbuchs spielte.

– Ja, ja, die Damen finden jetzt ihren Weg zu uns. Ich sehe das jeden Tag. Die Damen sind mit uns. Die besten Helfershelfer, die eine Sprache hat.

– Und die Kirche, Pater Moran?

– Die Kirche auch. Findet auch ihren Weg. Die Arbeit geht auch dort voran. Nur keine Sorge wegen der Kirche.

Bah! er hatte wohl daran getan, den Raum voll Verachtung zu verlassen. Er hatte wohl daran getan, sie auf den Stufen der Bibliothek nicht zu grüßen. Er hatte wohl daran getan, sie mit ihrem Priester flirten und mit einer Kirche spielen zu lassen, die die Scheuermagd der Christenheit war.

Grober wilder Zorn verscheuchte den letzten noch säumenden Augenblick von Ekstase aus seiner Seele. Er zerbrach brutal ihr hehres Bild und schleuderte die Bruchstücke nach allen Seiten. An allen Seiten sprangen verzerrte Spiegelungen ihres Bildes auf in seinem Gedächtnis: das Blumenmädchen im zerlumpten Kleid mit verklebtem struppigem Haar und bäurisch-keckem Gesicht das sich sein Mädchen genannt und ihn um den ersten Handel gebettelt hatte, das Küchenmädchen im Nebenhaus das überm Geklapper ihrer Teller in den gezogenen Tönen eines Sängers vom Land die ersten Takte von *An Killarneys Seen und Mooren* sang, ein Mädchen das fröhlich gelacht hatte wie es ihn stolpern sah als das Eisengitter im Trottoir in der Gegend von Cork Hill sich in seine zerrissene Schuhsohle gehängt hatte, ein Mädchen das er, angezogen von ihrem kleinen reifen Mund wie sie aus Jacob's Keksfabrik herauskam, angestarrt und das ihm über die Schulter zugerufen hatte:

– Na, gefällt dir was du von mir gesehn hast, strackes Haar und lockige Augenbraun?
Und doch, wie er ihr Bild auch höhnen und schmähen mochte, er spürte, daß sein Zorn gleichzeitig eine Form der Huldigung war. Er hatte den Klassenraum voll einer Verachtung verlassen, die nicht ganz aufrichtig war, denn er fühlte, daß vielleicht das Geheimnis ihres Volkes hinter jenen dunklen Augen läge, auf die ihre langen Wimpern flinken Schatten warfen. Er hatte sich, als er durch die Straßen ging, mit Bitternis gesagt, sie stünde für das Wesen der Frau ihres Landes, eine Fledermausseele, die in Dunkelheit und Heimlichkeit und Einsamkeit zum Bewußtsein ihrer selbst erwacht, ein Weilchen, liebe- und sündelos, bei ihrem sanften Liebsten säumt und ihn verläßt, unschuldige Vergehen ins sprachvergitterte Ohr eines Priesters zu wispern. Sein Zorn auf sie machte sich Luft in wüsten Schmähungen ihres Buhlen, dessen Name und Stimme und Gesichtsausdruck seinen genarrten Stolz beleidigten: ein ordinierter Bauer, mit einem Bruder, der Polizist in Dublin, und einem Bruder, der Bierkellner in Moycullen war. Dem entschleierte sie die scheue Blöße ihrer Seele, einem, der nur darin geschult war einen förmlichen Ritus abzuspulen, statt ihm, einem Priester der ewigen Imagination, der das tägliche Brot der Erfahrung in den strahlenden Leib des ewigwährenden Lebens verwandelte.
Das strahlende Bild der Eucharistie vereinigte in einem Augenblick wieder seine bitteren und verzweifelten Gedanken, und ihre Schreie stiegen, nicht mehr abgerissen, auf in einem Hymnus der Danksagung:

Im Hymnus der Eucharistie klingt Klagen
Und Abgerißnes, das aus uns geschrien.
Bist du nicht müd das glühnde Fragen?

Solange Hände mit dem Kelche ragen,
Dem schäumenden, Dankopfer zu vollziehn,
Sprich nicht mehr von entrückten Tagen.

Er sprach die Verse laut von den ersten Zeilen an, bis die Musik und der Rhythmus seinen Geist durchfluteten und nachsichtig-gelassen werden ließen; übertrug sie dann mühsam, daß er sie, wenn er sie sähe, besser fühlen könne; legte sich dann zurück auf das Polster.

Das volle Morgenlicht war da. Kein Laut war zu hören: aber er wußte, daß überall um ihn her das Leben langsam erwachte mit gemeinen Geräuschen, heiseren Stimmen, schläfrigen Gebeten. Abgeschreckt von diesem Leben drehte er sich zur Wand, machte eine Kapuze aus der Decke und starrte auf die großen verblühten scharlachroten Blumen der zerfetzten Tapete. Er versuchte sein vergehendes Entzücken an ihrer scharlachroten Glut zu erwärmen und stellte sich einen Rosenweg vor von da wo er lag bis hinauf in den Himmel, ganz bestreut mit scharlachroten Blumen. Müd! Müd! Auch er war müd das glühnde Fragen.

Eine allmähliche Wärme, eine sehnende Müdigkeit glitt über ihn hin, lief ihm das Rückgrat hinunter von seinem eingezwängten Kapuzenkopf aus. Er spürte sie hinunterlaufen und lächelte, da er sich liegen sah. Bald würde er schlafen.

Er hatte wieder Verse für sie geschrieben, nach zehn Jahren. Vor zehn Jahren hatte sie ihren Schal kapuzenartig um den Kopf getragen, Fahnen von ihrem warmen Atem in die Nachtluft flattern lassen und mit ihrem Fuß auf der glasigen Straße geklappert. Es war die letzte Tram; die hageren braunen Pferde wußten das und schüttelten ihre Schellen in die klare Nacht hinaus, daran zu gemahnen. Der Kondukteur sprach mit dem Fahrer, und beide nickten oft im grünen Licht der Lampe. Sie standen auf den Tritten der Tram, er auf dem oberen, sie auf dem unteren. Sie kam viele Male herauf zu seinem Tritt zwischen den Sätzen und ging wieder hinunter und blieb ein- oder zweimal neben ihm, vergaß hinunterzugehen und ging dann hinunter. Schon gut! Schon gut!

Zehn Jahre von der Weisheit der Kinder bis zu seiner Torheit. Wenn er ihr die Verse schickte? Sie würden überm Frühstück beim Knacken von Eierschalen vorgelesen werden. Torheit, weiß Gott! Die Brüder würden lachen und einander die Seite mit ihren starken harten Fingern zu entreißen versuchen. Der milde Priester, ihr Onkel, würde, in seinem Lehnstuhl sitzend, die Seite eine Spanne weit von sich weg halten, sie lächelnd lesen und die literarische Form gutheißen.

Nein, nein: das war Torheit. Selbst wenn er ihr die Verse schickte, würde sie sie nicht anderen zeigen. Nein, nein: sie könnts nicht.

Er spürte langsam, daß er ihr unrecht getan hatte. Ein Gefühl von ihrer Unschuld rührte ihn fast so weit, daß sie ihm leid tat, einer Unschuld, die er nie verstanden hatte, bis er sie durch die Sünde erkannt hatte, einer Unschuld, die auch sie nicht verstanden hatte, solang sie unschuldig war oder eh die sonderbare Demütigung ihrer Natur sie erstmals überkommen hatte. Da hatte ihre Seele überhaupt erst angefangen zu leben, wie seine Seele, als er zum erstenmal gesündigt hatte: und zärtliches Erbarmen erfüllte sein Herz, da er an ihre zerbrechliche Blässe dachte und ihre Augen, gedemütigt und traurig gemacht von der dunklen Scham ihres Frauentums.

Während seine Seele aus der Ekstase in Sehnsucht hinübergeglitten war, wo war sie da gewesen? Könnt es sein, nach den mysteriösen Wegen des spirituellen Lebens, daß ihre Seele sich in jenen gleichen Augenblicken seiner Huldigung bewußt gewesen war? Es könnte sein.

Glutendes Verlangen entfachte seine Seele von neuem und brannte und erfüllte seinen ganzen Leib. Seines Verlangens sich bewußt, erwachte sie aus duftigem Schlaf, die Verführerin aus seiner Villanelle. Ihre Augen, dunkel und mit sehnsuchtsvollem Ausdruck, taten sich seinen Augen auf. Ihre Nacktheit gab sich ihm hin, strahlend, warm, duftig und verschwenderisch in jeder Faser, umfing ihn wie eine leuchtende Wolke, umfing ihn wie Wasser mit liquidem Leben: und wie eine Dunstwolke oder wie Gewässer, die im Raum um und um fließen, fluteten die liquiden, die flüssigen Lettern der Sätze, Symbole des Mysteriösen, fort und fort über sein Hirn.

Bist du nicht müd das glühnde Fragen,
Das Locken der gefallnen Seraphim?
Sprich nicht mehr von entrückten Tagen.

Dein Aug hat Brand in Menschenherz getragen,
Und was du wolltest tatest du an ihm.
Bist du nicht müd das glühnde Fragen?

Über der Flamme an den Meeren schlagen
Rauchopfer preisend himmelhin.
Sprich nicht mehr von entrückten Tagen.

Im Hymnus der Eucharistie klingt Klagen
Und Abgerißnes, das aus uns geschrien.
Bist du nicht müd das glühnde Fragen?

Solange Hände mit dem Kelche ragen,
Dem schäumenden, Dankopfer zu vollziehn,
Sprich nicht mehr von entrückten Tagen.

Und bannst doch unser Schaun und schmachtend Zagen
Mit Leibs Verschwendung, sehnsuchtsvoller Miene!
Bist du nicht müd das glühnde Fragen?
Sprich nicht mehr von entrückten Tagen.

* * *

Was waren das für Vögel? Er stand auf den Stufen der Bibliothek, um ihnen zuzusehn, müd auf seinen Eschenstock gestützt. Sie zogen Kreis um Kreis um den seitlichen Vorsprung eines Hauses in der Molesworth Street. In der Luft des Spätmärzabends war ihr Flug ganz klar, klar hoben sich ihre dunklen dahinschießenden zuckenden Leiber ab gegen den Himmel wie gegen ein schlaffhängendes Tuch von hauchfeinem Rauchblau.

Er beobachtete ihren Flug; Vogel um Vogel: ein dunkler Blitz, eine Schwenkung, wieder ein Blitz, ein Schuß zur Seite, eine Kurve, ein Flügelflattern. Er versuchte sie zu zählen, bevor all ihre dahinschießenden zuckenden Leiber vorüber waren: sechs, zehn, elf: und fragte sich, ob ihre Zahl grad oder ungrad wäre. Zwölf, dreizehn: denn zwei kamen hoch aus dem Himmel herabgewirbelt. Sie flogen hoch und tief, aber immer rund und rund in graden und krummen Linien und immer flogen sie von links nach rechts, kreisend um einen Tempel aus Luft.

Er hörte auf ihre Schreie: wie das Quieken von Mäusen hinter der Wandtäfelung: ein schriller zwiefacher Ton. Doch die Töne waren lang und schrill und schwirrend, unähnlich dem Geschrei von Raubgezücht, fielen eine Terz oder eine Quart und trillerten wie die fliegenden Schnäbel die Luft zerhieben. Ihr Schrei war schrill und klar und fein und fiel wie Fäden Seidenlichts abgespult von schwirrenden Spindeln.

Das nichtmenschliche Getös tat seinen Ohren wohl, in denen das Schluchzen und die Vorwürfe seiner Mutter hartnäckig murmelten, und die dunklen schwanken zuckenden Leiber, die um einen Lufttempel des hauchfeinen Himmels wirbelten und flatterten und schwenkten, taten seinen Augen wohl, vor denen immer noch das Bild von dem Gesicht seiner Mutter stand.

Warum schaute er hinauf von den Stufen des Portals aus, hörte auf ihren schrillen zwiefachen Schrei, beobachtete ihren Flug? Für ein Augurium des Guten oder Bösen? Ein Satz des Cornelius Agrippa flog ihm durch den Sinn, und dann, kreuz und quer, formlose Gedanken von Swedenborg über die Entsprechung von Vögeln und geistigen Dingen und darüber, daß die Kreaturen der Luft ihre eigene Weisheit haben und ihre Stunde und Jahreszeit wissen, weil sie, anders als der Mensch, in der Ordnung ihres Lebens leben und diese Ordnung nicht durch den Verstand pervertiert haben.

Und seit Jahrhunderten hatte der Mensch hinaufgeschaut, wie er jetzt schaute, zum Vogelflug. Die Kolonnade über ihm ließ ihn undeutlich an einen antiken Tempel denken und der Eschenstock, auf den er sich müd stützte, an den Krummstab des Auguren. Ein Gefühl von Angst vor dem Unbekannten regte sich im Herzen seiner Müdheit, Angst vor Symbolen und Vorzeichen, vor dem falkengleichen Mann, dessen Namen

er trug und der sich schwang hoch auf aus der Gefangenschaft auf weidengeflochtenen Flügeln, vor Thoth, dem Gott der Schreiber, der mit einem Rohr auf ein Täfelchen schrieb und auf seinem schmalen Ibiskopf das Mondhorn trug.
Er lächelte, als er an das Bild des Gottes dachte, denn es erinnerte ihn an einen schnapsnasigen Richter in Perücke, der Kommas setzte in ein Dokument, das er eine Spanne weit von sich weg hielt, und er wußte, daß er den Namen des Gottes nicht behalten hätte, wenn er nicht klänge wie ein irischer Fluch. Das war Torheit. Aber war es dieser Torheit wegen, daß er im Begriff stand, auf immer das Haus des Gebetes und der Klugheit zu verlassen, in das er geboren worden, und die Ordnung des Lebens, aus der er gekommen war?
Sie kamen zurück mit schrillen Schreien über den Seitenvorsprung des Hauses, hoben sich dunkel ab gegen die verblassende Luft. Was waren das für Vögel? Er dachte, es müßten Schwalben sein, die zurückgekommen waren aus dem Süden. Dann sollte er also fortziehen, denn sie waren Vögel, die ewig gingen und kamen, ewig ihr nimmerwährendes Heim unter den Traufen der Menschenhäuser bauten und ewig das Heim das sie gebaut verließen, um fortzuziehn.

Senkt die Gesichter, Oona und Aleel,
Ich schaue auf sie wie die Schwalbe schaut
Aufs Nest unter der Traufe, ehe
Sie fortzieht über laute Wasser.

Eine sanfte liquide Freude wie das Brausen vieler Wasser durchströmte seine Erinnerung und er fühlte in seinem Herzen den sanften Frieden der stillen Räume des verblassenden hauchfeinen Himmels über den Wassern, der ozeanischen Stille, der Schwalben, die durchs Seedämmer über den strömenden Wassern flogen.
Eine sanfte liquide Freude durchströmte die Worte, in denen die sanften langen Vokale geräuschlos brausten und sich auflösten, vorrauschten und zurückströmten und ewig die weißen Schellen ihrer Wogen schüttelten, in stummem Glockenspiel

und stummem Geläut und sanftem leisem ohnmächtig vergehendem Schrei; und er fühlte, daß das Augurium, das er in den wirbelnden dahinschießenden Vögeln und in dem bleichen Himmelsraum über sich gesucht hatte, aus seinem Herzen gekommen war wie ein Vogel von einer Zinne, ruhig und rasch.

Symbol des Aufbruchs oder der Einsamkeit? Die Verse, die im Ohr seiner Erinnerung summten, fügten langsam vor seinen sich erinnernden Augen die Szene im Saal am Eröffnungsabend des National Theatre zusammen. Er stand allein, seitlich, auf der Galerie und sah aus erschöpften Augen hinunter auf das Kulturleben Dublins im Parkett und auf das billige Kulissenzeug und die von den grellen Bühnenlampen gerahmten Menschenpuppen. Ein stämmiger Polizist schwitzte hinter ihm und schien jeden Moment eingreifen zu wollen. Schlüsselpfeifen, Gezisch und Hohngerufe peitschte rüd durch den Saal, ausgestoßen von seinen Kommilitonen, die überall verstreut saßen.

– Verleumdung Irlands!
– Made in Germany!
– Blasphemie!
– Wir haben unsern Glauben nie verhökert!
– Die irische Frau tut so etwas nicht!
– Wir brauchen keine dilettantischen Atheisten.
– Wir brauchen keine angehenden Buddhisten.

Ein plötzliches rasches Zischen kam aus den Fenstern über ihm und er wußte, daß die elektrischen Lampen im Lesesaal angeschaltet worden waren. Er bog in die Säulenhalle, die jetzt in stillem Licht lag, lief die Treppe hoch und ging durch das klickende Drehkreuz hinein.

Cranly saß drüben bei den Diktionären. Ein dickes Buch, dessen Titelseite aufgeschlagen war, lag vor ihm auf der Holzstütze. Er lehnte sich in seinem Stuhl zurück und neigte wie ein Beichtiger sein Ohr dem Gesicht eines Medizinstudenten, der ihm aus der Schachseite einer Zeitung eine Aufgabe vorlas. Stephen setzte sich rechts von ihm hin und der Priester an der

anderen Seite des Tisches klappte seine Nummer des *Tablet* mit einem zornigen Knall zu und stand auf.
Cranly sah ihm milde und abwesend hinterdrein. Der Medizinstudent fuhr leiser fort:
– Königsbauer zwei Schritt vor.
– Wir gehn lieber, Dixon, sagte Stephen warnend. Der ist sich beschweren gegangen.
Dixon faltete die Zeitung zusammen, erhob sich mit Würde und sagte:
– Unsere Männer retirierten in geordneten Reihen.
– Mit Kanonen und Rinderbestand, fügte Stephen hinzu und zeigte auf die Titelseite von Cranlys Buch, auf der *Krankheiten des Rindes* stand.
Als sie durch einen Gang zwischen den Tischreihen gingen, sagte Stephen:
– Ich will mit dir sprechen, Cranly.
Cranly antwortete nicht noch wandte er sich um. Er legte sein Buch auf den Ausgabetisch und ging hinaus, wobei seine gutbeschuhten Füße breit auf dem Boden hallten. Auf der Treppe blieb er stehen, sah abwesend zu Dixon und wiederholte:
– Königsbauer zwei Scheißschritte vor.
– Man kann auch so sagen, sagte Dixon.
Er hatte eine ruhige tonlose Stimme und urbane Manieren und auf einem Finger seiner feisten sauberen Hand stellte er von Zeit zu Zeit einen Siegelring zur Schau.
Als sie die Halle durchquerten, kam ein Mann von zwerghaftem Wuchs auf sie zu. Unter der Kuppel seines winzigen Hutes begann sein unrasiertes Gesicht vor Vergnügen zu lächeln und man hörte ihn murmeln. Die Augen waren melancholisch wie die eines Affen.
– Guten Abend, Käptn, sagte Cranly stehenbleibend.
– Guten Abend, meine Herrn, sagte das stoppelige Affengesicht.
– Warmes Wetter für März, sagte Cranly. Oben sind die Fenster auf.
Dixon lächelte und drehte an seinem Ring. Das schwärzliche

Gesicht mit den Affenrunzeln spitzte seine menschlichen Lippen stillvergnügt: und seine Stimme schnurrte:
– Herrliches Wetter für März. Einfach herrlich.
– Oben sind zwei schöne junge Damen, Käptn, die haben das Warten satt, sagte Dixon.
Cranly lächelte und sagte freundlich:
– Der Käptn hat nur eine Liebe: Sir Walter Scott. Das stimmt doch Käptn?
– Was lesen Sie denn jetzt, Käptn? fragte Dixon. *Die Braut von Lammermoor?*
– Ich liebe den alten Scott, sagten die beweglichen Lippen. Meiner Meinung schreibt er wundervoll. Kein Schriftsteller kommt an Sir Walter Scott heran.
Mit einer dünnen geschrumpften braunen Hand dirigierte er sanft seinen Lobspruch und seine dünnen flinken Augenlider schlugen oft und oft über die traurigen Augen.
Trauriger für Stephens Ohr war seine Sprache: vornehm-gezierte Aussprache, leise und feucht, durch Fehler entstellt: und wie er ihr so zuhörte, fragte er sich, ob die Geschichte stimmte und ob das dünne Blut, das in seinem geschrumpften Körper floß, adlig war und blutschänderischer Liebe entstammte.
Die Parkbäume waren regenschwer und immer und ewig fiel der Regen in den Weiher, der grau dalag wie ein Schild. Da flog eine Schar Schwäne, und das Wasser und das Ufer drunten, die starrten vor grünweißem Schleim. Sie umarmten sich sanft, getrieben von dem grauen regnichten Licht, den nassen stillen Bäumen, den Schwänen, dem schildhaften Weiher, ders bezeugte. Sie umarmten sich ohne Freude oder Leidenschaft, sein Arm um seiner Schwester Hals. Ein grauer Wollumhang hing ihr schief über von der Schulter zur Taille: und ihr Blondkopf war in williger Scham geneigt. Er hatte fliegendes rotbraunes Haar und zarte ebenmäßige starke sommersprossige Hände. Gesicht. Ein Gesicht war nicht zu sehen. Das Gesicht des Bruders beugte sich über ihr blondes regenduftendes Haar. Die Hand, sommersprossig und stark und ebenmäßig und streichelnd, war Davins Hand.

Er runzelte zornig die Stirn über seinen Gedanken und über das verschrumpelte Männchen, das ihn hervorgerufen hatte. Die Sticheleien seines Vaters vor der Bantry-Clique kamen ihm jäh ins Gedächtnis. Er hielt sie sich auf Abstand und hing unbehaglich wieder seinen eigenen Gedanken nach. Warum waren das nicht Cranlys Hände? Hatten Davins Einfachheit und Unschuld ihn doch tiefer, im geheimeren getroffen?

Er ging mit Dixon weiter durch die Halle und überließ es Cranly, kunstvoll von dem Zwerg Abschied zu nehmen.

Unter der Kolonnade stand Temple in einer kleinen Gruppe von Studenten. Einer von ihnen rief:

– Dixon, komm mal her und hör dir das an. Temple ist groß in Form.

Temple heftete seine dunklen Zigeuneraugen auf ihn.

– Du bist ein Scheinheiliger, O'Keeffe, sagte er, und Dixon ist ein Lächler. Teufel, ich meine, das ist ein guter literaturfähiger Ausdruck.

Er lachte hinterhältig, sah Stephen ins Gesicht und wiederholte:

– Teufel, mich entzückt das Wort gradezu. Ein Lächler.

Ein untersetzter Student, der auf den Stufen unter ihnen stand, sagte:

– Nun komm schon. Weiter von der Mätresse, Temple. Von der wollen wir doch hören.

– Er hat weiß Gott eine gehabt, sagte Temple. Und verheiratet ist er außerdem gewesen. Und alle Priester haben bei ihm gegessen. Teufel, ich glaube, die sind alle mal drübergerutscht.

– Wir nennen das, wer einen geschenkten Gaul reitet, braucht sich keinen zu kaufen, sagte Dixon.

– Sag mal, Temple, sagte O'Keeffe, wieviel Maß Porter hast du denn schon intus?

– Deine ganze Vernunftseele steckt in diesem einen Satz, O'Keeffe, sagte Temple mit unverblümtem Hohn.

Er watschelte um die Gruppe herum und redete Stephen an.

– Hast du gewußt, daß die Forsters die Könige von Belgien sind? fragte er.
Cranly kam durch die Tür der Eingangshalle heraus, den Hut in den Nacken geschoben und mit Bedacht in den Zähnen stochernd.
– Ah, hier kommt ja unser Neunmalkluger, sagte Temple. Ist dir die Geschichte von den Forsters bekannt?
Er wartete auf eine Antwort. Cranly entfernte mit der Spitze seines groben Zahnstochers ein Feigenkörnchen aus seinen Zähnen und betrachtete es aufmerksam.
– Die Familie Forster, sagte Temple, stammt von Balduin dem Ersten, König von Flandern, ab. Er wurde der Förster genannt. Förster und Forster sind der gleiche Name. Ein Nachkomme von Balduin dem Ersten, Kapitän Francis Forster, ließ sich in Irland nieder und heiratete die Tochter des letzten Häuptlings von Clanbrassil. Ferner gibt es die Blake Forsters. Aber das ist eine andere Linie.
– Von Baldhead dem Kahlen, König von Flandern, wiederholte Cranly und grub von neuem energisch in seinen blitzenden entblößten Zähnen.
– Wo hast du denn nur die ganze Geschichte aufgelesen? fragte O'Keeffe.
– Ich kenne auch deine ganze Familiengeschichte, sagte Temple zu Stephen gewandt. Weißt du, was Giraldus Cambrensis über deine Familie sagt?
– Stammt er auch von Balduin ab? fragte der große schwindsüchtige Student mit den dunklen Augen.
– Baldhead, wiederholte Cranly und zutschte an einem Loch in seinen Zähnen.
– *Pernobilis et pervetusta familia,* sagte Temple zu Stephen.
Der untersetzte Student, der auf den Stufen unter ihnen stand, furzte kurz. Dixon wandte sich zu ihm und sagte sanft:
– War das die Stimme eines Engels?
Cranly wandte sich ebenfalls um und sagte heftig doch ohne Zorn:

– Goggins, du bist die elendeste dreckigste Sau die ich kenne, kannst du glauben.
– Mir war es ein dringendes Bedürfnis, euch das mitzuteilen, antwortete Goggins unerschütterlich. Es hat doch nicht etwa jemand verletzt?
– Hoffen wir, sagte Dixon milde, daß es nicht von der Art war, die man in der Wissenschaft *paulo post futurum* nennt.
– Hab ich euch nicht gesagt, er ist ein Lächler? sagte Temple nach rechts und links gewandt. Hab ich ihm nicht diesen Namen gegeben?
– Doch. Wir sind nicht taub, sagte der große Schwindsüchtige.
Cranly sah immer noch stirnrunzelnd auf den untersetzten Studenten unter ihm. Dann, vor Ekel schnaubend, schubste er ihn brutal die Stufen hinunter.
– Geh hier weg, sagte er grob. Geh weg, du Stinktier. Und du bist ein Stinktier.
Goggins hüpfte hinab auf den Kies, kehrte aber sofort wieder gutgelaunt an seinen Platz zurück. Temple wandte sich von neuem an Stephen und fragte:
– Glaubst du an die Vererbungsgesetze?
– Bist du betrunken oder was bist du oder was willst du hier eigentlich sagen? fragte Cranly, der sich mit einem Ausdruck der Verwunderung im Gesicht zu ihm umdrehte.
– Der tiefgründigste Satz, der je geschrieben worden ist, sagte Temple enthusiastisch, ist der Satz am Schluß des Zoologiebuchs. Die Fortpflanzung ist der Anfang des Todes.
Er berührte Stephen schüchtern am Ellbogen und sagte eilfertig:
– Spürst du, wie tiefgründig das ist, da du doch Dichter bist?
Cranly deutete mit seinem langen Zeigefinger.
– Guckt euch den an! sagte er höhnisch zu den anderen. Guckt ihn euch an, die Hoffnung Irlands!
Sie lachten über seine Worte und Geste. Temple stellte sich ihm tapfer und sagte:
– Cranly, du treibst dauernd deinen Spott mit mir. Ich seh das ganz genau. Aber soviel wie du bin ich allemal. Weißt du was ich von dir denke, im Vergleich zu mir?

– Mein lieber Herr, sagte Cranly urban, du bist unfähig, kannst du glauben, absolut unfähig überhaupt zu denken.
– Aber weißt du, fuhr Temple fort, was ich von dir und mir denke, wenn ich uns miteinander vergleiche?
– Raus damit, Temple! rief der untersetzte Student von den Stufen aus. Spucks aus, bröckchenweise!
Temple wandte sich nach rechts und nach links und machte jähe bemühte Gesten, während er sprach.
– Ich bin ein Säckel, sagte er und schüttelte verzweifelt seinen Kopf. Ich bin einer. Und ich weiß, daß ich einer bin. Und ich geb zu, daß ich einer bin.
Dixon klapste ihm leicht auf die Schulter und sagte mild:
– Und das macht dir alle Ehre, Temple.
– Aber er, sagte Temple und zeigte auf Cranly. Er ist genauso ein Säckel wie ich. Nur weiß ers nicht. Und das ist der einzige Unterschied den ich sehe.
Losplatzendes Gelächter überschallte seine Worte. Aber er wandte sich wieder an Stephen und sagte mit plötzlichem Eifer:
– Das Wort ist ein ausgesprochen interessantes Wort. Im Englischen ist das ein Dualis, der einzige den wir noch haben. Hast du das gewußt?
– Ach ja? sagte Stephen obenhin.
Er beobachtete Cranlys gesetzt-starres und leidendes Gesicht, das ein Lächeln unechter Geduld jetzt aufhellte. Die ordinäre Titulierung war über es hingegangen wie fauliges Wasser über ein altes Steinbild, das Schmähungen geduldig über sich ergehen läßt: und während er ihn beobachtete, sah er, daß er grüßend seinen Hut zog und das schwarze Haar entblößte, das widerborstig an der Stirn hochstand wie eine Eisenkrone.
Sie kam aus dem Portal der Bibliothek und nickte an Stephen vorbei als Antwort auf Cranlys Gruß. Auch er? Lag nicht ein leichtes Erröten auf Cranlys Backe? Oder hatten Temples Worte es hervorgerufen? Das Licht war geschwunden. Er konnte nicht sehen.

Erklärte das das teilnahmslose Schweigen seines Freundes, seine schroffen Kommentare, die plötzlichen Einsprengsel rüder Wörter, die so oft Stephens glühende eigensinnige Bekenntnisse erschüttert hatten? Stephen hatte großmütig verziehen, denn er hatte diese selbe Rüdheit in sich selbst, gegen sich selbst gerichtet, auch festgestellt. Und er erinnerte sich an einen Abend, als er von einem gepumpten quietschenden Fahrrad gestiegen war, um in einem Wald bei Malahide zu Gott zu beten. Er hatte seine Arme hoch erhoben und in Ekstase in den düsteren Dom der Bäume gesprochen, wohl wissend daß er auf heiligem Grund stand, zu heiliger Stunde. Und als zwei Konstabler an einer Biegung des schummrigen Wegs erschienen waren, hatte er sein Gebet abgebrochen und laut eine Melodie aus der neuesten Pantomime gepfiffen.
Er begann mit dem ausgefaserten Ende seines Eschenstocks an einen Säulenschaft zu schlagen. Hatte Cranly ihn nicht gehört? Doch er konnte warten. Das Reden um ihn her hörte einen Augenblick auf: und wieder senkte sich sanftes Zischen herab aus einem Fenster. Doch kein anderer Laut war in der Luft und die Schwalben, deren Flug er mit müßigen Augen gefolgt war, schliefen.
Sie war durch die Dämmerung gegangen. Und darum war die Luft still, bis auf *ein* sanftes Zischen das sich herabsenkte. Und darum hatten die Zungen um ihn her mit ihrem Geschnatter aufgehört. Das Dunkel senkte sich herab.

Dunkel senkt sich aus der Luft.

Zitternde Freude, flackernd wie schwaches Licht, umspielte ihn wie ein Elfenheer. Aber warum? Ihr Gang durch die dunkel werdende Luft oder der Vers mit seinen schwarzen Vokalen und seinem vollen lautenähnlichen Anfangston?
Er ging langsam weg, auf die tieferen Schatten am Ende der Kolonnade zu und schlug leis mit seinem Stock auf den Stein, um sein Träumen vor den Studenten, die er stehengelassen hatte, zu verbergen: und rief sich das Zeitalter Dowlands und Byrds und Nashs in den Sinn.

Augen, aus dem Dunkel des Verlangens sich öffnend, Augen die den anbrechenden Morgen trübten. Was war ihre schmachtende Anmut anderes als die Süßigkeit des Abstöberns? Und was war ihr Schimmern anderes als das Schimmern des Abschaums, der den Jauchepfuhl am Hofe eines sabbernden Stuart überkrustete. Und er kostete in der Sprache der Erinnerung Ambraweine, ersterbende Kadenzen süßer Airs, die stolze Pavane: und sah mit den Augen der Erinnerung freundliche Edelfrauen in Covent Garden von ihren Balkonen mit saugenden Mündern buhlen und die lustverseuchten Dirnen aus den Schenken und jungen Eheweiber die, heiter ihren Schändern sich gebend, umbfingen umbfingen.

Die Bilder die er gerufen hatte gaben ihm keine Freude. Sie waren heimlich und anreizend, aber *ihr* Bild war nicht darein verwoben. Das war nicht die Art an sie zu denken. Es war nicht einmal die Art, in der er an sie dachte. Konnte sein Geist sich also nicht selber trauen? Alte Ausdrücke, süß nur von einer aus dem Grab geholten Süßigkeit, wie die Feigenkörnchen, die Cranly aus seinen blitzenden Zähnen grub.

Es war nicht Gedanke noch Vision, obschon er unklar wußte, daß ihre Gestalt jetzt nach Haus ging durch die Stadt. Unklar zuerst und dann schärfer roch er ihren Körper. Unrast, klar bewußt, brodelte in seinem Blut. Ja, es war ihr Körper den er roch: ein wilder schmachtender Geruch: der laue Leib über den seine Musik verlangend geströmt war und das heimliche sanfte Linnen auf das ihr Fleisch Duft tropfte und einen Tau.

Eine Laus kroch ihm übers Genick, und er fing sie, indem er mit Daumen und Zeigefinger flink unter den offenen Kragen griff. Er rollte den Körper, der zart war und doch spröd wie ein Reiskorn, einen Augenblick zwischen Daumen und Finger, bevor er ihn von sich fallen ließ und sich dabei fragte, ob er lebte oder stürbe. Da kam ihm ein komischer Ausspruch des Cornelius a Lapide in den Sinn, der besagte, daß die aus Menschenschweiß geborenen Läuse nicht von Gott mit den anderen Tieren am sechsten Tag geschaffen worden wären. Aber von dem Kitzeln seiner Nackenhaut wurden auch seine

Gedanken rot und grob. Das Leben seines Körpers, schlechtgekleidet, schlechtgenährt, läusezerfressen, ließ ihn die Augen schließen in einem jähen Verzweiflungskrampf: und in dem Dunkel sah er die spröden hellen Läusekörper niedersinken aus der Luft und sich oft drehen wie sie sanken. Ja; und es war nicht das Dunkel das sich senkte aus der Luft. Es war Licht.

Lichte senkt sich aus der Luft.

Er hatte sich an die Zeile von Nash nicht einmal richtig erinnert. Alle Bilder, die sie in ihm erweckt hatte, waren falsch. Ungeziefer gedieh in seinem Geist. Seine Gedanken waren Läuse, geboren aus dem Schweiß der Trägheit.

Er ging rasch die Kolonnade zurück zu der Studentengruppe. Nun gut, soll sie gehn und zur Hölle fahren. Sie könnte einen sauberen Turner lieben, der sich jeden Morgen bis zum Gürtel wusch und schwarze Haare auf der Brust hatte. Soll sie.

Cranly hatte wieder eine Trockenfeige aus dem Vorrat in seiner Tasche geholt und aß sie langsam und geräuschvoll. Temple saß zurückgelehnt auf dem Zierrand einer Säule und hatte seine Mütze bis an die schläfrigen Augen herabgezogen. Ein gedrungener junger Mann kam aus dem Portal, eine Ledermappe unter den Arm geklemmt. Er marschierte auf die Gruppe zu und knallte mit seinen Stiefelabsätzen und der Zwinge seines schweren Schirms auf die Platten. Dann, den Schirm zum Gruß erhoben, sagte er zu allen:

– Schönen guten Abend, meine Herrn.

Er knallte wieder auf die Platten und kicherte, während sein Kopf in einer leicht nervösen Bewegung zitterte. Der große schwindsüchtige Student und Dixon und O'Keeffe unterhielten sich auf irisch und antworteten ihm nicht. Dann, zu Cranly gewandt, sagte er:

– Schönen guten Abend, ganz besonders dir.

Er zeigte mit dem Schirm auf ihn und kicherte wieder. Cranly, der immer noch die Feige kaute, antwortete mit lauten Kinnbackenbewegungen.

– Schön? Ja. Es ist ein schöner Abend.

Der gedrungene Student sah ihn ernst an und schüttelte leicht und mißbilligend seinen Schirm.
– Ich sehe, sagte er, daß du dabei bist, Plattheiten von dir zu geben.
– Hm, antwortete Cranly, hielt was von der halbgekauten Feige noch übrig war hoch und stieß es dem gedrungenen Studenten vor den Mund, damit er es äße.
Der gedrungene Student aß es nicht, frönte vielmehr der ihm eigenen Art und sagte feierlich, immer noch kichernd und den Satz mit seinem Schirm spornend:
– Intendierst du dieses ...
Er unterbrach sich, zeigte barsch auf den zermahlenen Feigenbrei und sagte laut:
– Ich beziehe mich hierauf.
– Hm, sagte Cranly wie zuvor.
– Intendierst du dieses jetzt, sagte der gedrungene Student, ausgesprochen *ipso facto* oder, gewissermaßen, sozusagen?
Dixon drehte seiner Gruppe den Rücken und sagte:
– Goggins hat auf dich gewartet, Glynn. Er ist rüber ins Adelphi, um dich und Moynihan zu suchen. Was hast du denn da? fragte er und klopfte auf die Mappe unter Glynns Arm.
– Klausuren, antwortete Glynn. Ich laß die jeden Monat Klausuren schreiben, damit ich sehe, ob sie von meinem Unterricht profitieren.
Auch er klopfte auf die Mappe und hüstelte leicht und lächelte.
– Unterricht! sagte Cranly rüd. Du meinst wohl die barfüßigen Kinder die von scheißigen Affen wie dir Schule gehalten kriegen. Gott steh ihnen bei!
Er biß den Rest der Feige ab und warf den Stiel fort.
– Ich lasse die Kindlein zu mir kommen, sagte Glynn liebreich.
– Ein scheißiger Affe, wiederholte Cranly mit Nachdruck, und ein gotteslästerlicher scheißiger Affe obendrein!
Temple stand auf, schob sich an Cranly vorbei und baute sich vor Glynn auf:
– Der Satz den du grade gesagt hast, sagte er, stammt aus dem

Neuen Testament, nämlich Lasset die Kindlein zu mir kommen.
– Leg dich wieder schlafen, Temple, sagte O'Keeffe.
– Nun also, fuhr Temple, immer noch vor Glynn aufgebaut, fort, und wenn Jesus die Kindlein kommen ließ, warum schickt die Kirche sie alle in die Hölle, wenn sie ungetauft sterben? Wie kommt das?
– Bist du denn getauft, Temple? fragte der schwindsüchtige Student.
– Aber warum werden sie in die Hölle geschickt, wenn Jesus gesagt hat, sie sollten alle kommen? sagte Temple und seine Augen suchten in Glynns Augen.
Glynn hüstelte und sagte sanft, wobei er nur mit Mühe das nervöse Zittern in seiner Stimme zurückhalten konnte und bei jedem Wort mit seinem Schirm herumrührte:
– Und wenn es so ist, wie du befindest, muß ich mit Nachdrücklichkeit fragen, welches ist der Grund jenes Soseins.
– Weil die Kirche grausam ist wie alle alten Sünder, sagte Temple.
– Stehst du in diesem Punkt in Einklang mit der orthodoxen Lehre? fragte Dixon milde.
– Der heilige Augustin hat das gesagt von den ungetauften Kindern, die in die Hölle kommen, antwortete Temple, weil der nämlich auch ein grausamer alter Sünder gewesen ist.
– Ich zieh vor dir den Hut, sagte Dixon, aber ich hab den Eindruck gehabt, daß es für derlei Fälle den Limbus gibt.
– Streit dich doch nicht mit dem, Dixon, sagte Cranly brutal. Red nicht mit ihm und guck ihn nicht an. Zerr ihn heim an der Strippe wie ne blökende Geiß.
– Limbus! rief Temple. Das ist auch so eine hübsche Erfindung. Wie die Hölle.
– Aber ohne deren Unannehmlichkeiten, sagte Dixon.
Er wandte sich lächelnd an die anderen und sagte:
– Ich glaube, ich bringe hiermit die Meinung aller Anwesenden zum Ausdruck.
– Allerdings, sagte Glynn fest. In diesem Punkt ist Irland vereint.

Er knallte mit der Zwinge seines Schirms auf den Steinfußboden der Kolonnade.
– Teufel, sagte Temple. Ich respektiere diese Erfindung der grauhaarigen Frau Satan. Die Hölle ist römisch, wie die Mauern der Römer, stark und häßlich. Aber was ist der Limbus?
– Steck den doch wieder in seinen Kinderwagen, Cranly, rief O'Keeffe.
Cranly machte einen raschen Schritt auf Temple zu, blieb stehen, stampfte mit dem Fuß auf und rief wie zu einem Huhn:
– Schsch!
Temple hüpfte gelenkig davon.
– Wißt ihr was der Limbus ist? rief er. Wißt ihr wie wir in Roscommon so eine Idee nennen?
– Schsch! Geh zum Teufel! rief Cranly und klatschte in die Hände.
– Weder mein Arsch noch mein Ellbogen! rief Temple höhnisch. Und das versteh ich unter Limbus.
– Gib mal den Stock da her, sagte Cranly.
Er riß Stephen den Eschenstock grob aus der Hand und sprang die Stufen hinunter: aber Temple, der merkte daß er hinter ihm herkam, floh durch die Dämmerung wie ein wildes Tier, leichtfüßig und gelenkig. Cranlys schwere Stiefel hörte man laut übers Geviert stürmen und dann schwer zurückkehren, geschlagen und den Kies bei jedem Schritt um sich spritzend.
Sein Schritt war zornig und mit einer zornigen abrupten Geste stieß er den Stock Stephen wieder in die Hand. Stephen fühlte, daß sein Zorn einen anderen Grund hatte, aber mit gespielter Geduld berührte er leicht seinen Arm und sagte ruhig:
– Cranly, ich hab dir gesagt, ich muß mit dir sprechen. Komm mit weg.
Cranly sah ihn einige Augenblicke an und fragte:
– Jetzt?
– Ja, jetzt, sagte Stephen. Hier können wir nicht reden. Komm mit weg.
Sie überquerten zusammen das Geviert ohne zu sprechen. Das

Waldvogelmotiv aus dem *Siegfried*, schmelzend gepfiffen, folgte ihnen von den Stufen des Portals. Cranly drehte sich um: und Dixon, der gepfiffen hatte, rief:

– Wo lauft ihr Kerle denn hin? Was wird aus unsrer Partie, Cranly?

Sie unterhandelten in Brüllern quer durch die stille Luft wegen einer Partie Billard im Adelphi-Hotel. Stephen ging allein weiter und trat hinaus auf die ruhige Kildare Street. Gegenüber Maple's Hotel stellte er sich hin um zu warten, wieder geduldig. Der Name des Hotels, ein farbloses poliertes Holz, und seine farblose stille Front gaben ihm einen Stich wie ein Blick vornehmer Verachtung. Er schaute zornig auf den sanft erleuchteten Salon des Hotels, in dem er sich das aalglatt glänzende Leben der irischen Patrizier vorstellte, geruhsam behaust. Sie dachten an Offizierspatente und Gutsverpächter: Bauern grüßten sie an den Chausseen auf dem Land: sie kannten die Namen bestimmter französischer Gerichte und gaben Mietskutschern Befehle in spitzen nervösen Provinzlerstimmen, die wie Nadeln durch ihre hautengen Akzente stachen.

Wie konnte er ihr Gewissen erschüttern oder wie seinen Schatten über die Imagination ihrer Töchter werfen, ehe ihre Junker sie begatteten, daß sie ein Volk gebaren, das weniger unedel war als ihr eigenes? Und unter der schwarz gewordenen Dämmerung spürte er die Gedanken und Wünsche des Volkes, dem er zugehörte, wie Fledermäuse huschen, über die dunklen Wege im Land, unter den Bäumen an den Ufern der Bäche und bei den tümpelgesprenkelten Sümpfen. Eine Frau hatte gewartet in der Tür, als Davin vorübergekommen war in der Nacht, sie hatte ihm eine Tasse Milch geboten und ihn freiend fast an ihr Bett gebeten; denn Davin hatte die milden Augen eines der Heimliches zu wahren wußte. Aber ihn hatten keiner Frau Augen freiend umworben.

Sein Arm wurde in einen festen Griff genommen und Cranlys Stimme sagte:

– Gehn wir hintan.

Schweigend gingen sie nach Süden. Dann sagte Cranly:

– Dieser blödsinnige Idiot von Temple! Ich schwöre bei Moses, kannst du glauben, daß ich den Kerl noch mal eines Tages kalt mache.
Aber seine Stimme war nicht länger zornig und Stephen fragte sich, ob er an den Gruß dächte, unterm Portal.
Sie wandten sich nach links und liefen weiter wie vorher. Als sie einige Zeit so gegangen waren, sagte Stephen:
– Cranly, ich hab heut nachmittag einen unangenehmen Krach gehabt.
– Mit deinen Leuten? fragte Cranly.
– Mit meiner Mutter.
– Über Religiöses?
– Ja, antwortete Stephen.
Nach einer Pause fragte Cranly:
– Wie alt ist deine Mutter?
– Nicht alt, sagte Stephen. Sie will, daß ich meiner österlichen Pflicht nachkomme.
– Und willst du?
– Ich will nicht, sagte Stephen.
– Warum nicht? sagte Cranly.
– Ich will nicht dienen, antwortete Stephen.
– Die Bemerkung ist schon einmal früher gemacht worden, sagte Cranly ruhig.
– Dann wird sie jetzt noch einmal hinterher gemacht, sagte Stephen hitzig.
Cranly drückte Stephens Arm und sagte:
– Ruhig Blut, mein lieber Herr. Du bist ein reizbarer Scheißkerl, kannst du glauben.
Er lachte nervös beim Sprechen und sagte, indem er mit gerührten und freundlichen Augen Stephen ins Gesicht sah:
– Weißt du, daß du ein reizbarer Kerl bist?
– Weiß Gott, sagte Stephen und lachte auch.
Ihre Gemüter, in jüngster Zeit entfremdet, schienen auf einmal wieder näher aneinander gerückt zu sein.
– Glaubst du an die Eucharistie? fragte Cranly.
– Nein, sagte Stephen.

– Du glaubst also nicht an sie?
– Weder glaube ich an sie noch glaube ich nicht an sie, antwortete Stephen.
– Viele Menschen haben Zweifel, sogar religiöse Menschen, doch sie überwinden sie oder schieben sie beiseite, sagte Cranly. Sind deine Zweifel in diesem Punkt zu stark?
– Ich will sie gar nicht überwinden, antwortete Stephen.
Cranly, einen Augenblick in Verlegenheit, nahm wieder eine Feige aus seiner Tasche und wollte sie gerade essen, als Stephen sagte:
– Bitte nicht. Du kannst die Frage nicht mit mir besprechen, wenn dein Mund voll von zerkauten Feigen ist.
Cranly untersuchte die Feige im Licht einer Lampe, unter der er stehenblieb. Dann roch er daran, mit beiden Nasenlöchern, biß ein winziges Stück ab, spuckte es aus und warf die Feige rüd in die Gosse. Alsdann sprach er zu ihr wie sie da lag:
– Gehe hin von mir, du Verfluchte, in das ewige Feuer!
Dann nahm er Stephens Arm, ging wieder weiter und sagte:
– Hast du nicht Angst, daß diese Worte zu dir gesprochen werden, am Tage des Gerichts?
– Was wird mir auf der anderen Seite geboten? fragte Stephen. Eine ewige Seligkeit in Gesellschaft des Studiendekans?
– Denk dran, sagte Cranly, daß er vorher verklärt wird.
– Jawohl, sagte Stephen mit bitterem Unterton, zu Klarheit, Beweglichkeit, Leidensunfähigkeit und, vor allem, Feinheit.
– Es ist schon komisch, kannst du glauben, sagte Cranly sachlich, wie übersättigt dein Geist von der Religion ist, an die du nicht zu glauben behauptest. Hast du dran geglaubt, als du in der Schule gewesen bist? Ich könnt schwören.
– Ja, antwortete Stephen.
– Und bist du damals glücklicher gewesen? fragte Cranly sanft. Glücklicher als du jetzt bist, zum Beispiel?
– Oft glücklich, sagte Stephen, und oft unglücklich. Ich war damals ein anderer.
– Wie ein anderer? Was meinst du mit dieser Behauptung?

– Ich meine, sagte Stephen, daß ich nicht ich war wie ich jetzt bin, wie ich werden mußte.
– Nicht wie du jetzt bist, nicht wie du werden mußtest, wiederholte Cranly. Laß mich etwas fragen. Liebst du deine Mutter?
Stephen schüttelte langsam den Kopf.
– Ich weiß nicht was deine Worte bedeuten, sagte er einfach.
– Hast du nie jemand geliebt? fragte Cranly.
– Meinst du Frauen?
– Davon spreche ich nicht, sagte Cranly in kühlerem Ton. Ich frage dich, ob du je für jemand oder etwas Liebe empfunden hast.
Stephen lief neben seinem Freund daher und starrte düster auf das Trottoir.
– Ich habe versucht, Gott zu lieben, sagte er endlich. Es scheint jetzt, daß ich versagt habe. Es ist sehr schwer. Ich habe versucht, meinen Willen mit dem Willen Gottes zu vereinen, Augenblick um Augenblick. Darin habe ich nicht immer versagt. Das könnte ich vielleicht immer noch ...
Cranly schnitt ihm das Wort ab mit der Frage:
– Hat deine Mutter ein glückliches Leben gehabt?
– Wie soll ich das wissen? sagte Stephen.
– Wieviele Kinder hat sie gehabt?
– Neun oder zehn, antwortete Stephen. Ein paar sind gestorben.
– War dein Vater ... Cranly unterbrach sich einen Augenblick: und sagte dann: Ich will meine Nase nicht in deine Familienangelegenheiten stecken. Aber war dein Vater, was man wohlsituiert nennt? Ich meine, wie du groß geworden bist?
– Ja, sagte Stephen.
– Was war er? fragte Cranly nach einer Pause.
Stephen begann zungenfertig die Attribute seines Vaters herzuzählen:
– Medizinstudent, Ruderer, Tenor, Amateur-Schauspieler, brüllender Politiker, kleiner Hausbesitzer, kleiner Aktionär, Trinker, guter Kerl, Geschichtenerzähler, Sekretär von je-

mand, irgendwas in einer Brennerei, Steuereinnehmer, Bankrotteur und augenblicklich Verherrlicher seiner eigenen Vergangenheit.

Cranly lachte, nahm Stephens Arm in festeren Griff und sagte:

– Brennerei ist verdammt gut.

– Willst du sonst noch etwas wissen? fragte Stephen.

– Lebt ihr augenblicklich in guten Verhältnissen?

– Seh ich so aus? fragte Stephen barsch.

– So bist du denn, fuhr Cranly sinnend fort, auf Rosen gebettet zur Welt gekommen.

Er sprach den Ausdruck breit und laut aus, wie er es oft bei Fachbegriffen tat, als wolle er seinem Hörer zu verstehen geben, daß er sie ohne Überzeugung verwende.

– Deine Mutter muß viel Schweres durchgemacht haben, sagte er dann. Willst du nicht versuchen, ihr noch mehr Schweres zu ersparen, selbst wenn ... oder nicht?

– Wenn ich könnte, sagte Stephen. Das würde mich sehr wenig kosten.

– Dann tus, sagte Cranly. Tu was sie von dir will. Was macht das dir denn aus? Du glaubst nicht dran. Es ist eine Form: sonst nichts. Und sie ist beruhigt.

Er unterbrach sich und, da Stephen nicht antwortete, blieb still. Dann sagte er, so als dächte er nur laut:

– Was auch immer unsicher ist auf diesem stinkigen Misthaufen von einer Welt, die Mutterliebe ist es nicht. Deine Mutter bringt dich auf die Welt, trägt dich erst in ihrem Leib. Was wissen wir davon, was sie fühlt? Aber was sie auch immer fühlt, das, wenigstens, muß wirklich sein. Es muß es sein. Was sind unsere Ideen oder Ambitionen? Spiel. Ideen! Der scheißige blökende Ziegenbock Temple hat auch Ideen. MacCann hat Ideen. Jeder Esel der die Straße runterläuft denkt er hat Ideen.

Stephen, der das Unausgesprochene hinter den Wörtern herausgehört hatte, sagte mit gespieltem Gleichmut:

– Pascal, wenn ich mich recht entsinne, wollte sich von seiner

Mutter nicht küssen lassen, da er die Berührung ihres Geschlechts fürchtete.

– Pascal war ein Schwein, sagte Cranly.

– Aloysius Gonzaga war, glaube ich, derselben Meinung, sagte Stephen.

– Dann war er auch ein Schwein, sagte Cranly.

– Die Kirche nennt ihn einen Heiligen, wand Stephen ein.

– Ich scher mich einen feuchten Kehricht drum wie einer ihn nennt, sagte Cranly rüd und breit. Ich nenn ihn ein Schwein.

Stephen legte sich seine Worte genau zurecht und fuhr fort:

– Auch Jesus scheint seine Mutter mit mangelhafter Höflichkeit in der Öffentlichkeit behandelt zu haben, aber Suarez, ein jesuitischer Theologe und spanischer Edelmann, hat ihn verteidigt.

– Ist dir je die Idee gekommen, fragte Cranly, daß Jesus nicht war, was er zu sein vorgab?

– Der erste Mensch, dem diese Idee kam, antwortete Stephen, war Jesus selber.

– Ich meine, sagte Cranly, härter jetzt im Ton, ist dir je die Idee gekommen, daß er selbst ein bewußter Heuchler war, das was er die Juden seiner Zeit nannte, ein übertünchtes Grab? Oder, deutlicher gesagt, daß er ein Halunke war?

– Die Idee ist mir nie gekommen, antwortete Stephen. Aber ich möchte gern wissen, willst du mich eigentlich konvertieren oder dich pervertieren?

Er blickte seinem Freund ins Gesicht und sah dort ein grobes Lächeln, welchem durch eine Willensanstrengung feinsinnige Bedeutungsschwere verliehen werden sollte.

Cranly fragte plötzlich in normalem vernünftigem Ton:

– Sag mir die Wahrheit. Hat dich das etwas schockiert, was ich gesagt habe?

– Ein bißchen, sagte Stephen.

– Und warum hat dich das schockiert, insistierte Cranly im selben Ton, wenn du sicher bist, daß unsere Religion falsch ist und daß Jesus nicht der Sohn Gottes war?

– Darüber bin ich mir überhaupt nicht sicher, sagte Stephen.

Er ist eher ein Sohn Gottes als ein Sohn Mariens.

– Und willst du deshalb nicht zur Kommunion gehen, fragte Cranly, weil du dir auch darüber nicht sicher bist, weil du spürst, daß die Hostie der Leib und das Blut des Gottessohns sein könnte und nicht bloß eine Oblate aus Brot? Und weil du fürchtest, es könnte so sein?

– Ja, sagte Stephen ruhig. Ich spüre das und ich fürchte es auch.

– Ich verstehe, sagte Cranly.

Stephen, getroffen durch diesen abschließenden Ton, begann das Gespräch sofort von neuem, indem er sagte:

– Ich fürchte vieles: Hunde, Pferde, Schußwaffen, das Meer, Gewitter, Maschinen, nächtliche Landstraßen.

– Aber warum fürchtest du ein Stückchen Brot?

– Ich stell mir vor, sagte Stephen, daß es eine unheilvolle Realität gibt hinter den Dingen von denen ich sage ich fürchte sie.

– Fürchtest du also, fragte Cranly, der Gott der römischen Katholiken würde dich erschlagen und verdammen, wenn du als Frevler zur Kommunion gehst?

– Der Gott der römischen Katholiken könnte das auch jetzt tun, sagte Stephen. Mehr als das fürchte ich den Chemismus, der in meiner Seele entstünde durch lügnerische Huldigung vor einem Symbol, hinter dem sich zwanzig Jahrhunderte Autorität und Ehrfurcht ballen.

– Würdest du, fragte Cranly, in höchster Gefahr dieses spezielle Sakrileg begehen? Zum Beispiel, wenn du zur Zeit der Strafgesetze gelebt hättest?

– Für die Vergangenheit kann ich keine Antwort geben, erwiderte Stephen. Möglicherweise nicht.

– Dann, sagte Cranly, hast du doch wohl nicht vor, Protestant zu werden?

– Ich habe gesagt, daß ich den Glauben verloren hätte, antwortete Stephen, aber nicht die Selbstachtung. Was für eine Befreiung wäre das, eine Absurdität, die logisch und kohärent ist, aufzugeben und sich in die Arme von einer anderen zu stürzen, die unlogisch und inkohärent ist?

Sie waren bis zum Pembroker Distrikt gelaufen und jetzt, als sie langsam weitergingen durch die Alleen, besänftigten die Bäume und die verstreuten Lichter in den Villen ihnen die Gemüter. Die Luft aus Wohlhabenheit und Geruhsamkeit, die um sie war, schien ihnen ihre Not zu erleichtern. Hinter einer Lorbeerhecke schimmerte ein Licht im Fenster einer Küche und man hörte die Stimme eines Dienstmädchen, das beim Messerschleifen sang. Sie sang, in kurzen brüchigen Takten, *Rosie O'Grady*.

Cranly blieb stehen um zuzuhören und sagte:

– *Mulier cantat*.

Die sanfte Schönheit des lateinischen Wortes rührte voll entrückenden Zaubers ans Abenddunkel, rührte heimlicher und betörender daran, als die Berührung durch Musik oder die Hand einer Frau es sein konnten. Der Zwist ihrer Geister war erstickt. Die Gestalt der Frau, wie sie in der Liturgie der Kirche erscheint, glitt schweigend durch das Dunkel: eine weißgekleidete Gestalt, klein und schlank wie ein Knabe und mit sich lösendem Gürtel. Ihre Stimme, zerbrechlich und hoch wie die eines Knaben, erklang aus fernem Chor, wie sie die ersten Worte einer Frau intonierte, die durch das Düster und das Klagen des ersten Passionsliedes dringen:

– *Et tu cum Jesu Galilaeo eras*.

Und alle Herzen waren angerührt und wendeten sich nach ihrer Stimme um, die wie ein junger Stern schien, und heller schien, als die Stimme das Proparoxyton intonierte, und schwächer, heimlicher, als die Kadenz erstarb.

Das Singen hörte auf. Sie gingen zusammen weiter und Cranly sang, den Rhythmus stark akzentuierend, das Ende des Refrains nach:

Und sind wir dann erst vereint,
Ach wie glücklich bist du und bin ich.
Denn ich lieb süß Rosie O'Grady,
Und Rosie O'Grady liebt mich.

– Da hast du wahre Poesie, sagte er. Das ist wahre Liebe.

Er sah Stephen mit einem seltsamen Lächeln von der Seite an und sagte:
– Würdest du das Poesie nennen? Oder weißt du, was die Worte bedeuten?
– Dazu möcht ich Rosie zuerst sehen, sagte Stephen.
– Das ist leicht zu machen, sagte Cranly.
Sein Hut war ihm in die Stirn gerutscht. Er schob ihn zurück: und im Schatten der Bäume sah Stephen sein bleiches, vom Dunkel gerahmtes Gesicht und seine großen dunklen Augen. Ja. Sein Gesicht war hübsch: und sein Körper war stark und kräftig. Er hatte von Mutterliebe gesprochen. Er hatte also ein Gefühl für die Leiden der Frauen, die Schwächen ihrer Körper und Seelen: und würde sie schützen mit starkem und energischem Arm und seinen Geist vor ihnen beugen.
Fort also: es ist Zeit zu gehen. Eine Stimme sprach leis zu Stephens einsamem Herzen, hieß ihn gehen und sagte ihm, seine Freundschaft wär nun am End. Ja; er würde gehn. Er konnte nicht gegen einen andern ankämpfen. Er kannte seine Rolle.
– Wahrscheinlich werde ich weggehn, sagte er.
– Wohin? fragte Cranly.
– Wohin ich kann, sagte Stephen.
– Ja, sagte Cranly. Es könnte für dich jetzt schwer sein, hier zu leben. Aber willst du deshalb gehen?
– Ich muß, antwortete Stephen.
– Denn, fuhr Cranly fort, du mußt dich nicht für einen Vertriebenen halten, wenn du nicht wirklich selber gehen willst, oder einen Ketzer oder einen Vogelfreien. Es gibt viele gute Gläubige, die denken wie du. Überrascht dich das? Die Kirche ist nicht das Steingebäude, nicht einmal der Klerus und seine Dogmen. Sie ist die ganze Masse derer, die in sie hineingeboren sind. Ich weiß nicht, was du vorhast im Leben. Ist es das, was du mir an dem Abend erzählt hast, als wir vor Harcourt Street Station standen?
– Ja, sagte Stephen, und mußte unwillkürlich über Cranlys Eigenart lächeln, sich an Gedanken in Verbindung mit Ört-

lichkeiten zu erinnern. Der Abend, an dem du dich eine halbe Stunde mit Doherty rumgebalgt hast, welches der kürzeste Weg von Sallygap nach Larras wäre.

– Schafskopf! sagte Cranly gelassen verächtlich. Was weiß denn der über den Weg von Sallygap nach Larras? Was weiß der überhaupt? Mit seiner geifernden Riesenwaschbütte von einem Kopf!

Er brach in ein lautes langes Gelächter aus.

– Nun? sagte Stephen. Erinnerst du dich an das übrige?

– Was du gesagt hast, was? fragte Cranly. Ja, ich erinnere mich daran. Die Art Leben oder Kunst entdecken, durch die dein Geist sich in unumschränkter Freiheit ausdrücken könnte.

Stephen zog dankend-bestätigend den Hut.

– Freiheit! wiederholte Cranly. Aber noch bist du nicht frei genug, ein Sakrileg zu begehen. Sag mir, würdest du stehlen?

– Erst würde ich betteln, sagte Stephen.

– Und wenn du da nichts bekämst, würdest du stehlen?

– Du willst von mir hören, antwortete Stephen, daß das Recht auf Eigentum provisorisch ist und daß es unter gewissen Umständen nicht ungesetzlich ist zu stehlen. Jeder würde in diesem Glauben handeln. Darum will ich dir diese Antwort nicht geben. Schlag bei dem jesuitischen Theologen Juan Mariana de Talavera nach, der dir auch erklären wird, unter welchen Umständen du von Rechts wegen deinen König ermorden darfst und ob du ihm sein Gift lieber in einem Becher reichst oder es ihm auf sein Gewand oder seinen Sattelbaum streichst. Frag mich lieber, ob ich mich von anderen bestehlen ließe oder, wenn es geschähe, ob ich sie dem ausliefern würde, was man glaube ich Bestrafung durch den Arm des weltlichen Gesetzes nennt.

– Und tätst du das?

– Ich glaube, sagte Stephen, es täte mir ebenso weh, wie bestohlen zu werden.

– Ich verstehe, sagte Cranly.

Er zog sein Streichholz heraus und begann den Raum zwischen zwei Zähnen zu säubern. Dann sagte er obenhin:

– Sag mir, zum Beispiel, würdest du eine Jungfrau deflorieren?
– Entschuldige, sagte Stephen höflich, aber ist das nicht der Ehrgeiz der meisten jungen Herren?
– Und was ist dein Standpunkt? fragte Cranly.
Sein letzter Satz, der säuerlich roch wie Holzkohlenrauch und wenig ermutigend war, erregte Stephens Hirn, über dem seine Dünste zu schweben schienen.
– Schau mal, Cranly, sagte er. Du hast mich gefragt, was ich tun und was ich nicht tun würde. Ich will dir sagen, was ich tun und was ich nicht tun will. Ich will nicht dem dienen, an das ich nicht länger glaube, ob es sich mein Zuhause nennt, mein Vaterland oder meine Kirche: und ich will versuchen, mich in irgendeiner Art Leben oder Kunst so frei auszudrükken wie ich kann, und so vollständig wie ich kann, und zu meiner Verteidigung nur die Waffen benutzen, die ich mir selbst gestatte – Schweigen, Verbannung und List.
Cranly packte ihn am Arm und steuerte ihn herum, damit sie in Richtung Leeson Park zurückgingen. Er lachte beinah hinterhältig und drückte Stephens Arm mit der Begütigung eines Älteren.
– List, wahrhaftig! sagte er. Bist das du? Du armer Poet du!
– Und du hast mich dir beichten lassen, sagte Stephen, den diese Berührung schauern ließ, wie ich dir so vieles andere auch schon gebeichtet habe, nicht wahr?
– Ja, mein Kind, sagte Cranly, immer noch heiter.
– Du hast mich dir beichten lassen, wovor ich mich alles fürchte. Aber ich will dir auch sagen, was ich nicht fürchte. Ich fürchte nicht, allein zu sein oder um eines andern willen verstoßen zu werden oder alles zu verlassen, was ich verlassen muß. Und ich habe keine Angst, einen Fehler zu machen, sogar einen großen Fehler, einen lebenslangen Fehler, und vielleicht einen, der so lang dauert wie die Ewigkeit.
Cranly, jetzt wieder ernsthaft, verlangsamte seinen Schritt und sagte:
– Allein, ganz und gar allein. Davor hast du keine Angst. Und

du weißt, was das Wort bedeutet? Nicht nur von allen anderen getrennt sein, sondern auch nicht einen einzigen Freund haben.

– Ich trage das Risiko, sagte Stephen.

– Und keinen einzigen Menschen haben, sagte Cranly, der mehr wäre als ein Freund, mehr sogar als der edelste und treueste Freund, den ein Mensch je hatte.

Seine Worte schienen eine tiefinnere Saite in ihm selber angerührt zu haben. Hatte er von sich gesprochen, von sich wie er war oder sein wollte? Stephen beobachtete sein Gesicht einige Augenblicke schweigend. Kalte Trauer lag darüber. Er hatte von sich gesprochen, von seiner eigenen Einsamkeit die er fürchtete.

– Von wem sprichst du? fragte Stephen endlich.

Cranly antwortete nicht.

* * *

20. März: Langes Gespräch mit Cranly über meine Revolte. Er in seiner ganzen Pompositāt. Ich geschmeidig und milde. Griff mich in Punkto Mutterliebe an. Versuchte mir seine Mutter vorzustellen: kann es nicht. Erzählte mir einmal, in einem unbesonnenen Augenblick, sein Vater wäre bei seiner Geburt einundsechzig gewesen. Kann ihn vor mir sehen. Kräftiger Bauerntyp. Pfeffer-und-Salz-Anzug. Quadratlatschen. Zerzauster grauer Bart. Geht wahrscheinlich zu Hunderennen. Kommt regelmäßig aber eher sparsam seinen Pflichten bei Pater Dwyer in Larras nach. Spricht manchmal Mädchen an nach dem Dunkelwerden. Aber seine Mutter? Sehr jung oder sehr alt? Kaum das erste. Wenn ja, hätte Cranly anders gesprochen. Also alt. Wahrscheinlich, und vernachlässigt. Darum Cranlys seelische Verzweiflung: das Kind verbrauchter Lenden.

21. März, morgens: Dies gestern nacht im Bett gedacht, war aber zu faul und frei, es dazuzuschreiben. Frei, ja. Die verbrauchten Lenden sind die der Elisabeth und des Zacharias. Dann ist er der Vorläufer. Item: er ißt hauptsächlich Bauchspeck und getrocknete Feigen. Sprich Heuschrecken und wilden Honig. Ferner, wenn ich an ihn dachte, sah ich stets ein strenges abgeschlagenes Haupt oder eine Totenmaske, wie abgezeichnet auf einem grauen Vorhang oder einer Veronika. Dekollation heißen sie das in der Gemeine. Momentan im unklaren über den heiligen Johannes vor der Lateinischen Pforte. Was sehe ich? Einen enthaupteten Vorläufer, der das Schloß zu knacken versucht.

21. März, abends: Frei. Die Seele frei und frei der Sinn. Laß die Toten die Toten begraben. Wahrhaftig. Und laß die Toten die Toten heiraten.

22. März: Mit Lynch einer voluminösen Krankenschwester nachgestiegen. Lynchs Idee. Mir eher unangenehm. Zwei hagere hungrige Windhunde, die einer jungen Kuh hinterherlaufen.

23. März: Habe sie seit dem Abend nicht wieder gesehen. Unpäßlich? Sitzt vielleicht am Feuer mit Mamas Schal um die Schultern. Aber nicht verdrießlich. Ein schönes Tellerchen Haferschleim? Na iß doch!

24. März: Begann mit einer Auseinandersetzung mit meiner Mutter. Thema: H. J. M. Gehandikapt durch mein Geschlecht und meine Jugend. Verteidigte, um mich rauszuwinden, das Verhältnis zwischen Jesus und Papa gegenüber dem zwischen Maria und ihrem Sohn. Sagte, Religion wäre kein Entbindungskrankenhaus. Mutter langmütig-nachsichtig. Sagte, ich wäre ein komischer Geist und hätte zu viel gelesen. Stimmt nicht. Habe wenig gelesen und weniger verstanden. Dann sagte sie, ich würde zum Glauben zurückfinden, weil mein Geist rastlos wäre. Das hieße, die Kirche durch die Hintertür der Sünde verlassen und durchs Oberlicht der Reue wieder hineinschlüpfen. Kann nicht bereuen. Sagte ihr das und bat um Sixpence. Kriegte Threepence.

Ging dann zum College. Neue Streiterei mit dem kleinen Rundschädel Spitzbubenaug-Ghezzi. Diesmal über Bruno den Nolaner. Begann italienisch und endete in Pidgin English. Er sagte, Bruno wäre ein schrecklicher Ketzer. Ich sagte, er wäre

schrecklich verbrannt worden. Das gab er zu mit einigem Kummer. Gab mir dann Rezept für etwas das er *risotto alla bergamasca* nennt. Wenn er ein weiches *o* ausspricht, schiebt er seine vollen fleischigen Lippen vor, als küsse er den Vokal. Hat er mal? Und könnte er bereuen? Ja, der könnts: und zwei runde Spitzbubentränen weinen, aus jedem Auge eine.
Als ich durch Stephen's, das heißt mein, Green ging, fiel mir ein, daß seine Landsleute und nicht meine erfunden haben, was Cranly neulich abend unsere Religion nannte. Ein Quartett von ihnen, Soldaten des siebenundneunzigsten Infanterieregiments, saß zu Füßen des Kreuzes und würfelte um den Rock des Gekreuzigten.
Ging zur Bibliothek. Versuchte drei Zeitschriften zu lesen. Zwecklos. Sie geht noch nicht wieder aus. Bin ich beunruhigt? Worüber? Daß sie nie wieder ausgehen wird.
Blake schrieb:

Ich frag mich ob William Bond wohl stirbt
Denn er ist ganz gewiß sehr krank.

Alas, poor William!
Ich war einmal in einem Diorama in der Rotunda. Zum Schluß gabs Bilder hoher Tiere. Darunter William Ewart Gladstone, grade gestorben. Kapelle spielte *O Willie, wie hast du uns gefehlt.*
Ein Volk von Einfaltspinseln!
25. März, morgens: Eine unruhige Nacht voller Träume. Muß sie mir vom Hals schaffen.
Eine lange gewundene Galerie. Vom Boden steigen Säulen dunkler Dünste auf. Sie ist bevölkert von den Bildern fabulöser Könige, in Stein gehaun. Die Hände liegen ihnen gefaltet auf den Knien, zum Zeichen der Müdigkeit, und ihre Augen sind verschattet, denn die Irrtümer der Menschen steigen ewig vor ihnen auf als dunkle Dünste.
Sonderbare Gestalten nähern sich aus einer Höhle. Sie sind nicht so groß wie Menschen. Es scheint, als stünden sie nicht ganz isoliert voneinander da. Ihre Gesichter phosphoreszie-

ren, mit dunkleren Streifen dazwischen. Sie spähen nach mir und ihre Augen scheinen mich etwas zu fragen. Sie sprechen nicht.

30. März: Heut nachmittag war Cranly in der Vorhalle der Bibliothek und gab Dixon und dem Bruder von ihr ein Problem zu lösen. Eine Mutter ließ ihr Kind in den Nil fallen. Beiseite: Immer auf die Mutter angespielt. Ein Krokodil packte das Kind. Mutter verlangte es zurück. Krokodil sagte, ist recht, wenn sie ihm sagte, was es mit dem Kind tun würde, es fressen oder nicht fressen.

Diese Mentalität, würde Lepidus sagen, wird allerdings durch die Kraft eurer Sonne aus eurem Schlamm ausgebrütet.

Und meine? Sie nicht auch? Dann in den Nilschlamm mit ihr!

1. April: Mißbillige den letzten Satz.

2. April: Sah sie Tee trinken und Kuchen essen bei Johnston, Mooney und O'Brien. Vielmehr, der luchsäugige Lynch sah sie, als wir vorbeigingen. Er sagt mir, Cranly wäre vom Bruder zu ihnen eingeladen worden. Hat er sein Krokodil mitgebracht? Ist er jetzt das leuchtende Licht? Aber entdeckt habe ich ihn. Ich schwörs. Leuchtete still hinter einem Scheffel Wicklow-Kleie.

3. April: Traf Davin im Zigarrengeschäft gegenüber Findlater's Church. Er war in schwarzem Sweater und hatte einen Hurlingschläger. Fragte mich, ob es stimme, daß ich fortginge, und warum. Sagte ihm, der kürzeste Weg nach Tara ginge über Holyhead. Da kam mein Vater vorbei. Vorstellung. Vater höflich und aufmerksam. Fragte Davin, ob er ihn zu einer Erfrischung einladen dürfe. Davin konnte nicht, ging zu einer Versammlung. Als er fort war, sagte Vater, er hätte einen offenen ehrlichen Blick. Fragte mich, warum ich nicht in einen Ruderklub ginge. Ich gab vor, mirs zu überlegen. Erzählte mir dann, wie er Pennyfeather das Herz gebrochen habe. Will daß ich Jus höre. Sagt, ich wäre dafür zugeschnitten. Mehr Schlamm, mehr Krokodile.

5. April: Wilder Frühling. Hastende Wolken. O Leben! Dunkler Strom wirbelnden Moorwassers, auf das Apfelbäume ihre duftigen Blüten hinabstreun. Mädchenaugen unter den Blättern. Tollende Mädchen, und spröde. Alle blond oder kastanienbraun: keine dunklen. Sie erröten besser. Hopp-la!

6. April: Bestimmt erinnert sie sich an die Vergangenheit. Lynch sagt, daß das alle Frauen tun. Dann erinnert sie sich an ihre Kindheit – und meine, falls ich je Kind war. Die Vergangenheit wird in der Gegenwart aufgezehrt und die Gegenwart lebt nur, weil sie die Zukunft schafft. Frauenstatuen, wenn Lynch recht hat, sollten immer ganz bekleidet sein, wobei eine Hand der Frau sich bedauernd ans eigene Hinterteil faßt.

6. April, später: Michael Robartes erinnert sich vergessener Schönheit, und wenn seine Arme sie umfangen, hält er in seinen Armen die Lieblichkeit, die lang aus dieser Welt entschwand. Das nicht. Ganz und gar nicht. Ich möchte in meinen Armen die Lieblichkeit halten, die noch nicht in diese Welt gekommen ist.

10. April: Schwach, unter der schweren Nacht, durchs Schweigen der Stadt, die sich aus Träumen in traumlosen Schlaf gefunden hat wie ein müder Liebender den kein Streicheln mehr erregt, das Geräusch von Hufen auf der Straße. Jetzt nicht mehr so schwach, wie sie sich der Brücke nähern: und in einem Augenblick, wie sie die verdunkelten Fenster passieren, wird das Schweigen alarmierend zerrissen wie von einem Pfeil. Jetzt hört man sie in der Ferne, Hufe die in der schweren Nacht wie Gemmen leuchten, die eilen, über die schlafenden Felder hinaus, ans Ende welcher Reise – zu welchem Herzen? – und mit welcher Botschaft?

11. April: Las, was ich gestern nacht schrieb. Unscharfe Worte für ein unscharfes Gefühl. Ob es ihr gefiele? Ich glaube ja. Dann hätte es auch mir zu gefallen.

13. April: Dieser Seiger ist mir lange nicht aus dem Kopf gegangen. Ich habe nachgeschlagen: es ist ein ganz normales Wort unserer Sprache und ein gebräuchliches obendrein. Zur Hölle mit dem Studiendekan und seinem Trichter! Wozu ist er eigentlich hierher gekommen, um uns seine eigene Sprache zu lehren oder um sie von uns zu lernen? Wie herum auch immer, in die Hölle mit ihm!

14. April: John Alphonsus Mulrennan ist eben aus Westirland zurückgekehrt. (Europäische und asiatische Zeitungen bitte übernehmen.) Er hat uns von einem alten Mann erzählt, den er in einer Berghütte traf. Alter Mann hatte rote Augen und kurze Pfeife. Alter Mann sprach Irisch. Mulrennan sprach Irisch. Dann sprachen alter Mann und Mulrennan Englisch. Mulrennan sprach über Universum und Sterne. Alter Mann saß da, hörte, rauchte, spuckte. Sagte dann:

– Ah, das missen ja schrecklich komische Wesen am andern Ende der Welt sein.

Ich fürchte ihn. Ich fürchte seine rotumrandeten schwieligen Augen. Mit ihm muß ich ringen die ganze Nacht hindurch, bis daß der Tag anbricht, bis er oder ich tot darniederliegen, muß ihn packen bei der sehnigen Kehle bis ... Bis was? Bis er sich mir ergebe? Nein. Ich will ihm nichts Böses.

15. April: Traf sie heute unversehens in der Grafton Street. Die Menschenmenge schob uns zusammen. Wir blieben beide stehen. Sie fragte mich, warum ich nie käme, sagte, sie hätte allerlei Geschichten über mich gehört. Aber das nur, um Zeit zu gewinnen. Fragte mich, ob ich Gedichte schreibe. Über wen? fragte ich sie. Das verwirrte sie noch mehr und da tat sie mir leid und ich kam mir gemein vor. Drehte diesen Hahn sofort zu und statt dessen die geistig-heroische Kühlmaschinerie an, die Dante Alighieri erfunden und für alle Länder sich hat patentieren lassen. Redete hastig von mir und meinen Plänen. Mittendrin machte ich unseligerweise eine jähe Geste revolutionärer Natur. Ich muß ausgesehen haben wie ein Bursche, der eine Handvoll Erbsen in die Luft schleudert. Leute begannen uns anzusehen. Einen Augenblick später gab sie mir die Hand und sagte im Weggehen, sie hoffe, ich täte auch, was ich gesagt hätte.

Na, das nenne ich freundlich, was?

Ja, ich mochte sie heute. Ein wenig oder sehr? Weiß nicht. Ich mochte sie und das kommt mir wie ein neues Gefühl vor. Und damit, in diesem Fall, alles übrige, alles was ich dachte ich dächte es und alles was ich fühlte ich fühlte es, alles übrige was bis zu dieser Stunde war, sogar faktisch ... Ach gibs auf, alter Junge! Beschlafs!

16. April: Fort! Fort!

Diese Magie der Arme und Stimmen: die weißen Arme der Straßen, ihre Verheißung enger Umarmungen und die schwarzen Arme hoher Schiffe die gegen den Mond stehn, ihre Mär ferner Länder. Sie sind ausgestreckt, wollen sagen: Wir sind allein. Komm. Und die Stimmen sagen mit ihnen: Wir sind von deinem Geschlecht. Und in der Luft schwärmts von ihresgleichen, da sie mich rufen, einen von ihrem Geschlecht, und sich anschicken zu gehen und die Schwingen schütteln, die Schwingen ihrer jubilierenden und schrecklichen Jugend.

26. April: Mutter bringt meine neuen altgekauften Kleider in Ordnung. Sie betet jetzt, sagt sie, daß ich in meinem eignen Leben und fern von Zuhaus und Freunden lernen möge, was das Herz ist und was es fühlt. Amen. So sei es. Willkommen, Leben! Als Millionster zieh ich aus, um die Wirklichkeit der Erfahrung zu finden und in der Schmiede meiner Seele das ungeschaffne Gewissen meines Volkes zu schmieden.

27. April: Urvater, uralter Artifex, steh hinter mir, jetzt und immerdar.

Dublin 1904
Triest 1914

Bibliothek Suhrkamp

Verzeichnis der letzten Nummern

743 Marie Luise Kaschnitz, Ferngespräche
744 Emmanuel Bove, Meine Freunde
745 Odysseas Elytis, Lieder der Liebe
746 Boris Pilnjak, Das nackte Jahr
747 Hermann Hesse, Krisis
748 Pandelis Prevelakis, Chronik einer Stadt
749 André Gide, Isabelle
750 Guido Morselli, Rom ohne Papst
751 Robert Walser, Kleine Prosa
753 Jean Giraudoux, Siegfried oder Die zwei Leben des Jacques Forestier
754 Reinhold Schneider, Die Silberne Ampel
755 Max Mell, Barbara Naderer
756 Natalja Baranskaja, Ein Kleid für Frau Puschkin
757 Paul Valery, Die junge Parze
758 Franz Hessel, Heimliches Berlin
759 Bruno Frank, Politische Novelle
760 Zofia Romanowiczowa, Der Zug durchs Rote Meer
761 Giovanni Verga, Die Malavoglia
762 Roland Barthes, Am Nullpunkt der Literatur
763 Ernst Weiß, Die Galeere
764 Machado de Assis, Quincas Borba
765 Carlos Drummond de Andrade, Gedichte
766 Edmond Jabès, Es nimmt seinen Lauf
767 Thomas Bernhard, Am Ziel
768 Ödön von Horváth, Mord in der Mohrengasse / Revolte auf Côte 3018
769 Thomas Bernhard, Ave Vergil
770 Thomas Bernhard, Der Stimmenimitator
771 Albert Camus, Die Pest
772 Norbert Elias, Über die Einsamkeit der Sterbenden in unseren Tagen
773 Peter Handke, Die Stunde der wahren Empfindung
774 Francis Ponge, Das Notizbuch vom Kiefernwald / La Mounine
775 João Guimarães Rosa, Doralda, die weiße Lilie
776 Hermann Hesse, Unterm Rad
777 Lu Xun, Die wahre Geschichte des Ah Q
778 H. P. Lovecraft, Der Schatten aus der Zeit
779 Ernst Penzoldt, Die Leute aus der Mohrenapotheke
780 Georges Perec, W oder die Kindheitserinnerung
782 Natalia Ginzburg, Die Stimmen des Abends
799 E. M. Cioran, Gevierteilt

Bibliothek Suhrkamp

Alphabetisches Verzeichnis